MODERN HUMANITIES RESEARCH ASSOCIATION
CRITICAL TEXTS
VOLUME 61

EDITOR
MALCOLM COOK

GABRIEL-MARIE LEGOUVÉ

LA MORT D'ABEL

GABRIEL-MARIE LEGOUVÉ

La Mort d'Abel

Édition présentée, établie et annotée par
Paola Perazzolo

Modern Humanities Research Association
2016

Published by

*The Modern Humanities Research Association
Salisbury House
Station Road
Cambridge CB1 2LA
United Kingdom*

© The Modern Humanities Research Association, 2016

Paola Perazzolo has asserted her right under the Copyright, Designs and Patents Act 1988 to be identified as the author of this work. Parts of this work may be reproduced as permitted under legal provisions for fair dealing (or fair use) for the purposes of research, private study, criticism, or review, or when a relevant collective licensing agreement is in place. All other reproduction requires the written permission of the copyright holder who may be contacted at rights@mhra.org.uk.

First published 2016

ISBN 978-1-78188-286-3

Copies may be ordered from www.criticaltexts.mhra.org.uk

TABLE DES MATIÈRES

Introduction	1
Note sur la présente édition	55
Gabriel-Marie Legouvé, *La Mort d'Abel*	59
Annexe I : Réception de *La Mort d'Abel*	121
Annexe II : Dossier iconographique de *La Mort d'Abel*	163
Bibliographie sélective	167

INTRODUCTION

> Le cas où l'événement pathétique survient au sein d'une alliance, par exemple l'assassinat, l'intention d'assassiner ou toute autre action de ce genre entreprise par un frère contre son frère, par un père contre son fils, par une mère contre son fils ou par un fils contre sa mère, ce sont ces cas qu'il faut rechercher.
>
> Aristote, *Poétique*[1]

La Mort d'Abel et son contexte théâtral

Créée le 6 mars 1792 sur les planches du Théâtre de la Nation, la *Mort d'Abel* est la première tragédie de Gabriel-Marie Legouvé. Destiné à une belle carrière dramatique qu'illustrera le succès des tragédies *Épicharis et Néron*, *Quintus Fabius*, *Étéocle et Polynice* — représentées au Théâtre de la République respectivement en 1794, 1795 et 1799 — et de *La Mort d'Henri IV*, dont la création au Théâtre Français marque en 1806 la fin de sa carrière dramatique, l'auteur composa également la tragédie *Laurence et Orzano*, jouée en 1797 au Théâtre Français de la rue de Louvois sans obtenir le succès espéré, et *M. de Bièvre ou l'Abus de l'Esprit*, petit « calembour-vaudeville » écrit en collaboration avec Dupaty et d'autres en 1797. Legouvé se fit aussi connaître par ses poèmes. Entre 1797 et 1798, il publie 'La Sépulture',[2] 'Les Souvenirs', 'La Mélancolie', qui lui assurent une bonne renommée, définitivement consacrée par *Le Mérite des femmes*. Publié en 1800 dans le contexte littéraire de la « querelle des femmes » de la fin du XVIIIe siècle, cet ouvrage rencontre une immense fortune, est plusieurs fois réédité et jouira de traductions en italien et en espagnol.[3] La carrière littéraire de l'auteur sera couronnée peu après par l'élection à l'Académie Française en 1803.

---

[1] Aristote, *Poétique*, 1453 b 20, Michel Magnien (éd.) (Paris : Le Livre de Poche, 2009), p. 105.
[2] Publié en 1797, ce poème qui reprend la vogue de la poésie sépulcrale de la fin du siècle avait certainement été lu par Ugo Foscolo, qui s'en inspire lors de la composition de *I Sepolcri*. Cf. Giorgia Marangon, '*La Sépulture* de Gabriel Legouvé y *I sepolcri* de Ugo Foscolo. ¿ Traducció o imitación ? Análisis filológico-temático y comparativo de los textos de los autores', *Revista de Filología Romànica*, 25 (2008), 212–22 (p. 214 sq.).
[3] Jean-Pascal Boulet signale que dès la première édition de l'ouvrage, Legouvé se fait « poète des Lumières », notamment par l'insertion en note de sa traduction du *De Natura Rerum* de Lucrèce, dans laquelle il montre une bonne connaissance de poète et de linguiste. Jean Pascal Boulet, 'Gabriel Legouvé traducteur de Lucrèce', *Cahiers Roucher-André Chénier*, 29 (2010), 275–99 (p. 287).

Le début dramatique du futur académicien représente pour les Comédiens l'un des meilleurs succès des années 1792–1793, ce qui peut paraître à première vue quelque peu paradoxal pour une tragédie qui porte sur la scène un sujet tiré de l'Ancien Testament en pleine période de déchristianisation. En réalité, la pièce s'insère dans la lignée des relectures bibliques qui sont issues, pendant la deuxième moitié du XVIIIe siècle, de l'immense fortune des poèmes de Klopstock et de Gessner. Legouvé en exploite donc la renommée tout autant que l'effet de modernité, le choix d'un sujet archaïque apparaissant à l'époque comme une nouveauté littéraire, capable de modifier le panorama dramatique français. « Commentés, traduits, dramatisés en français, ces deux ouvrages vont présenter une sorte d'alternative à la tragédie classique », résume Martine de Rougemont.[4] Klopstock est l'auteur de *Der Tod Adams*, parue en Allemagne en 1757, bientôt traduite en français et aussitôt reprise, imitée et adaptée pour la scène.[5] Gessner, devenu ensuite célèbre pour ses *Idylles*, compose en 1758 *Der Tod Abels*, un poème épique que Michel Huber traduit peu après en français — ce sera la plus célèbre parmi de nombreuses traductions —, lui assurant un succès immédiat et incontestable,[6] qui provoque une « folie d'engouement » et une appréciation certaine de la part de Grimm, de Diderot, de Jean-Jacques Rousseau, qui en 1761 écrit à Michel Huber : « Gessner est un homme selon mon cœur ».[7] Si l'on en croit Virgile Roussel, « Abel est le héros du jour, Caïn lui-même atteint à la popularité ».[8] Cet engouement n'est pas uniquement français, mais s'insère dans le contexte européen plus large de la reprise, en littérature et dans les arts, de sujets archaïques inspirés de la Bible ou du *Paradis Perdu* de Milton, qui deviennent dès le dernier tiers du siècle des sources d'inspiration récurrentes pour des artistes tels Johann Heinrich Füssli ou William Blake, dont le « mariage du ciel et de l'enfer »[9]

---

[4] Voir Martine de Rougemont, 'Bible et théâtre', dans Yvon Belaval et Dominique Bourel (éds), *Le Siècle des Lumières et la Bible* (Paris : Beauchesne, 1986), p. 285 sq.
[5] Pour *La Mort d'Adam*, Martine de Rougemont signale la tragédie en prose de l'abbé Jean-Joseph Roman de 1762, une autre tragédie en vers de l'abbé de Saint-Ener huit ans plus tard, le drame en un acte et en vers de Villemain d'Abancourt de 1776, trois autres tragédies en trois actes — une en vers de Maupinot en 1778 et deux en prose, composées respectivement par Madame de Genlis en 1779 et par Adrien-Chrétien Friedel en 1785 —, ainsi qu'une tragédie lyrique en quatre actes et en vers de Nicolas-François Guillard sur une musique de Jean-François Lesueur de 1809. Voir ibid., p. 285.
[6] Parmi les adaptations, Virgile Roussel rend compte d'une *Mort d'Abel* en hexamètres latins de l'abbé Bergeron, d'une « imitation » de Gilbert, d'une « étonnante » *Lettre de Caïn, après son crime, à Méhala son épouse* de 1765, d'un poème de Jean-Louis Boucharlat et d'une autre imitation de Mme du Boccage. Voir Virgile Roussel, *Histoire des relations littéraires entre la France et l'Allemagne* (Paris : Fischbacher, 1897), p. 57 sq.
[7] Cit. in ibid., p. 58.
[8] Ibid.
[9] Voir Werner Hoffmann, *Une Époque en rupture. 1750–1830* (Paris : Gallimard, 1995), 'Füssli. Un enfer-ciel', p. 184 sq., 'Blake et Runge. À la recherche du paradis perdu', p. 429 sq., 'Blake. Le mariage du ciel et de l'enfer', p. 437 sq.

réinterprète souvent la question du Bien et du Mal. Les adaptations dramatiques du poème en question s'ensuivent rapidement. Entre 1765 et 1810, Martine de Rougemont recense sept ouvrages du même titre : un drame de l'abbé Jean-Louis Aubert en 1765, une pastorale anonyme en 1776, une tragédie-pantomime également anonyme en 1786, les tragédies de Legouvé, de Chevalier et du curé Guillet,[10] toutes de 1792, et enfin *Abel*, un opéra d'Hoffman sur une musique de Kreutzer mis en scène à l'Opéra en 1810.[11] D'après Anne Kromsigt, on peut ajouter à cette liste déjà bien nourrie la parution en 1784 d'un oratorio de Lefebure,[12] qui représente une version française répondant à la « grande tradition de la représentation dramatique des personnages d'Abel et de Caïn dans les oratorios musicaux des XVIIe et XVIIIe siècles en Italie »,[13] dont l'ouvrage de Metastasio de 1732 ne constitue que l'exemple le plus célèbre.[14]

Dans sa préface de 1793, le dramaturge avoue sa dette à l'égard du poème de Gessner, qu'il se propose de mettre « en action » afin d'en exploiter les « qualités dramatiques autant que les qualités épiques ». S'il reviendra par la suite à des sujets plus classiques, destinés par leur matière même à être plus adaptés à la scène tragique, pour son début dramatique il affirme vouloir tenter une entreprise qu'il est le premier à définir comme « plus que hardie », conscient qu'il est du fait que « tout faisait regarder la *Mort d'Abel* comme impossible à être mise sur la scène ». Par la défense de son sujet, l'auteur s'insère dans le débat sur le renouveau du genre tragique de la fin du siècle. Il s'inspire du côté spiritualiste des Allemands et de leur conséquent rejet des règles, dont le respect est désormais de moins en moins important aux yeux des dramaturges contemporains reprenant les positions théoriques de Diderot et de Mercier ainsi que d'un public, celui de la décennie révolutionnaire, fort modifié dans sa composition et dans ses attentes. Legouvé revient à plusieurs reprises sur le concept de « nouveauté », en attestant par là sa recherche d'une modernité qu'il puise dans une matière archaïque susceptible de pouvoir apporter une réponse différente à ce que Martine de Rougemont évoque comme « la grande question littéraire de la fin des Lumières » :

---

[10] En ce qui concerne les ouvrages de Chevalier et de Guillet, on n'a pas pu retrouver les textes : le premier n'est connu que d'après les comptes rendus des journaux de l'époque.
[11] Pour plus d'informations, voir Jean Mongrédien, 'Deux livrets d'opéras français d'après Klopstock et Gessner : *La Mort d'Adam* et *La Mort d'Abel*', Wolfgang Birtel et Helmut-Cristoph Malhing (éds), *Aufklärungen. Studien zur deutsche-französischen Musikgeschikte in 18 Jahrhundert* (Heidelberg : Carl Winter, 1986), pp. 144–49.
[12] Voir Anne Kromsigt, *Le Théâtre biblique à la veille du romantisme (1789-1830)* (Zutphen : Nauta, 1931), p. 9.
[13] Anna Ercole, 'Caino nella letteratura drammatica italiana. Contributo ad uno studio sulla leggenda di Caino', *Giornale storico della letteratura italiana*, Supplemento 17, 1920, p. 70. C'est nous qui traduisons.
[14] Voir ibid., p. 94 sq.

> Qu'est-ce qui est moderne ? Certes pas la dramaturgie classique française. Mais les philosophes-dramaturges, en France, ont pensé que le moderne utile était le contemporain : le drame bourgeois. Les Allemands raisonnent davantage, si l'on peut dire, sur la longue durée : en face de la littérature antique, la littérature moderne est celle de la culture chrétienne, le romantisme. Au-delà des mythes et légendes du Moyen Âge, la Bible en est une des sources.[15]

Le sujet biblique serait donc choisi non tant pour sa dimension religieuse — comme le lui reprocheront des critiques qui y voient une mise en scène des superstitions contraire à l'esprit des Lumières —, mais en tant qu'objet esthétique. Sa matière, qui ne retrace pas un simple épisode de l'histoire politique et religieuse des Juifs, présenterait déjà, par son universalité et par sa grandeur, un intérêt dramatique certain, car le récit fondateur pose la problématique importante de l'existence et de la cause du mal et de la mort, ainsi que le dramaturge le précise dans sa préface :

> Ce sujet n'offrait-il pas dans le personnage de Caïn un des rôles les plus énergiques et les plus brillants à tracer, et dans son opposition complète avec celui d'Abel un contraste vraiment théâtral, et dont peu de sujets sont susceptibles ? N'offrait-il pas dans la douceur et dans la tendresse de l'un, dans la haine et la férocité de l'autre, des caractères, des passions qui sont l'âme de la tragédie, un nœud dans les efforts d'Adam pour réconcilier ses deux fils, et dans la mort d'Abel une catastrophe très pathétique, autant par l'intérêt qu'inspire un frère tué de la main de son frère, que par celui qui résulte de l'idée si douloureuse et si imposante du premier meurtre ? N'aperçoit-on pas dans des données aussi heureuses les deux grands ressorts de la tragédie, la terreur et la pitié ?

Cette matière, qu'il estime aussi digne d'intérêt que celle des sujets classiques par la richesse de ses sentiments, de ses images, de ses situations, contiendrait en elle-même la fatalité qui constitue le ressort le plus important de l'art tragique, soit-elle due à la toute-puissance de Dieu ou à celle des « chimères de la mythologie ». Le résultat serait également dramatique, car

> Rien n'attache plus au théâtre que cette influence céleste et cette suite d'évènements surnaturels qui conduisent un être, malgré tous ses efforts, au malheur ou au crime, où son sort l'a condamné. Nous aimons à voir jouer ces ressorts irrésistibles de la fatalité, et se déployer sous nos yeux le spectacle d'une de ses victimes luttant toujours avec sa destinée et toujours subjuguée par elle. Œdipe, Oreste en sont des preuves incontestables.

Finalement, la défense de son sujet — que Legouvé est obligé de faire *a posteriori* à cause des nombreuses critiques essuyées lors de la création en 1792 — est entreprise par l'auteur au nom de ce que François Jacob qualifie de « la refonte

---

[15] De Rougemont, 'Bible et théâtre', p. 285.

du genre tragique et d'une prise en compte de l'évolution qui a marqué la scène au XVIIIe siècle ».[16]

Ce sont là des réflexions qui s'accordent avec celles avancées par d'autres dramaturges de la période, qui subordonnent les préceptes classiques à la recherche d'un « effet » auprès du spectateur, que Marie-Joseph Chénier considérait aussi comme fondamental. C'est en ayant à l'esprit son public renouvelé et les positions théoriques proposant une nouvelle conception de l'art dramatique que l'auteur motive son adoption du style 'naïf' et « ordinaire » qui est celui des premiers hommes, qui ne peut qu'être enrichi par la présence de « quelques expressions familières » et par l'exclusion des métaphores, des images et des formules marquant une civilisation plus tardive. « Je me suis resserré dans la seule expression des images et des sentiments primitifs », affirme-t-il afin de justifier un style certes dissonant par rapport à celui qui caractérise le genre tragique mais répondant à un souci de vraisemblance et au désir de rencontrer le goût des spectateurs « dans ce moment [...] où la liberté doit détourner les esprits du luxe et de la corruption pour les ramener vers la simplicité et la vérité ».

L'auteur défend le non respect de la bienséance classique d'après des motivations semblables, car le meurtre d'Abel sur scène avait suscité plusieurs critiques. Legouvé s'abrite derrière le précédent illustre de *Zaïre* et prêche pour une exigence de liberté dramatique à l'égard d'une règle qui pendant la deuxième moitié du siècle apparaît désormais « en certain cas, totalement absurde », pour reprendre les mots de Jean-Pierre Perchellet.[17] Ce pour quoi le dramaturge aurait « hasardé quelques tableaux qu'on n'a point encore offerts sur le théâtre, pour que le spectacle de cet ouvrage fût aussi neuf que ses mœurs et ses personnages ». La mise en scène de ces tableaux neufs, qui auraient sûrement paru trop audacieux quelques années auparavant, est en effet motivée par l'adéquation au contexte socio-historique. La Révolution ayant rendu les spectateurs « témoins et acteurs de l'événement le plus inattendu » et leur ayant inspiré « le goût des choses extraordinaires, et le besoin des émotions fortes », il semblait alors essentiel de donner « plus d'effet et d'énergie à la tragédie, souvent timide et efféminée ; mais, pour y parvenir, il faut aussi lui donner plus de liberté ». À ce sujet, l'auteur s'inspire directement de Voltaire, qui est explicitement cité comme un modèle

---

[16] François Jacob, 'La belle mort de Legouvé', dans François Jacob et Pierre Nobel (éds), *Entre Dieu et diable : littérature et spiritualité* (Paris : L'Harmattan, 2003), p. 92.

[17] Jean-Pierre Perchellet, *L'Héritage classique. La tragédie entre 1680 et 1814* (Paris : Champion, 2004), p. 260 et sq. Henry Lancaster signale également d'autres précédents de meurtres commis sous les yeux du public. Voir Henry Lancaster Carrington, *French Tragedy in the Reign of Louis XVI and the early Years of the French Revolution* (Baltimore : John Hopkins, 1953), p. 155. Pour sa part, Giovanna Trisolini rappelle que dans *Marius à Minturnes*, créé en 1791, Arnault montrait déjà un assassinat sur scène, tout comme le fera quelques mois plus tard Ducis dans son *Othello*. Voir Giovanna Trisolini, *Rivoluzione e scena. La dura realtà (1789-1799)* (Roma : Bulzoni, 1988), p. 50.

important par son souci de « relever l'action par la pompe du spectacle, et de parler aux yeux pour agir plus puissamment sur l'âme », ainsi que de Diderot. François Jacob résume parfaitement cette filiation théorique :

> Legouvé, de toute évidence, se situe déjà dans le prolongement des *Entretiens sur le fils naturel*, et notamment lorsqu'il défend les « développements », bien meilleurs à ses yeux que « Ces coups de théâtre, qu'amène une intrigue compliquée, et dont les plus ingénieux valent moins et coûtent moins d'efforts, que dix vers de sentiment ou un mot tragique ». S'il défend une esthétique du tableau contre une poétique de l'enchevêtrement, une rhétorique de la simplicité contre un langage marqué d'abord par sa complexité, il le fait néanmoins au nom d'un renouvellement du cadre exclusif de la *tragédie*. […] ses personnages sont des personnages de tragédie qui parlent, à la versification près, le langage prôné par Diderot pour son drame sérieux.[18]

L'entreprise de Legouvé n'était sûrement pas simple. Le choix d'un sujet archaïque présentait comme première difficulté celle de rendre dramatique cette « peinture de la touchante simplicité de la nature primitive ». Ce qui avait fait la fortune de Gessner et qui ne devait pas être dénué d'attrait aux yeux des contemporains. Le caractère épique de l'œuvre était néanmoins difficile à reformuler si l'on voulait éviter de tomber dans cette « dramaturgie un peu statique » et dans la « succession de tableaux » qui d'après Martine de Rougemont caractérisent la plupart des pièces bibliques de la fin du siècle.[19] Afin de rendre son ouvrage plus dramatique, l'auteur se concentre donc sur l'expression des sentiments, sur le développement des caractères et sur la réinterprétation d'un récit, celui de la « Prima mors, primi parentes, primus luctus »,[20] qu'il est impossible de réinventer. En suivant la structure du poème de Gessner, dont Legouvé reprend le premier chant, la fin du troisième et le quatrième, l'auteur tragique organise son ouvrage en trois temps. Au début du premier acte, Abel et sa femme Thirza expriment leur inquiétude au sujet de leur frère Caïn, dont la jalousie et l'attitude sombre et égarée provoquent la tristesse de toute la famille. Méhala survient, préoccupée pour l'état de son mari, parti le matin même sur un

---

[18] Jacob, 'La belle mort de Legouvé', p. 94.
[19] De Rougemont, 'Bible et théâtre', p. 286.
[20] Insérée dans la page de titre, cette épigraphe latine est reprise de la didascalie de la gravure de 1776 la *Mort d'Abel* de Carlo Antonio Porporati, qui reproduit une toile de Adriaen van der Werff de 1699. Plusieurs sources attribuent la composition de la phrase à Jean-Jacques Rousseau, qui par ailleurs connaissait et appréciait le poème de Gessner. Antoine Michel Filhol et Joseph Lavallée écrivent notamment que « ce tableau de la *Mort d'Abel* est donc l'un des plus recommandables de Wanderwerff. Il est devenu surtout célèbre par la gravure de Porporati, et plus encore par l'inscription composée par J.-J. Rousseau pour mettre au bas de cette gravure, et regardée généralement comme un chef-d'œuvre par sa concision et sa simplicité sublime. *Prima mors, primi parentes, primus luctus* ». Antoine Michel Filhol et Joseph Lavallée, *Cours historique et élémentaire de peinture, ou Galerie complette [sic] du Museum Central de France [Musée Napoléon], par une société d'amateurs et d'artistes* (Paris : Filhol, 1808), t. V, p. 2.

accès de rage blasphématoire. Elle craint qu'il ne manque au rite quotidien qui les voit tous réunis pour prier l'Éternel. Abel se charge d'aller le chercher, tandis que ses parents peignent la faute qui les a exilés du Paradis et qui a causé les malheurs des mortels. Le fils cadet revient peu après, triste et désespéré : Caïn a refusé de les rejoindre. Inquiet pour son sort, Adam s'engage à lui parler juste après la prière. Le deuxième acte débute par un long monologue dans lequel Caïn exprime tout son malheur : condamné pour une faute qui n'est pas la sienne à un travail dur et pénible, le futur meurtrier est aussi rongé par la rancœur qu'il ressent à l'égard d'un frère faible et efféminé, chéri par Dieu et par sa famille. Survient Adam, qui essaie en vain de le rappeler à la raison. Rongé par la jalousie et accablé de fatigue, le héros accuse son père d'être le responsable de sa condition misérable. Bouleversé par la violence de ces reproches, le premier homme pleure tout en reconnaissant sa faute. Ses larmes touchent le fils rebelle, qui promet une réconciliation fraternelle ; celle-ci a lieu tout au long d'une scène fort pathétique. Pour célébrer l'harmonie retrouvée, les premiers hommes décident d'offrir un sacrifice à l'Éternel, qui n'accepte pourtant que les offrandes d'Abel. Avant de s'enfuir, Caïn manifeste sa rage envers une divinité qu'il considère comme injuste. Le troisième acte le présente endormi et fort agité par un « songe affreux » où il voit les Abélites privilégiés et oisifs réduire en esclavage sa postérité. Tout en accusant son frère et Dieu, il raconte sa vision à sa femme, qui pour le calmer part chercher leurs enfants. Entretemps, Abel surgit. Après l'avoir plusieurs fois invité à partir, l'assassin l'assomme dans un accès de rage. Abel expirant lui accorde son pardon. Son frère se désole auprès du cadavre alors qu'arrivent Méhala, Thirza, Adam et Ève, qui pleurent pour le crime qui introduit la mort chez les humains. La Voix de Dieu se manifeste pour maudire Caïn et le condamner à l'exil et à l'errance éternelle. Accablé par les remords, celui-ci accepte son châtiment et s'échappe en franchissant les montagnes, suivi par sa femme et ses enfants.

Malgré la prévention que devait susciter un sujet biblique en pleine période de déchristianisation, *La Mort d'Abel* jouit d'une belle fortune auprès du public et d'une bonne appréciation de la part des critiques. Les périodiques, non sans une certaine surprise, témoignent du succès d'un ouvrage certes imité de Gessner mais qui présente une valeur littéraire propre, qui est bien écrit et savamment construit dans sa structure et dans l'opposition de ses personnages. En annonçant la création du soir, le 6 mars le rédacteur des *Affiches, Annonces et Avis divers* signale que le « sujet [...] sans doute ne paraît pas aussi propre à former une action dramatique », tout en faisant également remarquer que « La Religion, dénuée de fanatisme, et l'époque de la naissance du monde, font attendre aussi un style tout à la fois simple, pastoral, imposant, et des tableaux neufs au Théâtre ».[21] Deux jours plus tard, le journal rend compte du triomphe obtenu par

---

[21] *Affiches, Annonces et Avis divers, ou Journal général de France*, 6 mars 1792.

cet « ouvrage plein d'intérêt, écrit d'un style pur, soigné, souvent épique, vu le genre des détails, quelquefois patriarcal, et toujours élégant et correct »[22] ; le succès serait d'autant plus mérité que l'auteur est un très-jeune débutant. Le *Journal de Paris* se joint au cœur des éloges pour une tragédie dont on n'attendait pas la réussite : « On était assez généralement prévenu contre le sujet de *La Mort d'Abel* [...]. On le croyait un des moins propres à la scène : mais l'auteur a su vaincre cette prévention qui peut-être n'était pas sans fondement. Son ouvrage a un mérite bien rare aujourd'hui, celui du style. À quelques endroits près, faciles à retoucher, sa versification est douce, harmonieuse et soignée ».[23] La *Chronique de Paris* du 8 mars se montre en revanche plus critique, tout en relatant la fortune d'un drame bien conçu et bien composé : « Il y a dans le rôle d'Abel une sensibilité vraiment touchante. Le caractère de Caïn est fortement dessiné. On pourrait citer beaucoup de détails très heureux, des vers énergiques et bien faits. L'ouvrage annonce un talent distingué ».[24] D'après le rédacteur, si la pièce est sûrement bonne, elle doit tous ses défauts à son sujet, et la présence d'anachronismes impossibles à éviter en serait le premier — « on répondra que le dictionnaire des enfants d'Adam deviendrait alors trop vide ; voilà pourquoi il ne fallait pas choisir un sujet impraticable ». Cette prévention est motivée par des réserves d'ordre philosophique et esthétique longuement développées. La matière traitée serait en effet propre à entretenir un « esprit de superstition et d'erreur » qui est indigne des « hommes éclairés ». Ceux-ci ne peuvent, par conséquent, être touchés par un récit que leur raison rejette :

> Notre théâtre a commencé par des *Mystères*, farces pieuses, dans lesquels on représentait devant des hommes ignorants et superstitieux, toutes les histoires ridicules de l'Ancien et du Nouveau Testament. Depuis que la scène s'est épurée, depuis que nos grands poètes ont rendu le Théâtre Français le premier théâtre du monde, quelques auteurs ont tenté de traiter des sujets sacrés ; deux seuls ont réussi : Racine dans *Athalie*, et Corneille dans *Polyeucte*. Depuis longtemps ce genre était abandonné et devait l'être. Les hommes éclairés ne peuvent trouver des charmes à des ouvrages propres à entretenir un esprit de superstition et d'erreur. [...] C'était donc une entreprise très difficile de représenter ce genre, et c'est ce qu'a tenté M. Legouvé, qui a choisi dans la mythologie des Hébreux ce qu'on raconte des premiers enfants d'Adam, la fable de la *Mort d'Abel*. On connaît le poème de Gessner, repris tant de fois ; M. Legouvé en a beaucoup profité. [...] L'ouvrage annonce un talent distingué, et les défauts tiennent principalement au sujet. Il n'en est pas moins glorieux à M. Legouvé d'avoir lutté, avec tant d'avantage, contre toutes ces difficultés. [...] Le meurtre d'Abel ne saurait se justifier ; mais on ne peut disconvenir que la jalousie de Caïn est bien motivée par les tendresses de ses

---

[22] *Affiches, Annonces et Avis divers...*, supplément du 8 mars 1792.
[23] *Journal de Paris*, 8 mars 1792.
[24] *Chronique de Paris*, 8 mars 1792. De même pour les citations qui suivent.

parents, trop inégalement partagées. La partialité de Dieu, au moment du sacrifice, qui est le sceau du raccommodement des deux frères, est évidemment aussi injuste, qu'égarer l'esprit de Caïn par un songe qui lui fait voir dans l'avenir l'avilissement de sa race, c'est le pousser au crime pour le punir, et que faire ainsi périr le juste Abel par les mains d'un frère furieux, est une action aussi cruellement ridicule, que de damner le genre humain pour une pomme ; il est donc impossible que l'âme s'attache aux choses que la raison rejette, que l'esprit ne saurait voir, et avant d'être touché il faut être persuadé.

Le lendemain, les rédacteurs de la *Feuille du jour* et du *Logographe* reviennent également sur le mérite d'une pièce qui paraissait peu propre à la scène. Respectivement, l'un compare le texte à de grands ouvrages à sujet religieux tels le poème de Gessner et le *Paradis perdu* — « L'auteur a vaincu toutes les difficultés de son sujet ; ses caractères sont prononcés d'après Gessner et Milton, unis avec une touche dramatique, pleine d'art et d'effet. Son style est à la fois élégant, harmonieux et fort ».[25] L'autre fait l'éloge d'une pièce « bien conduite », dont le style est « pur, simple, conforme au sujet », et dans laquelle on « trouve une foule de vers heureux et pleins de sentiments ». Le journaliste termine pourtant son article en déplorant l'assassinat d'Abel sur scène : « Il serait également à désirer que Caïn ne tuât pas son frère devant le spectateur. Ce spectacle froisse l'âme sans l'attendrir, et il nous semble qu'Abel, frappé dans la coulisse et venant sur la scène rendre le dernier soupir, produirait un effet aussi dramatique et bien moins horrible ».[26] Le *Journal des Théâtres* du 10 mars évoque également des préventions communes, qu'il met néanmoins sur le compte de l'opiniâtreté du public et sur la persistance de préjugés évidemment trompeurs :

> Depuis trente ans, nous étions forcés d'admirer à la lecture, *la Mort d'Adam* [...] ; mais, tout en l'admirant, nous nous obstinions à croire et à dire qu'un sujet tiré des premières années de l'existence du monde, ne réussirait pas sur nos théâtres. [...] Où les sentiments vivent encore, il y a de la ressource pour la vérité. Nous venons d'en avoir une preuve dans le succès qu'a obtenu *la Mort d'Abel*. Une heure avant la représentation, tout le monde croyait être venu au spectacle pour assister à une chute. On a été étrangement surpris quand on a vu un sujet simple se développer de la manière la plus vraie, la mieux sentie, la plus touchante, et présenter, sous le charme d'un style pur, facile et nerveux, un intérêt croissant de scène en scène.[27]

Le *Moniteur* du 16 mars évoque la fortune de la tragédie tout en mettant en évidence un défaut découlant de la suppression de toute intervention surnaturelle :

---

[25] *Feuille du jour*, 9 mars 1792.
[26] *Le Logographe*, 9 mars 1792.
[27] *Journal des Théâtres*, 10 mars 1792.

> *La Mort d'Abel*, tragédie en trois actes, a eu beaucoup de succès. [...] On voit
> que l'auteur de cette tragédie doit beaucoup au charmant poème de Gessner :
> l'idée heureuse du songe en est tirée : mais le poème allemand a eu soin de
> supposer que ce songe et le crime de Caïn viennent de Satan, de l'ennemi des
> hommes, qui cherche à les faire tomber avec lui ; au lieu que dans la tragédie,
> la haine de Caïn est toute entière de lui seul, et n'est guère motivée : cette
> fatalité qui l'entraîne ne peut être l'effet de la volonté de Dieu ; il faut donc
> qu'il soit celui des ruses du diable ; et dans un sujet où il est question de la
> pomme, du péché originel, etc.... une supposition de plus pouvait très bien
> passer. Du reste, le rôle de Caïn est tracé avec énergie, et a très bien réussi.[28]

Le rédacteur du *Mercure français* du 7 avril insiste encore sur la prévention de l'époque contre les matières religieuses : d'après lui, des ouvrages semblables n'ont jamais suscité trop d'intérêt et paraîtraient trop simples et dénuées d'intérêt dramatique. Il mentionne ensuite la fortune d'une pièce dont il loue la simplicité de l'intrigue ainsi que la beauté du style et de la versification. À preuve de la valeur littéraire de la tragédie, celle-ci aurait été particulièrement appréciée par les « gens de lettres » :

> Il s'était élevé contre le sujet de la *Mort d'Abel* une prévention assez générale ;
> on paraissait croire qu'il était trop simple, trop peu susceptible d'événements
> et de péripétie pour produire l'effet qu'on attend d'une pièce de théâtre, et la
> manière dont il a été traité jusqu'ici par quelques auteurs achevait de
> confirmer cette opinion. On ne pensait pas assez que plus un sujet est simple,
> et plus il offre, au contraire, aux hommes d'un talent réel, des moyens de
> développement. Est-ce par les événements que se soutiennent et la *Bérénice*
> de Racine, et le *Philoctète* de M. La Harpe, et la plupart des tragédies grecques,
> où l'on admire surtout cette extrême simplicité ? Quoi qu'il en soit, cette
> prévention défavorable a servi au succès de la tragédie de M. Legouvé, donnée
> le mardi 6 mars dernier. Moins le public avait attendu de cet ouvrage, et plus
> il a eu du succès [...]. Plus sensibles que d'autres aux beautés de détail, ils [les
> hommes de lettres] ont admiré et fait admirer au reste du public les richesses
> poétiques, répandues avec profusion dans le style, et dont l'auteur a puisé une
> grande partie dans Gessner et dans Milton. Une versification en général fort
> bien tournée, et une foule de vers de sentiments ont excité un enthousiasme
> que n'ont point refroidi quelques incorrections légères, faciles à faire
> disparaître à l'impression.[29]

Il existe aussi quelques voix dissonantes, dont le jugement négatif est formulé d'après des critères idéologiques et politiques plus qu'esthétiques et littéraires. D'un côté, cela témoigne de l'enchevêtrement entre fait poétique et fait politique caractérisant la période révolutionnaire et intéressant d'autant plus l'art dramatique, que la politique culturelle de l'époque voudrait à vocation patriotique

---

[28] *La Gazette Nationale ou le Moniteur Universel*, 16 mars 1792.
[29] *Mercure français*, 7 avril 1792.

et didactique.³⁰ De l'autre, ces critiques pourraient être mises sur le compte des querelles théâtrales contemporaines. Il n'est pas inutile de rappeler que, d'après les registres de la Comédie Française, le texte de Legouvé est accepté par le comité de lecture le 6 mars 1791,³¹ pour n'être monté qu'en mars de l'année suivante. À cette époque, la situation du Théâtre de la Nation, considéré comme la salle « aristocratique » par excellence,³² n'est pas des plus simples. Souvent accusés d'incivisme, de conservatisme et d'antipatriotisme, le 13 janvier 1791 les Comédiens viennent de perdre leur statut privilégié. Le décret Le Chapelier fonde la liberté dramatique de la décennie par un acte de « démocratisation » à l'importance capitale pour le développement de l'art et des pratiques théâtrales. Pierre Frantz explique bien la valeur révolutionnaire d'une loi qui ouvre une voie que ni la radicalisation de la politique culturelle terroriste³³ ni le réaménagement

---

³⁰ Pour des approfondissements sur le théâtre de la décennie en général, voir Trisolini, *Rivoluzione e scena...* ; Béatrice Didier, *La Littérature de la Révolution française* (Paris : P.U.F., 1988) ; Pierre Frantz, 'Les Tréteaux de la Révolution (1789-1815)', dans Jacqueline de Jomaron (éd.), *Le Théâtre en France du Moyen Âge à nos jours* (Paris : Colin, 1992), pp. 505-32 ; Edmond Kennedy, Marie-Laurence Netter, James-P. McGregor, Mark Vincent Olsen, *Theatre, Opera, and Audiences in Revolutionary Paris ; Analysis and Repertory* (Westport : Greenwood Press, 1996) ; André Tissier, *Les Spectacles à Paris pendant la Révolution ; Répertoire analytique, chronologique et bibliographique* (Genève : Droz, 1992-2002), t. I, II ; Erica Joy Mannucci, *Il Patriota e il Vaudeville ; Teatro, pubblico e potere nella Parigi della Rivoluzione* (Napoli : Vivarium, 1998) ; René Tarin, *Le Théâtre de la Constituante ou l'école du peuple* (Paris : Champion, 2000) ; Philippe Bourdin et Gérard Loubinoux (éds), *Les Arts de la scène et la Révolution française* (Clermont-Ferrand : Presses Universitaires Blaise Pascal, 2004) ; Philippe Bourdin et Gérard Loubinoux (éds), *La Scène bâtarde : entre Lumières et Romantisme* (Clermont-Ferrand : Presses Universitaires Blaise Pascal, 2005) ; Martial Poirson (éd.), *Le Théâtre sous la Révolution ; Politique du répertoire (1789-1799)* (Paris : Desjonquères, 2008) ; Pierre Frantz, Paola Perazzolo, Franco Piva (éds), 'La Révolution sur scène', *Studi Francesi*, 169, LVII, I (gennaio-aprile 2013), 3-135.
³¹ Voir Archives de la Bibliothèque-Musée de la Comédie-Française, Registre des lectures, cote 145¹.
³² Pour une histoire de la Comédie-Française pendant la décennie, voir Noëlle Guibert-Jacqueline Razgonnikoff, *Le Journal de la Comédie-Française ; La Comédie aux trois couleurs. 1787-1799* (Paris : SIDES, 1989).
³³ Le but de cette politique culturelle est rendu explicite par un passage célèbre du décret de la Convention du 2 août 1793. Celui-ci montre bien les contradictions d'une vision étatique qui veut soutenir l'art dramatique tout en le réprimant par le rétablissement d'une censure *de facto* sous le contrôle de la municipalité : « Article premier. À compter du 4 de ce mois et jusqu'au 1er septembre prochain, seront représentées trois fois la semaine, sur les théâtres de Paris qui seront désignés par la municipalité, les tragédies de *Brutus, Guillaume Tell, Caius Gracchus*, et autres pièces dramatiques qui retracent les glorieux événements de la Révolution et les vertus des défenseurs de la liberté. Une de ces représentations sera donné chaque semaine aux frais de la République. Article deuxième. Tout théâtre sur lequel seraient représentées des pièces tendant à dépraver l'esprit public, et à réveiller la honteuse superstition de la royauté sera fermé, et les directeurs arrêtés et punis selon la rigueur des lois. La municipalité de Paris est chargée du présent décret ». Jean-Baptiste Duvergier, *Collection complète des lois, décrets, ordonnances,*

du panorama théâtral entrepris en 1807 ne pourront plus remettre entièrement en discussion : « elle reconnaissait au théâtre les libertés qu'il avait déjà commencé à s'octroyer *de facto*, en élargit immensément la carrière : liberté d'entreprendre, de réunir une troupe, d'ouvrir un théâtre, de jouer et de publier des pièces, abolition de la censure ».[34] Accusés de modérantisme à cause de leur fidélité au roi et de leur répertoire jugé comme peu patriotique, obligés de faire face à des difficultés économiques et institutionnelles grandissantes accrues par un changement d'interlocuteur officiel — depuis l'automne 1789, celui-ci n'est plus l'intendant royal aux menus plaisirs, mais la Commune de Paris récemment constituée — et par les différends avec les auteurs, engagés dans une lutte pour la revendication de leurs droits, les Comédiens doivent aussi endurer la concurrence de nombreux théâtres désormais libres de puiser dans leur ancien répertoire. Ce qui n'est pas pour arranger la situation, puisqu'ils sont aussi délaissés par une partie de leur public : l'émigration les prive de leurs spectateurs les plus fidèles, tandis que le nouveau public démocratisé, politisé et féru d'applications préfère des salles ayant davantage trait à l'actualité. À ces difficultés s'ajoutent les importantes dissensions internes opposant depuis 1789 les « noirs » — les modérés groupés autour de Naudet — aux « rouges », plus favorables aux idées nouvelles et dont le chef charismatique est Talma. Rivalités et différends s'accumulent jusqu'au schisme définitif du printemps 1791, quand les dissidents (Dugazon, Grandmesnil, Dubois, Mme Vestris, Mlles Langes, Desgarcins, Simonet parmi les principaux) partent le 10 avril fonder avec d'autres acteurs rivaux le Théâtre Français de la rue de Richelieu, qui par la suite deviendra le Théâtre de la République.

La situation de la troupe n'est évidemment pas sans conséquences sur l'acceptation de la pièce de Legouvé, qui était jusqu'alors un auteur inconnu dans le milieu théâtral. Entre novembre 1790 et février 1791, les registres conservés à la Bibliothèque-Musée de la Comédie-Française attestent la volonté de mettre au répertoire des ouvrages des grands auteurs de l'époque — tels Collin d'Harleville ou Beaumarchais — ou ayant trait à l'actualité socio-politique.[35] À partir du mois

---

règlements, avis du conseil d'État (Paris : Guyot et Scribe, 1834), deuxième édition, t. VI, p. 71. Ainsi que l'écrit Jacqueline Razgonnikoff, la production révolutionnaire présente des réponses différentes « dans ce vieux débat du théâtre école de mœurs, du théâtre tribune et du théâtre de divertissement, [où] tout dépend aussi de la composition du public ». Jacqueline Razgonnikoff, 'La Comédie-Française-Théâtre de la Nation : les aléas du répertoire, de la prise de la Bastille à la fermeture (14 juillet 1789–3 septembre 1793). Du patriotisme à la réaction', dans Bourdin et Loubinoux (éds), *Les Arts de la scène et la Révolution française*, p. 292.

[34] Frantz, 'Avant-Propos', *Studi Francesi*, p. 4.

[35] En novembre 1790, le comité de lecture accepte les comédies *Le Mariage supposé* et *L'Heureux Décret, ou le mariage des prêtres*, la tragédie *Jean Calas* de Laya portant sur le fanatisme religieux, l'« anecdote » de circonstance *Le Tombeau de Désilles* de Desfontaines, qui présente l'insubordination du régiment de Châteauvieux de l'été de la même année. En

de mars, on remarque en revanche la tentative de la part des Comédiens de s'attacher de nouveaux dramaturges en vue d'un schisme désormais inévitable et qui comportera, ainsi, le départ de la plupart des auteurs considérés comme « patriotiques » — Marie-Joseph Chénier *in primis*, dont *Henri VIII* inaugurera la réouverture de la salle rivale après la fermeture de Pâques. Mara Fazio résume bien l'importance de cette sécession :

> Les auteurs dramatiques (Ducis, Mercier, La Harpe, Chamfort, Sedaine, Collot d'Herbois, Fabre d'Églantine, Palissot) qui demandaient déjà depuis longtemps l'institution d'un second Théâtre-Français, libre des privilèges exclusifs de la féodalité théâtrale, voyaient ainsi leur désir se réaliser. L'existence de ce nouveau théâtre, régi par la logique bourgeoise de la libre entreprise et du droit d'auteur, imposait de fait aux acteurs de la Comédie-Française qui étaient restés au Théâtre de la Nation le régime de concurrence qui existait déjà à Londres entre Covent Garden et Drury Lane. C'était un nouveau succès de la Révolution.[36]

La volonté de la troupe du Théâtre de la Nation de renouveler la liste des auteurs tragiques sous-tendrait donc l'acceptation de textes à la valeur littéraire sûre tels que *La Mort d'Abel* du débutant Legouvé,[37] les *Victimes cloîtrées* de Monvel, un drame axé sur la question monacale et qui présente une peinture fort actuelle de « l'horreur des cachots de couvent et de la religion dévoyée »[38], ainsi que la première tragédie d'Arnault, *Marius à Minturnes*. Cette préoccupation devait s'accompagner d'autres considérations, dont les motivations sont étroitement liées aux querelles théâtrales de la période. De ce point de vue, le sujet biblique de la fraternité tragique devait paraître non pas discutable mais, bien en revanche, particulièrement opportun. Au printemps 1792, « le choix du mythe d'Abel et Caïn ne pouvait laisser personne indifférent », et sa mise en scène pourrait donc être lue comme une sorte de réponse des Comédiens « ordinaires du roi » à leurs

---

décembre, sont reçues *La Liberté conquise*, une dramatisation de la prise de la Bastille d'Harny de Guerville, les comédies *Le Vieux Célibataire* de Collin d'Harleville, *Le Mari directeur* de Carbon des Flins — une autre pièce axée sur le mariage des prêtres — et *L'Heureux Divorce* de Ségur le jeune, dont le titre renvoie déjà aux débats en cours sur la modification du droit de famille. Au début de 1791, c'est le tour de *La Mère coupable* de Beaumarchais et de *Monsieur de Crac* de Collin d'Harleville. Voir Archives de la Bibliothèque-Musée de la Comédie-Française, Registre des lectures cote 145¹, Registre des pièces nouvelles 121¹.

[36] Mara Fazio, *François-Joseph Talma ; Le théâtre et l'histoire de la Révolution à la Restauration* (Paris : CNRS Éditions, 2011), p. 52.

[37] La tragédie est reçue le 6 mars avec 11 voix favorables, 1 voix contraire et 9 requêtes de corrections. Voir Archives de la Bibliothèque-Musée de la Comédie-Française, Registre des lectures, cote 145¹.

[38] Pour plus d'approfondissements, voir Jacques-Marie Boutet de Monvel, *Les Victimes cloîtrées*, édition critique par Sophie Marchand (London : MHRA, « Phoenix », 2011), pp. 7–86.

anciens frères faisant désormais partie de ce que François Jacob qualifie de « famille de Talma-Caïn ».[39]

Ce choix n'allait pourtant pas sans conséquences. Dès la fin de 1790, la question de l'Église occupe les esprits des contemporains. La Constitution civile du clergé votée pendant l'été, le serment des prêtres rendu obligatoire en décembre, l'envoi à la fonte du patrimoine ecclésiastique ont provoqué des divisions profondes au sein de l'ordre et de la population civile. Aux nombreuses tensions internes s'ajoute la menace d'une rupture entre la France et le Pape : en mars 1791, Pie VI répond à l'expropriation des biens ecclésiastiques par la condamnation officielle de la Constitution civile du clergé. De plus, il invite les prêtres à ne pas jurer fidélité à la Nation et envisage de rompre les relations diplomatiques avec la France. En guise de réponse, l'Assemblée décrète l'établissement des listes des prêtres constitutionnels et réfractaires et radicalise le procès de déchristianisation. On se doute bien du fait qu'en 1792 un ouvrage à sujet religieux apparemment dénué de toute référence à l'actualité historico-politique devait paraître peu opportun et même fort discutable, et qu'il représentait une cible facile pour les périodiques partisans du Théâtre de la République. Le *Patriote français* du 9 mars attaque en effet la troupe pour des raisons politiques, sans quasiment mentionner la tragédie elle-même.[40] Pour leur part, les *Révolutions de Paris* des 17–24 mars stigmatisent *La Mort d'Abel* comme un texte conservateur et antipatriotique, qui fait l'apologie du christianisme afin de distraire les spectateurs des affaires révolutionnaires.[41] En vain, si l'on en croit le journaliste (il s'agit sans doute de

---

[39] Jacob, 'La belle mort de Legouvé', p. 87.
[40] « Les comédiens français, toujours *ordinaires du roi*, se refusent avec obstination à donner des pièces patriotiques. Cependant ils prennent toujours le titre de théâtre *de la nation*. Nous ne savons de quelle nation ils parlent, si ce n'est peut-être de la nation de Coblenz. Il n'est aucun théâtre qui ne puisse prendre exclusivement le titre de *théâtre de la nation* ; et s'il en est un qui pût se faire pardonner la présomption de le prendre, ce ne serait pas celui dont les acteurs font profession d'*appartenir au roi, celui dont l'unique soin* est celui de flatter la cour, celui qui semble rayer de son répertoire toutes les pièces auxquelles l'amour de la liberté peut sourire, celui, en un mot, qui est volontairement plus esclave que lorsqu'il gémissait sous les entraves d'une police inquisitoriale ». Cit. dans ibid.
[41] L'article cité ne constitue que l'une des nombreuses attaques portées au Théâtre de la Nation pour des raisons tenant à la religion. Dans un numéro successif, Prudhomme participe en ces termes à la polémique en cours sur la relâche des salles pour Pâques : « Il paraît que longtemps encore les gens de théâtre, ainsi que ceux de la cour, tiendront par quelque bout à l'aristocratie. Fidèles aux usages de l'Ancien Régime, les grands théâtres ont affiché *relâche* dès la veille du dimanche dit des rameaux ; et sans doute que les principaux sujets sont à parcourir les départements et à jouer deux fois plutôt qu'une par jour. Un tel procédé de la part de l'Académie Royale de musique et des comédiens français et italiens ordinaires du roi n'a rien qui surprenne. Mais le Théâtre de la rue de Richelieu, aussi ! [...] le Théâtre de la rue de Richelieu se serait fait bien de l'honneur en continuant ses représentations, tout le long de la quinzaine pascale, comme à l'ordinaire. [...] ainsi donc les bonzes cette année encore n'en auront pas le démenti, et s'applaudiront en voyant qu'on tient fermés les spectacles où l'on joue *Mahomet* et

Prudhomme). « Les canons de l'église ne prévaudront plus contre ceux de la liberté », dit la dernière ligne d'un compte rendu qui présente une lecture totalement politisée d'un ouvrage qui offrait une belle occasion d'attaquer les Comédiens « noirs »[42] au nom de la valeur, éminemment politique dans ces circonstances, d'un sujet tiré de l'Ancien Testament :

> Les comédiens ordinaires du roi, sensibles au reproche de ne point mettre leur théâtre à l'ordre du jour, et de ne rien représenter qui ait trait à la Révolution, saisissent l'époque où la religion est le plus tourmentée, où les prêtres se trouvent sous l'anathème de la raison, pour offrir sur la scène l'un des sujets les plus touchants de la Bible. Le clergé, dans son désastre, a du moins pour consolateurs la cour, les princes et les histrions. Les patriotes ne cessaient de demander au théâtre français quelques représentations de Rome sauvée, de Brutus et autres pièces de ce genre ; et voilà que le théâtre français leur joue *La Mort d'Abel*, apparemment comme pour leur répondre ; Eh ! Messieurs les patriotes, pourquoi cette manie de vous occuper exclusivement de votre liberté ? La liberté est chose bonne et belle sans doute ; elle a des mouvements sublimes et de grands effets : mais souffrez qu'on vous distraie un moment des affaires publiques. Tout n'est-il pas fini ? Vos nobles sont en fuite, vos prêtres sont à terre ; vous avez rendu tout constitutionnel ; vos saintes écritures, que vous ne lisez plus, le sont plus que vous ne pensez. Venez chez nous entendre l'élégie de *La Mort d'Abel*. […] elle peut faire pendant quelque temps diversion à l'esprit public. Son sujet, traité avec toutes les grâces du style dont il est susceptible, ramènera un peu l'opinion sur ces livres saints que le livre de la constitution a fait mettre de côté. Le succès de cette églogue sacrée prouvera du moins qu'on peut encore s'occuper avec fruit d'autre chose que de la Révolution. […] Bientôt sans doute les comédiens ordinaires du roi vont mettre à l'étude la tragédie de *La Mort de J. C.* ébauchée jadis par un certain chevalier de Longeac, lequel tournait assez bien un vers ; mais on aura beau imaginer, dans l'ancien comme dans le nouveau testament, il n'y a pas de quoi faire une contre-révolution dans les esprits. Les canons de l'église ne prévaudront plus contre ceux de la liberté.[43]

Exception faite pour ces attaques, qui portent plus sur les intentions politiques des Comédiens que sur la tragédie en elle-même, dans l'ensemble la performance rencontre l'approbation des critiques, notamment en ce qui concerne le jeu des acteurs. La distribution est excellente — paraissent sur la scène Vanhove (Adam),

---

Charles IX, tandis qu'eux ouvrent les leurs, et bravent encore la raison. Nation inconséquente, semblent-ils nous dire, tu nous as dépouillé de nos biens ; mais ne crois pas nous avoir enlevé toutes nos ressources ! en dépit de la Révolution, et de la philosophie qui l'a amenée, voilà que tout se tait encore, cette année, pendant la célébration de nos saints mystères ; ne crois pas en être quitte ». *Les Révolutions de Paris dédiées à la Nation*, 143, 31 mars–7 avril 1792.

[42] Les divisions politiques n'avaient pas épargné les Comédiens-Français, désormais partagés en deux clans, les « rouges », partisans de la Révolution et les « noirs », ses adversaires. Signalé dans Jacob, 'La belle mort de Legouvé', p. 87.

[43] *Les Révolutions de Paris dédiées à la Nation*, 141, 17–24 mars 1792.

Saint-Prix (Caïn), Dupont (Abel), Mlle Raucourt (Ève), Mlle Thénard (Méhala), Mlle Fleury (Thirza).[44] Sur ce point, la presse est tout à fait unanime : elle fait l'éloge de la déclamation en général,[45] et distingue celle de Saint-Prix, magnifique dans le rôle sombre du meurtrier, qu'il a rendu avec beaucoup de force et d'énergie et dans lequel il a « déployé tout le nerf de son talent » — l'expression est de la *Feuille du jour* du 9 mars. À cet égard, le rédacteur des *Affiches* est bon prophète quand il écrit que cette interprétation ne pourra qu' « ajouter singulièrement à [sa] réputation »,[46] puisqu'en 1799 le premier consul réclamera à nouveau le comédien sur les planches après avoir vu son interprétation de Caïn.[47] Sa réussite est telle que Legouvé ressentira le besoin de lui rendre publiquement hommage en insérant dans l'édition une note qui lui reconnaît la

---

[44] Signalée dans les éditions, dans le manuscrit du souffleur et dans le Registre des feux, la distribution des rôles reste toujours la même tout au long de 1792, exception faite pour la Voix de Dieu, dont le rôle, certes bien minoritaire, n'est pas mentionné dans la page des acteurs. Généralement assuré par Maray, il est exceptionnellement confié à Duval le 16 août et le 25 septembre 1792. Voir Archives de la Bibliothèque-Musée de la Comédie-Française, Registre des feux 130.22.

[45] Si l'on en croit les *Affiches* du 6 mars, « Cette pièce est très bien jouée. Le rôle de Caïn doit ajouter singulièrement à la réputation de M. Saint-Prix ; M. Dupont rend avec une sensibilité touchante celui d'Abel : Mlle Raucourt est très belle dans celui d'Ève ; et les autres rôles sont joués avec beaucoup d'âme par M. Vanhove et Mlles Fleury et Thénard ». Le rédacteur de la *Chronique de Paris* du même jour, plus laconique, mentionne surtout le jeu des acteurs principaux : « Les rôles de Caïn et d'Abel ont été très bien joués par MM. Saint-Prix et Dupont, qui ont été demandés ». D'après le *Journal de Paris* du 8 mars, « M. de Saint-Prix produit beaucoup d'effet dans le rôle de Caïn, et M. Dupont a bien fait le caractère intéressant du malheureux Abel. Les autres rôles, moins importants, ont été fort bien remplis par M. Vanhove, Mlles Raucourt, Thénard, Fleury, etc. ». Ce jugement positif est partagé par le rédacteur de la *Feuille du jour* du lendemain, où l'on peut lire que « M. de Saint-Prix a déployé tout le nerf de son talent, dans le rôle sombre de Caïn. M. Dupont a joué celui d'Abel, avec une aimable candeur ; et Mlle Raucourt a marqué celui d'Ève de toute la tendresse d'une mère et d'une épouse. M. Vanhove a saisi le personnage du bon Adam, comme il doit l'être ». Le journaliste du *Logographe* de la même date se concentre également sur le jeu de Saint-Prix : « Cette tragédie est parfaitement jouée ; M. Saint-Prix surtout a très bien rendu le rôle de Caïn ». Pour le *Journal des Théâtres* du 10 mars, « L'ouvrage a eu le plus grand succès ; il est très bien mis, fort bien joué ; mais M. Dupont, dans le rôle d'Abel, et M. Saint-Prix, surtout, dans le rôle de Caïn, ont mérité des éloges particuliers » ; quant au *Moniteur Universel* du 16 mars, « M. Saint-Prix […] a joué le rôle de Caïn avec beaucoup de force et de vérité, et M. Dupont […] a fait grand plaisir dans celui d'Abel. Ils ont paru, et ont été très applaudis ». Le journaliste du *Mercure français* du 7 avril se joint aussi à l'opinion générale quand il écrit que « La pièce est aussi très bien jouée. M. Saint-Prix, qu'on a demandé à la fin, y a montré beaucoup de chaleur, et a mérité de grands applaudissements ; M. Dupont, dans le rôle d'Abel, a augmenté encore l'intérêt qu'inspire la sensibilité du personnage, par la manière dont il l'a rendu ».

[46] *Affiches, Annonces, et Avis divers…*, supplément du 8 mars 1792.

[47] Voir Guibert-Razgonnikoff, *Le Journal de la Comédie-Française*, p. 338. Marvin Carlson aussi signale que « Napoléon s'intéresse à la Comédie-Française et va voir une représentation en 1801 de la *Mort d'Abel* de Legouvé ». Marvin Carlson, *Le Théâtre de la Révolution française*, traduit par Jules et Louise Bréant (Paris : Gallimard, 1970), p. 330.

paternité d'un geste lors de la scène capitale de la découverte du cadavre — « M. Saint-Prix, qui a joué Caïn avec tant de talent, détourne la tête en montrant à Méhala le corps sanglant d'Abel. L'idée de cette position lui appartient. Elle est sublime » —, et cette marque d'estime s'accompagne à l'éloge général du « jeu sublime des acteurs »[48] exprimé dans la préface.

En ce qui concerne le décor et les costumes, les efforts des Comédiens ne sont pas moins importants, bien qu'ils ne semblent pas susciter le même enthousiasme. L'auteur avait l'intention de porter sur scène « le spectacle des détails agrestes de la vie de nos premiers parents » et « la touchante simplicité de la nature primitive » décrite par Gessner, tout en éblouissant les yeux de son public par la mise en scène d'un « spectacle [...] aussi neuf que ses mœurs et ses personnages ». Cette volonté se traduit sur scène dans une recherche de primitivisme dont on aura un autre exemple avec la vogue de l'orientalisme, qui caractérise le succès d'*Abufar* de Ducis en 1795, ainsi que d'une « couleur locale » dont se souviendra Alexandre Duval dans son discours de réception à l'Académie Française,[49] lorsqu'il occupera la place rendue vacante à la mort de Legouvé en 1812. Les décorations de Moreau rendent bien ce souci de vraisemblance dramatique, tout comme l'intention de présenter des changements de décor impliquant un lieu différent pour chaque acte. Les règles se plient au désir de rendre visible le passage du *locus amoenus* qui est encore celui des premiers hommes au *locus terribilis* qui sera celui de la

---

[48] Dans la conclusion de sa préface, le dramaturge évoque le jeu des Comédiens en ces termes : « Je ne me permets même d'en parler que pour leur en faire hommage. Depuis longtemps une tragédie n'a été jouée avec autant de supériorité et d'ensemble. M. Saint-Prix a déployé dans le rôle de Caïn une vérité, une chaleur, une énergie, une profondeur, qui sont au-dessus de tous les éloges. M. Dupont a répandu dans le rôle d'Abel tout ce charme, ce naturel aimable, cette sensibilité vraie et pénétrante qui caractérisent son talent, et qui lui donnent dans chaque spectateur moins un admirateur qu'un ami. M. Vanhove a marqué celui d'Adam du caractère le plus touchant et le plus vénérable. Mlle Thénard et Mlle Fleury ont joué les rôles de Thirza et de Méhala aussi bien qu'ils pouvaient l'être. Mais il n'y a pas d'expression pour rendre la bienveillance avec laquelle Mlle Raucourt, sentant que sa présence seule serait utile à l'ouvrage, a accepté le rôle d'Ève, son adresse à relever le peu d'importance de ce rôle par le plus beau développement de ses avantages extérieurs, et une pantomime très pittoresque, enfin le zèle empressé qu'elle a mis à défendre constamment mes intérêts, avant et depuis la représentation. Ses talents m'avaient appris à l'admirer, ses procédés m'apprennent à la chérir. ».

[49] En retraçant la fortune de la première tragédie d'un prédécesseur dont il fait l'éloge, en avril 1813 Duval affirme que « Le sujet de la tragédie de la *Mort d'Abel*, puisé dans le poème de Gessner, offre toute la simplicité des mœurs des premiers jours du monde ; et cependant la pièce n'est dénuée ni d'action, ni d'intérêt. Le personnage de Caïn est tracé avec une énergie qui fit concevoir au public l'espoir de placer un jour son jeune auteur dans les premiers rangs des poètes tragiques. On trouverait difficilement dans nos pièces du premier ordre une couleur locale plus vraie et des vers plus dignes d'être retenus : il en est un surtout que le temps ne pourra effacer de ma mémoire, et qui devrait être gravé dans le cœur de tous les enfants. Qui mieux que moi doit apprécier, sentir la beauté de ce vers : Un frère est un ami donné par la nature ! ». http://www.academie-francaise.fr/discours-de-reception-dalexandre-vincent-pineux-duval

cité des hommes d'augustinienne mémoire. On passe ainsi de la terre paisible, bucolique et « *riant[e], [...] qui se ressent du temps primitif du monde et du voisinage du Paradis terrestre* » dans laquelle on « *voit trois cabanes rustiques parmi des bosquets et des arbres asiatiques* » figurant le décor du premier acte à l'âpreté du paysage du troisième, d'où tout arbre exotique est désormais banni : « *Le théâtre représente un site horrible, dans le fond une chaîne de montagnes et de rochers dont les sommets sont inégaux* ». Une note de frais conservée dans le dossier du décorateur indique que Moreau a bien respecté les indications scéniques. Pour le premier acte, le document atteste la réalisation de quatre arbres en bois dont deux forment un châssis, la peinture de deux châssis de plantes exotiques, de deux autres châssis de rochers et d'arbres, la construction de trois baraques en bois abritant les familles primitives, dont une — sans doute celle de Caïn — est isolée des autres et surmontée d'un petit rocher, peut-être afin de suggérer la dureté du personnage et de préfigurer son bannissement futur au delà des montagnes. Pour le deuxième acte, le décorateur mentionne la réalisation d'un rideau tout neuf[50] et de deux autels écartés l'un de l'autre, dont un est encore rapproché d'un petit rocher isolé. Les informations concernant le troisième acte résultent plus intéressantes. Elles rendent compte des efforts accomplis afin de « parler aux yeux » d'un public qu'on veut éblouir par les représentations spectaculaires de l'intervention de la Voix de Dieu maudissant le meurtrier du milieu des nuages et de la scène finale du départ des Caïnites. Le décorateur réalise donc six châssis de rochers figurant les montagnes que le meurtrier doit franchir à la fin de la pièce, il repeint deux demi-châssis pour ajouter d'autres rochers, et réalise six grands châssis, plus quatre plus petits, de nuages, auxquels il ajoute encore quatre petits châssis repeints en nuages.[51]

Ces efforts ne rencontrent pourtant pas entièrement la faveur des spectateurs. Sûrement nouvelle et adhérant au sujet archaïque dont il est question, cette « simplicité première de la nature » se conjugue sans doute mal avec la volonté d'éblouir un public habitué à bien d'autres réalisations. La plupart des journalistes ne font en effet aucune allusion à un décor qui ne les a apparemment pas impressionnés. Les seuls périodiques qui en parlent sont les *Affiches* et la

---

[50] Dans son catalogue, Barry Daniels présente quelques informations sur les décors des deux premiers actes réalisés pour la reprise de 1817 : Carnevali a peint trois cabanes et tous les terrains du premier acte, ainsi qu'une montagne avec deux châssis de rochers et un grand fond de campagne avec deux châssis de palmiers, plus un châssis qui représente un champs de blé pour le deuxième acte. Barry Daniels et Jacqueline Razgonnikoff, *Le Décor de théâtre à l'époque romantique ; catalogue raisonné des décors de la Comédie Française (1799–1848), d'après les documents conservés dans les collections et la Bibliothèque Nationale de France* (Paris : Bibliothèque Nationale de France, 2003), p. 176.
[51] Voir Archives de la Bibliothèque-Musée de la Comédie-Française, Dossier Moreau. Le même Dossier et le Registre des recettes et des dépenses journalières 122 [33] nous informent quant au paiement d'un total de 1.500 livres, exécuté le 2 avril 1792, pour le décor de *La Mort d'Abel*.

Chronique de Paris du 8 mars, dont le jugement est positif sans être enthousiaste. Le premier rédacteur se borne à affirmer que « en général cet excellent ouvrage est mis avec beaucoup de soin ».[52] Le second, que l'on sait critique à l'égard du spectacle, estime que les décorations sont « en général agréables et bien entendues », exception faite pour celle du nuage qui avait fait l'objet de tant de soins : sa réalisation manquerait un peu de grandeur, car elle fait « entendre [Dieu] du loin des montagnes et est trop mesquine ».[53] On pourrait avancer les mêmes considérations quant à l'appréciation des costumes, également réalisés d'après un souci de simplicité[54] et de vraisemblance dramatique. Ceux-ci ne firent que peu d'effet. Les deux périodiques déjà cités en rendent compte en adoptant plus ou moins les mêmes termes déjà utilisés au sujet du décor. Les *Affiches* se bornent à un assez conventionnel « Les costumes sont bien soignés »,[55] alors que la *Chronique de Paris* critique ce qui paraîtrait être un excès de 'civilisation' : « Adam et sa famille devraient être vêtus de feuillages et non de peaux d'animaux, et mesdemoiselles Fleury et Thénard pourraient s'épargner les frais d'un coiffeur ».[56]

La recherche de simplicité et de vraisemblance qui caractérise la réalisation de ces éléments scéniques est en effet bien attestée par des gravures réalisées par Boizot ornant le début de chaque acte de la dernière édition parue chez Mérigot en 1793. Accompagnée de la didascalie « Et que Caïn changé devienne un autre Abel », la première gravure représente la famille réunie au milieu des arbres et des cabanes en attendant Caïn pour la prière. La deuxième montre le chagrin et la rage du fils aîné après le refus de ses offrandes, tout comme l'explicite la didascalie reprenant les vers « Eh ! Quoi le feu céleste / Consume à mes regards les offrandes d'Abel / Et mes dons rejetés restent froids sur l'autel ». La troisième évoque le tableau final des Caïnites franchissant les montagnes, tandis qu'au premier plan Adam, Ève et Thirza pleurent la mort d'Abel. La didascalie qui accompagne cette dernière image reprend le dernier vers de la pièce : « Je ne suis pas puni si tu pars avec moi ». Les trois images mettent finalement en tableau les indications du dramaturge au niveau des décors et des costumes : les personnages, sans chaussures, sans chapeaux et habillés uniquement de peaux d'animaux, sont insérés dans un paysage de moins en moins « riant ».

Nuages et peaux de bêtes mis à part, l'appréciation générale de la critique s'accompagne bien de celle du public. Le montant des recettes est tout à fait

---

[52] *Affiches, Annonces, et Avis divers...*, supplément du 8 mars 1792.
[53] *Chronique de Paris*, 8 mars 1792.
[54] Les registres attestent peu de frais pour les costumes (1.466 livres totales pour la « fourniture d'habits »), sans cependant donner plus de précisions. Voir Archives de la Bibliothèque-Musée de la Comédie-Française, Registre R1552 Costumes et accessoires.
[55] *Affiches, Annonces, et Avis divers...* supplément du 8 mars 1792.
[56] *Chronique de Paris*, 8 mars 1792.

respectable,[57] ainsi que le nombre total des représentations. Le catalogue César recense 35 spectacles pendant l'année et demie qui sépare la création de l'automne 1793,[58] ce qui est plus ou moins confirmé par le répertoire d'André Tissier.[59] Pendant cette période, la tragédie de Legouvé reste l'un des rares ouvrages qui remplit les caisses du théâtre.[60] La carrière dramatique de *La Mort d'Abel* est par la suite interrompue par la fermeture de la salle et l'incarcération de la troupe au début de la Terreur : en septembre 1793, la reprise de *Paméla* de Neufchâteau — qualifiée d'ouvrage « contre-révolutionnaire »[61] par le Comité de Salut public — fournit aux autorités l'occasion de punir les Comédiens pour la mise en scène de *L'Ami des Lois* de Laya, une pièce anti-montagnarde créée en janvier de la même année.[62] La fermeture de la salle, le succès rencontré par *Épicharis et Néron* sur les planches du Théâtre de la République, son sujet fort délicat contribuent à expliquer la disparition momentanée des affiches d'une pièce à sujet biblique, qui traite du mythe de la fraternité tragique, et qui de plus avait été créée par des comédiens désormais tombés en disgrâce. Pour preuve de sa vitalité et de l'intérêt qu'elle avait suscité, la tragédie ne termine pourtant pas là sa carrière scénique :

---

[57] Le Registre des recettes précise les montants quant au mois de mars et signale 3.753 livres pour la création du 6 mars, 4.296 livres pour le 9 mars, 4.413 livres pour le 12 mars, 4.669 livres pour le 16 mars, 3.981 livres pour le 20 mars, 4.154 livres pour le 23 mars, 5.086 livres pour le 26 mars, 3.614 livres enfin pour le 30 du même mois. Malheureusement, on n'a pas d'informations concernant les spectacles suivants, le Registre s'arrêtant au 31 mars. Voir Archives de la Bibliothèque-Musée de la Comédie-Française, Registre des recettes journalières 134 24.
[58] Notamment, d'après le catalogue César, tout au long de 1792 la tragédie figure sur l'affiche du Théâtre de la Nation les 6, 9, 12, 16, 20, 23, 26 mars, les 17, 21, 23, 25, 29 avril, le 28 mai, le 27 octobre, les 1, 11, 18, 29 novembre, les 8 et 16 décembre. L'année suivante, elle est représentée les 1 et 11 janvier, les 17 et 19 février, les 4 et 24 mars, le 14 avril, les 9 et 27 mai, le 16 juin, le 24 juillet, le 14 août. Voir http://www.cesar.org.uk/cesar2/titles/titles.php?fct=edit&script_UOID=128464
[59] Voir Tissier, *Les Spectacles à Paris pendant la Révolution*, t. I, p. 457, t. II, p. 70.
[60] Noëlle Guibert et Jacqueline Razgonnikoff confirment la fortune de la pièce en question, dont le succès ne semble pas décroître tout au long de cette période. En novembre, c'est encore « la sombre tragédie de *La Mort d'Abel* qui remporte le plus de succès. La salle ne se remplit un peu que quand cette pièce est à l'affiche ou lorsque Larive consent à jouer » ; en mars 1793, « le public n'est présent dans la salle que lorsqu'on joue des pièces viriles comme *Marius à Minturnes* ou *La Mort d'Abel* » ; quelques mois plus tard, suite aux décrets du 3 août, « en dehors de *Paméla* et des petites comédies qui complètent le spectacle on ne joue plus, au Théâtre de la Nation, que *Guillaume Tell*, *La Mort d'Abel*, *Les Victimes cloîtrées*, *Le Comte de Comminges* et *La Liberté conquise*, donnée par et pour le peuple ». Guibert-Razgonnikoff, *Le Journal de la Comédie-Française*, p. 202, p. 215, p. 228.
[61] Voir à ce sujet Martial Poirson, 'Introduction', dans François de Neufchâteau, *Paméla, ou la Vertu récompensée*, édition critique par Martial Poirson (Oxford : Voltaire Foundation, 2007), pp. 16–43.
[62] Voir Mark Darlow et Yann Robert, 'Introduction', dans Jean-Louis Laya, *L'Ami des lois*, édition critique par Mark Darlow et Yann Robert (London : MHRA, « Phoenix », 2011), pp. 7–113.

d'après le catalogue César, on peut compter encore plus d'une quarantaine de reprises entre 1795 et 1799. En 1795-1796, la *Mort d'Abel* est montée une douzaine de fois au Théâtre Feydeau[63] et huit fois au Théâtre du Marais.[64] En 1797, elle réapparait une dizaine de fois[65] sur l'affiche du Théâtre de la Nation, que la fin de la Terreur a bien permis de rouvrir. L'année suivante, on peut recenser huit représentations au Théâtre de l'Odéon,[66] deux spectacles au Théâtre du Marais (nouveau)[67] et au Théâtre des Amis de la Patrie,[68] et trois autres reprises au Théâtre des Victoires.[69] Pendant la décennie révolutionnaire, on peut finalement recenser environ quatre-vingt représentations dans la capitale, dont plus d'une trentaine concentrées en 1792-1793. La fortune de *La Mort d'Abel* est aussi attestée par l'existence de deux parodies en vaudevilles, *Le Premier Rossé* et *Cahin-Caha*. Le premier ouvrage est créé en mai 1792 au Théâtre des Variétés Amusantes et repris cinq fois tout au long du même mois,[70] alors que le second est mis au répertoire du Théâtre de Molière quatre fois, sans pourtant y rencontrer la faveur du public.[71]

---

[63] En 1795, la pièce figure sur l'affiche du théâtre les 4, 6, 10 et 14 juillet 1795, les 13 et 21 août, le 10 septembre. En 1796, elle est montée les 23 et 31 mai, le 8 juin, le 10 juillet, le 13 août, le 6 novembre.

[64] En 1795, la tragédie y est représentée le 22 octobre, les 1 et 11 novembre, les 12 et 13 décembre, pour être ensuite reprise les 25 et 26 février et le 13 mai 1796.

[65] Comme dates de représentation pendant cette année, on peut indiquer les 2, 28, 30, 31 janvier, les 10 et 29 avril, le 9 mai, les 25 et 28 août.

[66] En 1798, *La Mort d'Abel* figure sur l'affiche les 15 et 25 février, les 13, 14, 17 avril, les 4, 10 novembre, le 25 décembre.

[67] Notamment, la pièce y est reprise le 26 juillet 1798 et le 9 mai 1799.

[68] La tragédie est mise en scène le 28 février et le 3 avril 1799.

[69] *La Mort d'Abel* figure sur l'affiche du théâtre les 22 et 25 octobre, et le 6 novembre 1799.

[70] D'après André Tissier, *Le Premier Rossé* est monté les 16, 20, 21, 24, 28 et 29 mai. Voir Tissier, *Les Spectacles à Paris pendant la Révolution*, t. I, p. 282.

[71] La pièce est mise en scène les 16, 21, 24 et 28 mai. Voir ibid., p. 245. Nous n'avons pu retrouver aucun de ces deux textes, mais le compte-rendu du *Journal des théâtres* permet d'avoir quelques informations à propos de *Cahin-Caha* : « *Cahin Caha* est une parodie de la *Mort d'Abel*, tragédie de M. Legouvé dont nous avons rendu compte avec les éloges qui lui sont dus. Parodie ? Non ; c'est un calque en caricature du drame tragique. On y retrouve les scènes, les idées, les situations, l'ombre des caractères tracés par M. Legouvé, à l'exception qu'au dénouement, Abel feint d'être mort, mais qu'il ne l'est pas, et qu'il se mêle au reste de sa famille, pour chanter un couplet de vaudeville qui termine la pièce. La critique de cette parodie est douce, modérée ; c'est une suite de plaisanteries aimables dans la conversation familière, mais extrêmement faibles sur le théâtre, parce qu'elles y prennent de la prétention et qu'elles ne peuvent pas la soutenir. On y a remarqué des couplets bien tournés, et principalement ceux qui ont rapport à la chute d'Adam, notre premier père. Ils ont le mérite de réunir de la décence et du trait à une gaieté fort originale ». *Journal des théâtres*, 26 mai 1792. Ernest Lebègue signale une fortune fort médiocre que la rareté des reprises faisait bien soupçonner : « *Cahin-Caha*, parodie de *La Mort d'Abel*, de Legouvé » fut « accueillie très froidement ». Ernest Lebègue, *Boursault Malherbe, comédien, conventionnel, spéculateur. 1752-1842* (Paris : Alcan, 1935), p. 52.

Il n'est pas inintéressant de signaler une diatribe qui, d'après François Jacob,[72] pourrait être étroitement reliée au succès de la tragédie. Le critique met en effet sur le compte de la rivalité entre les Comédiens et leurs anciens frères non seulement les observations particulièrement venimeuses qu'on a déjà signalées, mais aussi l'éclat d'une polémique dont le but serait celui de « discréditer *a priori* un auteur qui risquait, par son succès, de nuire au théâtre de la République ».[73] Trois semaines après la création, la lettre d'un nommé Chevalier, écrivain tout à fait inconnu dans le milieu dramatique, est publiée dans la *Chronique de Paris* et dans le supplément des *Affiches* du 23 mars, tout comme dans la *Feuille du jour* du lendemain. L'auteur y annonce la représentation imminente d'une « nouvelle tragédie de la *mort d'Abel* » sur les planches du Théâtre de Mademoiselle Montansier — où la pièce est effectivement créée le 29 mars sans y rencontrer le succès[74] — avant d'accuser, plus ou moins subtilement, Legouvé de plagiat :

> Il va se donner au Théâtre de Mademoiselle Montansier *La Mort d'Abel*. Je commençai cet ouvrage à Paris, j'avais à cette époque 17 ans ; j'eus à peine achevé le premier acte, que je partis pour le séminaire de Nevers ; là, quoiqu'occupé de l'état que je venais d'embrasser, je continuai ma tragédie. Entraîné par de nouvelles circonstances, je quittai Nevers, où je ne suis resté qu'environ six mois. De retour en cette ville, le goût pour l'imprimerie détermina mon père à m'en faire faire l'apprentissage ; pour cet effet, j'entrai chez M. Ballard, où j'ai achevé *La Mort d'Abel* ; elle fut le fruit d'un travail d'environ 11 mois. Quatre années écoulées, j'étais bien loin de penser qu'un jour je verrai représenter sur un théâtre de la capitale le sujet que j'avais traité. Piqué par la curiosité, mon imagination se réveilla, je fus enfin voir *La Mort d'Abel*, je m'estimai heureux de m'être souvent rencontré avec l'auteur ; mais ce qui me frappa davantage, fut la même idée dans la *décoration*, la même *pensée* dans plusieurs vers tout à fait semblables aux miens. Je suis loin cependant de soupçonner la discrétion de la personne à qui j'avais confié mon manuscrit il y a sept mois, ou, pour mieux dire, j'aime trop à croire à la délicatesse de tout le monde, pour faire la moindre réclamation dont on pourrait tirer des conséquences désavantageuses. Ce qu'il y a pourtant de très certain, et que j'atteste sur l'honneur, c'est que tous mes faits sont de la plus exacte vérité. Je vous prie, Monsieur, d'insérer ma lettre dans votre journal, pour faire connaître au public que je n'ai point attendu la représentation de la *Mort d'Abel* pour composer ma tragédie. Quoique le sujet soit le même, la marche est tout-à-fait différente. L'auteur de la nouvelle tragédie de la *Mort d'Abel*.[75]

---

[72] Jacob, 'La belle mort de Legouvé', p. 88 sq.
[73] Ibid., p. 87.
[74] André Tissier ne recense que six représentations pour ce spectacle. Voir Tissier, *Les Spectacles à Paris pendant la Révolution*, t. I, p. 212.
[75] *Chronique de Paris*, 23 mars 1792 ; *Affiches, Annonces et Avis divers...*, supplément du 23 mars 1792 ; *La Feuille du jour*, 24 mars 1792.

Le dramaturge répond par une réfutation tout aussi subtile et sarcastique, qu'il fait paraître *illico* dans les mêmes périodiques :

> Je viens de lire la lettre qui vous a été écrite par l'auteur d'une nouvelle tragédie de la *Mort d'Abel* ; je vous prie de vouloir bien aussi publier ma réponse. La *Mort d'Abel* qui se donne au Théâtre de la Nation, et que le public a accueillie avec tant d'indulgence et de bonté, a été reçue par MM. les Comédiens-Français le 6 mars de l'année dernière, c'est-à-dire, il y a un an. Je la composai dans le courant de 1790, et ce premier né (dont je ne m'attendais pas que l'on voudrait faire suspecter la légitimité) fut le fruit d'un séjour que je fis à la campagne cette même année ; j'eus, pour témoin de mon travail, plusieurs personnes qui l'attesteront au besoin. L'auteur de la nouvelle *Mort d'Abel* est loin, dit-il, de soupçonner la discrétion de la personne à qui il confia son manuscrit il y a sept mois ; je pense comme lui, qu'il est bien de n'être pas soupçonneux ; et puisque ma pièce était reçue au Théâtre de la Nation plusieurs mois avant que l'auteur confiât son manuscrit, on croira facilement, sans doute, qu'il ne m'a pas été possible de m'approprier son sujet, ses idées de décoration, ses pensées et ses vers ; mais quoique j'aime beaucoup aussi à croire à la délicatesse de tout le monde, il m'est permis de m'étonner que l'espèce de réclamation que l'on élève en ce moment n'arrive qu'après la cinquième représentation de ma pièce, et une affiche de près de trois semaines… Si je me livrais aux conjectures que la lettre à laquelle je réponds semble autoriser, j'aurais même le droit de penser, puisqu'elle annonce tant de ressemblances dans la décoration, les pensées et les vers, que l'art de la tachygraphie, qui depuis quelques années a fait tant de progrès, n'a pas été inutile dans cette occasion. Legouvé.[76]

Évidemment, la paternité de l'ouvrage ne fait pas de doutes, tout comme l'atteste le registre des lectures de la Comédie Française et, de façon plus indirecte, la différente fortune dramatique rencontrée par les deux auteurs rivaux par la suite. Les contemporains sont du même avis. La *Feuille du jour* du 31 mars se borne à rendre compte de la nouvelle création d'une pièce qui « n'est pas bonne »,[77] alors que d'autres journaux signalent les similitudes existant entre les deux ouvrages et la supériorité de celui représenté au Théâtre de la Nation, à la faveur duquel ils se prononcent plus ou moins ouvertement. Tout en refusant de trancher sur la question du plagiat, le rédacteur du *Logographe* se permet une touche sarcastique assez explicite quand il écrit que « si M. Legouvé avait réellement le tort qu'on lui impute, il aurait poussé la perfidie bien loin. Indépendamment du plan et de la conduite, il aurait enlevé à son rival tout ce qui fait le mérite du style, élégance, énergie, pureté. La nouvelle pièce n'a presque rien offert de ces qualités ».[78] Le même jour, les *Affiches* consacrent à « la nouvelle tragédie de *Caïn, ou la Mort*

---

[76] *Chronique de Paris*, 24 mars 1792 ; *Affiches, Annonces et Avis divers…*, supplément du 24 mars 1792 ; *La Feuille du jour*, 26 mars 1792.
[77] *La Feuille du jour*, 31 mars 1792.
[78] *Le Logographe*, 31 mars 1792.

d'Abel » plusieurs lignes fort sévères, que le journaliste motive par le besoin de rétablir la justice et la vérité au nom du « progrès de l'art, de la littérature ». Ensuite, il fait l'éloge de Legouvé et discrédite son rival pour sa manœuvre et pour son ouvrage « long, froid et ennuyeux » qui ne pouvait par conséquent être apprécié par le public.[79] Le *Journal de Paris* du 4 avril est encore plus péremptoire : « L'auteur de la nouvelle tragédie qui porte le même titre a paru croire que son manuscrit avait été confié il y a sept mois. M. Legouvé a prouvé que sa pièce était reçue à la Comédie-Française depuis un an ; à cette époque, nous avons eu entre les mains le manuscrit de M. Legouvé, et le public a jugé que les deux auteurs n'avoient travaillé ni d'après les mêmes principes, ni avec le même talent ».[80] Finalement, tout comme le rappelle François Jacob, ce n'est pas le fond mais la querelle en elle-même qui est intéressante, puisqu'elle rend compte des rivalités théâtrales de l'époque[81] aussi bien que de la vitalité d'un mythe, celui de la fraternité tragique, auquel les esprits des contemporains sont forcément sensibles.

Pour cette même raison, à partir du début du XIXe siècle la *Mort d'Abel* jouira d'une faveur bien moindre. En 1802, Charles Guillaume Étienne et Alphonse de Martainville apprécient encore une pièce qui « a été souvent reprise, et [qu'on] revoit toujours avec un nouveau plaisir »,[82] mais cette opinion sera de moins en moins partagée. Anne Kromsigt ne recense qu'une vingtaine de reprises à la Comédie-Française,[83] où la tragédie est jouée 12 fois en 1801 et 9 fois l'année d'après,[84] avant d'y terminer définitivement sa carrière dramatique en 1817. Au

---

[79] « Il était difficile de traiter *La Mort d'Abel* d'une autre manière que M. Legouvé, sans sortir de la nature, de la vérité, et sans devenir long, froid et ennuyeux. Tel est le résultat du jugement que le public *éclairé* a porté avant-hier sur la nouvelle tragédie de *Caïn, ou la Mort d'Abel*, en trois actes et en vers, donnée sur ce théâtre, sans un succès décidé ni mérité. La rivalité qu'on a voulu établir entre les deux ouvrages exige absolument que nous examinions le dernier avec cette sévérité, nécessaire pour le progrès de l'art, de la littérature, et qui, seule, peut dédommager les gens de lettres estimables du découragement auquel ces sortes de tentatives pourraient les abandonner ; car il est une portion du public qui semble prendre à tâche de narguer un homme à talent en applaudissant avec ivresse jusqu'aux plus mauvais vers du rival qui lutte avec lui. Quel est le but de ces enthousiastes ! est-ce ainsi qu'on honore l'art et l'artiste ! est-ce ainsi qu'on prouve du discernement, du goût, et qu'on se rend digne de juger les grands hommes et les chefs-d'œuvre !... ». *Affiches, Annonces et Avis divers...*, supplément du 31 mars 1792.
[80] *Journal de Paris*, 4 avril 1792.
[81] Jacob, 'La belle mort de Legouvé', pp. 90–91.
[82] Charles Guillaume Étienne et Alphonse de Martainville, *Histoire du théâtre français, depuis le commencement de la Révolution jusqu'à la réunion générale* (Paris : Barba, 1802), t. II, p. 206.
[83] Le critique signale 21 spectacles en 1801–1802, plus une dernière reprise en 1817. Voir Kromsigt, *Le Théâtre biblique*, p. 16. Voir aussi Alexandre Joannidès, *La Comédie-Française de 1680 à 1900. Dictionnaire général des pièces et des auteurs* (Paris : Plon-Nourrit et Cie, 1901 ; Genève : Slatkine Reprints, 1970).
[84] D'après le *Journal des spectacles*, en 1801 la pièce est montée les 26 et 28 juillet, les 23, 26 et 28 août, les 4, 12, 15, 22 et 30 septembre, les 15 et 27 décembre. L'année suivante, elle paraît

total, la tragédie aura connu une centaine de représentations dans Paris entre 1792 et 1817. Cet accueil, plus mitigé au début du XIXe siècle, peut être expliqué par différentes raisons. En premier lieu, la mise en scène de la fraternité dégénérée, dont le sentiment hante les hommes de la décennie révolutionnaire, ne suscite plus le même intérêt lorsque le Consulat et l'Empire tentent de recoudre le tissu social déchiré par la Révolution. Il existe ensuite d'autres raisons, d'ordre esthétique et idéologique : on peut mentionner le « discrédit croissant dans lequel est tombée la tragédie »,[85] un genre désormais quelque peu délaissé par un public qui préfère d'autres pièces plus spectaculaires ou à machines, ainsi que le changement du contexte socio-historique. D'après François Jacob, « la résurgence du catholicisme après le Concordat et sous la Restauration interdit d'emprunter, sur le plan de la restauration du mythe, la voie tracée [...] par Legouvé »[86] et détache les spectateurs d'un ouvrage dans lequel la morale chrétienne, malgré les apparences et les critiques formulées à l'époque de la création, est loin d'être « représentée ».

L'histoire éditoriale de la *Mort d'Abel* suit de près sa fortune scénique. Publiée en 1793 chez Mérigot le jeune, la tragédie est rééditée encore deux fois la même année, indice d'un succès qui ne se renouvèlera pas par la suite, puisqu'on ne compte plus d'éditions tout au long de la décennie. La disparition de l'affiche pendant presque deux ans et le beau succès rencontré par d'autres pièces de l'auteur dans une salle différente ne devaient pas aider la fortune de son premier ouvrage. *La Mort d'Abel* est publiée encore une fois en 1800 chez le même libraire ; depuis, elle ne paraîtra plus qu'après la mort de l'auteur. La tragédie figure en effet dans les *Œuvres complètes* recueillies par Nicolas Bouilly en 1826-27[87] et dans la section « Théâtre » des *Œuvres choisies*[88] de 1854 préparées par Ernest Legouvé, fils de l'auteur tragique et dramaturge lui-même. Elle paraît encore dans des éditions collectives telles que le *Répertoire du Théâtre français* de Claude-Bernard Petitot en 1817-18,[89] la *Suite du Répertoire du Théâtre français* de Pierre-Marie Lepeintre Desroches publiée cinq ans plus tard,[90] le recueil des *Chefs d'œuvres tragiques de Ducis, Chénier, Legouvé, Luce de Lancival, Lemercier*

---

sur l'affiche les 9 et 23 janvier, le 3 avril, le 13 mai, les 9 et 17 juin, le 25 août, le 4 septembre, le 26 novembre.
[85] Jacob, 'La belle mort de Legouvé', p. 98.
[86] Ibid.
[87] Gabriel Legouvé, *Œuvres complètes*, Nicolas Bouilly (éd.) (Paris : Janet, 1826-1827).
[88] Gabriel Legouvé, *Œuvres choisies*, Ernest Legouvé (éd.) (Paris : Laisné, 1854).
[89] Claude-Bernard Petitot (éd.), *Répertoire du Théâtre français ou recueil des comédies et tragédies restées au théâtre depuis Rotrou* (Paris : Foucault, 1817-1818). La *Mort d'Abel* est présentée dans le tome VI (tragédies), pp. 363-424.
[90] Pierre-Marie Lepeintre Desroches (éd.), *Suite du Répertoire du Théâtre français avec un choix des pièces de plusieurs autres théâtres...* (Paris : Dabo, 1822-1823), t. V, pp. 319-87.

de 1845,[91] qui sera ensuite republié en 1886.[92] Après cette date, le texte sombrera dans l'oubli qui a caractérisé, du moins jusqu'au bicentenaire de la Révolution, la production dramatique et littéraire d'une décennie que la critique des XIXe et d'une (bonne) partie du XXe siècles a toujours déconsidérée au nom d'une conception romantique de l'œuvre littéraire ou en raison de motivations esthétiques et idéologiques plus ou moins partisanes.[93] Depuis la moitié du XIXe siècle, la tragédie de Legouvé n'a plus été rééditée jusqu'à 1984, quand Giovanna Trisolini l'a insérée dans son anthologie du théâtre révolutionnaire.[94]

La valeur de l'ouvrage auprès des contemporains est néanmoins attestée par la fortune dont on vient de rendre compte tout aussi que par sa bonne réception à l'étranger. Son influence sur la « tramelogedia » *Abele* de Vittorio Alfieri, parue en 1797 après une gestation de plus d'une décennie, est fort probable.[95] Henry Lancaster mentionne encore l'existence de deux traductions, l'une hollandaise, *De Dood van Abel, treuspel* de Pieter Boddaert de 1797, et l'autre espagnole d'Antonio Saviñon publiée en 1803.[96] L'histoire de celle-ci paraît particulièrement intéressante en ce que les vicissitudes de cette *Muerte de Abel* témoignent non seulement du succès de la tragédie de Legouvé en Espagne, mais aussi d'une réception qui en met en évidence la portée novatrice et l'ambiguïté foncière. Dans sa préface, le traducteur fait l'éloge du style et de la versification[97] ainsi que de l'audace, de la modernité et de la réussite d'une pièce qu'il considère comme digne

---

[91] *Chefs-d'œuvres tragiques de Ducis, Chénier, Legouvé, Luce de Lancival, Lemercier* (Paris : Didot, 1845).
[92] *Chefs-d'œuvres tragiques de Ducis, Chénier, Legouvé...* (Paris : Firmin-Didot, 1886).
[93] Voir, entre autres, Michel Delon, 'La littérature dans la Révolution. La Révolution et le passage des belles-lettres à la littérature', *Revue d'Histoire Littéraire de la France*, 4-5 (1990), p. 573 sq.
[94] Trisolini, *Rivoluzione e scena...*, pp. 205-57.
[95] Arnaldo di Benedetto rappelle que l'auteur italien résidait à Paris au moment de la création, et qu'il avait montré de la curiosité à l'égard de la tragédie de Legouvé, dont la préface pouvait également l'intéresser à cause du développement de thématiques communes : l'indifférence à l'égard des règles, l'insertion d'expressions « familières » dans le langage des premiers hommes, un concept de fatalité écrasant les mortels. Voir Arnaldo di Benedetto, 'Un mito alfieriano : Caino', Arnaldo di Benedetto, *Tra Sette e Ottocento : poesia, letteratura e politica* (Alessandria : Dell'Orso, 1991), p. 62.
[96] Voir Lancaster Carrington, *French Tragedy in the Reign of Louis XVI*, p. 153.
[97] Antonio Saviñon loue la beauté de l'ouvrage quant aux « dialogues, au style et à la versification », avant de poursuivre dans l'énumération de ses qualités : «Versification riche et musicale : harmonie imitative : très belles métaphores, nées du manque de culture des premiers hommes ». Finalement, l'ouvrage français représenterait un « modèle poétique en raison du caractère grand et sublime de l'action ; pour la conception, l'unité et l'aménagement du plan ; pour ses situations fortes et pathétiques ; pour l'énergie et le contraste des caractères ; pour sa catastrophe terrible ; et pour la grandeur et la majesté du spectacle ». Gabriel Legouvé, *La Muerte de Abel*, traducida del francés al castellano por Don Antonio Saviñon (Madrid : Imprimiría de la Administración del real arbitrio de beneficencia, 1803), pp. 4-6. C'est nous qui traduisons.

de figurer à côté de celles de Racine et de Corneille.[98] Précisons, comme le fait Cristina Barbolani, que Saviñon est un homme de lettres politiquement engagé dont les choix idéologiques l'amènent à traduire ceux qu'à l'époque étaient considérées comme les exemples « les plus avancés de la libre pensée »[99] étrangère : Voltaire, Legouvé et Marie-Joseph Chénier — Saviñon traduira son *Timoléon* — dans un premier temps, et Alfieri par la suite, quand son engagement dans les mouvements antinapoléoniens espagnols motivera la « substitution idéologique et stylistique du modèle italien au modèle français ».[100] Représentée à Madrid où elle jouit d'une bonne fortune de public et de critique, la *Muerte de Abel* est ensuite publiée en 1803, pour encourir deux ans plus tard dans la réprobation de l'Inquisition. Cristina Barbolani signale en effet l'existence d'une édition conservée à la Bibliothèque Nationale de Madrid et présentant des notes de censure qui concernent les passages à supprimer ou à modifier. C'est le cas, par exemple, d'un vers blasphématoire prononcé par Caïn au deuxième acte : l'original « ¿ Me quieres criminal, Dios de injusticia ? » devient par la suite « ¿ Me quieres criminal y delincuente ? ».[101] Après avoir été partiellement censuré, l'ouvrage sera finalement proscrit, et ne sera réédité qu'en 1820. On se doute bien que les audaces les plus grandes de Legouvé n'intéressaient pas seulement son non respect des règles dramatiques.

Le premier meurtre entre mythe biblique et récit fondateur

Malgré les nombreux commentaires à l'égard de la reprise d'un sujet biblique, c'est en effet la mise en scène du mythe de la fraternité tragique plus que celle de la chute et de la damnation de l'homme qui sous-tend l'imaginaire des spectateurs d'une période hantée par ce que Ruggero Campagnoli qualifie d'un « paradoxe de la présence de Caïn ».[102] Ce « paradoxe » traverserait les esprits des contemporains bien avant la formulation terroriste d'une fraternité politique que traduit une expression célèbre de Chamfort — « sois mon frère ou je te tue » — renvoyant à une fraternité qui, d'après celui-ci, serait « celle de Caïn et d'Abel ».[103] Pendant ces premières années révolutionnaires, l'enchevêtrement des injustices,

---

[98] Voir ibid., p. 6.
[99] Le critique rappelle également que l'auteur espagnol connaissait et appréciait *Le Mérite des femmes*, un poème qui présente des thèses fort avancées pour l'époque. Voir Cristina Barbolani, *Virtuosa guerra di verità ; Primi studi su Alfieri in Spagna* (Modena : Mucchi, 2003), p. 71. C'est nous qui traduisons.
[100] Ibid. C'est nous qui traduisons.
[101] Voir ibid., p. 73.
[102] Ruggero Campagnoli, 'La Rivoluzione di Caino : *La Mort d'Abel* di Legouvé', dans Mario Richter (éd.), *Atti del Convegno di studi sul teatro e la Rivoluzione francese* (Vicenza : Accademia Olimpica, 1991), p. 107 sq. C'est nous qui traduisons.
[103] Cit. in ibid., p. 108.

des violences et des torts imputés aux uns et aux autres explique non seulement la vitalité du mythe, mais aussi la relecture d'un rapport fraternel qui renverse les termes de l'interprétation canonique :

> l'assassin Caïn, dans ce fragment de l'imaginaire de la Révolution française, traîne derrière lui, inséparable, le traître Abel. Il est alors évident que les deux personnages de la mythologie biblique figurent l'enchevêtrement d'une conflictualité sanguinaire à laquelle [...] on ne peut pas espérer se soustraire, qui s'est incarnée dans la haine morale entre ceux qui sont injustement déshérités, qui gagnent par la violence, et ceux qui sont injustement privilégiés, qui succombent par la violence.[104]

Tout comme l'a déjà souligné la critique, la perception d'une fraternité dégénérée d'où toute polarisation est exclue renouvelle non tant la signification du quatrième chapitre de la Genèse, mais la lecture axiologique traditionnelle d'un récit qui présentait déjà en lui-même une « confrontation sociale et idéologique forte » aboutissant à une valorisation de l'Histoire — incarnée par les Caïnites — au détriment de l'Éthique — incarnée par Abel, dernier vestige d'un passé irénique auquel son frère ne peut pas avoir accès.[105] L'épisode fondateur du premier meurtre ne trouve donc sa signification complète que si on l'insère dans le contexte de la totalité de l'Ancien Testament. Le passage biblique présente en effet plusieurs éléments d'irrésolution, et ce sont leurs interprétations différentes qui ont permis la fortune littéraire du mythe lui-même. Cécile Hussherr rappelle bien l'importance de l'ambiguïté foncière du chapitre de la Genèse dont il est question :

> Ce récit est d'une richesse inouïe parce que fondée sur la pratique de l'ellipse. Une question s'est posée à ses lecteurs [...] : pourquoi Dieu refuse-t-il le sacrifice de Caïn ? Selon la réponse qu'on apporte à cette question, il est possible de mettre en valeur la bonté ou la méchanceté de Caïn, la clémence de Dieu ou son comportement arbitraire. Autrement dit, les valeurs du mal et du bien traditionnellement attachées à Caïn et Abel ne nous viennent pas de la Genèse — encore que l'insertion de Gn 4 dans l'ensemble de la Bible en oriente la lecture.[106]

Bien qu'elle soit capitale, l'énigme de l'arbitraire divin ne représente pas le seul élément équivoque. D'après le critique, plusieurs autres points se prêtent à des lectures aussi opposées qu'également recevables. Notamment, le récit biblique ne précise ni les motivations de la rivalité fraternelle, ni la prédestination de l'un ou de l'autre frère. De même, le comportement d'Adam et d'Ève n'est nullement

---

[104] Ibid., p. 109. C'est nous qui traduisons.
[105] Voir ibid., p. 110.
[106] Cécile Hussherr, *L'Ange et la bête. Caïn et Abel dans la littérature* (Paris : Éditions du Cerf, 2005), p. 17.

précisé, tout comme la dynamique exacte du meurtre — Caïn l'a-t-il prémédité ou s'est-il juste laissé emporter par un accès de rage ? Encore, rien n'est dit par rapport aux sentiments du fils rebelle après le crime. La signification foncière de la malédiction et du châtiment reste également douteuse : soit le crime est trop grand pour être pardonné, soit la peine infligée est trop lourde. La question n'est pas anodine, puisque le choix d'une lecture ou de l'autre — les deux étant également recevables — mettrait l'accent sur l'horreur du délit ou, en revanche, sur la clémence de Dieu.[107] Ce sont ces nombreuses ambiguïtés qui ont permis les différentes réinterprétations qui traversent la littérature européenne dès le Moyen Âge jusqu'à l'époque contemporaine, en passant par la révolte titanesque décrite par les romantiques — Byron, Baudelaire, Hugo. Le fait de choisir une lecture ou une autre quant au récit du premier meurtre signifie finalement choisir « entre l'orthodoxie, constante du Moyen Âge jusqu'au XVIIIe siècle, et le blasphème, qui tentera de s'imposer aux XIXe et XXe siècles ».[108]

En vertu du caractère elliptique de la Genèse, ce que figure comme « l'orthodoxie » relève donc non pas de l'Ancien mais du Nouveau Testament, où l'on retrouve des allusions à la plus grande valeur du sacrifice d'Abel — soit-ce par la qualité de son offrande, par la supériorité de sa foi ou de sa pureté d'âme —, ce qui suffit à blanchir l'Éternel de toute accusation d'arbitraire.[109] Ce sont encore les Évangiles qui imposent une polarisation préfigurant la lutte métaphysique entre le Bien et le Mal : le frère cadet y est mentionné comme une manifestation *ante litteram* de Jésus Christ, alors que Caïn est explicitement qualifié de « fils du Mauvais ».[110] Suggérée dans le Nouveau Testament, cette interprétation axiologique est ensuite cristallisée par la lecture d'Augustin, qui fixe la dimension symbolique du couple fraternel dans *De Civitate Dei* : le cadet appartiendrait à la « cité de Dieu », où l'homme exilé sur la terre mais fidèle au ciel redevient citoyen de l'Éternel par la grâce ; l'aîné tiendrait plutôt à une « cité des hommes » marquée par les injustices et les difficultés auxquelles la faute originelle et le premier meurtre ont condamné les mortels.[111] Cécile Hussherr précise néanmoins que si l'interprétation canonique s'impose à partir de cette lecture, les exégètes plus tardifs confondent « personnage et archétype »[112] en condamnant Caïn à une prédestination qui ne serait pas aussi irréversible. D'après Augustin, le meurtrier aurait bien pu refuser le péché, si seulement il ne s'était pas préféré à Dieu lui-même :

---

[107] Voir ibid., pp. 21–30.
[108] Ibid., p. 12.
[109] Voir ibid., p. 32.
[110] Cit. in ibid.
[111] Voir Massimo Migliorati, 'Caïno e Abele nella poesia italiana del Novecento. Ungaretti, Caproni, Luzi', dans *La Bibbia nella letteratura italiana*, Raffaella Bertazzoli e Silvia Longhi (éds) (Brescia : Morcelliana, 2011), t. III, p. 91.
[112] Hussherr, *L'Ange et la bête*, p. 36.

> Augustin nous appelle à convertir en Abel le Caïn que nous sommes parce
> que, dit-il, Caïn qui est l'aîné représente l'état pécheur de tout homme et
> l'appétence charnelle que doit corriger une appétence spirituelle qui lui est
> supérieure mais qui ne vient qu'après elle, tout comme Abel est né après Caïn.
> Si les deux cités symbolisent l'enfer et le paradis, force est de constater qu'il
> n'existe pas de purgatoire. Augustin impose à son lecteur de choisir : veut-il
> devenir Abel ou rester Caïn ?[113]

Cette orientation typologique prévaudra tout au long du Moyen Âge aussi bien que dans les nombreuses relectures de l'Ancien Régime, à de rares exceptions près.[114] Le poème de Gessner en constitue un des exemples les plus importants. Si l'auteur suisse présente encore l'épisode biblique comme une lutte entre le Bien et le Mal — en témoigne la présence d'Anamalech, le démon qui corrompt le mortel en lui inspirant le « songe affreux » —, il le réinterprète en humanisant le meurtrier. Celui-ci serait coupable et victime à la fois, écrasé qu'il est par une puissance et une fatalité qui le dépassent. François Jacob résume bien la nouveauté de cette relecture :

> Le poème de Gessner, s'il permet encore, par la traditionnelle dissociation du
> bien et du mal, une lecture manichéenne plus ou moins conforme à un *état
> d'esprit* religieux, n'en présente pas moins Caïn sous un jour particulier. C'est,
> d'un côté, l'homme dont le meurtre révèle la nature viciée et de l'autre la
> victime d'une fatalité d'autant plus aveugle qu'elle frappe bien au-delà du seul
> coupable. Caïn rend compte, dès le premier chant, de cette double identité,
> de cette contradiction qui lui est inhérente et fait de lui, avant même
> l'accomplissement du meurtre, un coupable et une victime : « Vois toute ma
> difformité ; mais vois aussi ma désolation ».[115]

« Difforme », le meurtrier de Gessner l'est aussi par rapport à d'autres Caïn retracés dans la littérature. Legouvé s'inspire de cette « difformité », tout en allant bien plus loin que son modèle dans l'humanisation d'un personnage qui surgit comme le véritable héros de la pièce. Le dramaturge cède là à une tentation qu'il ne devait pas être le seul à ressentir à l'époque,[116] et qui sera destinée à une

---

[113] Ibid., p. 35.
[114] Pierre Albouy signale l'originalité du *Microcosme* de Maurice Scève, dans lequel Caïn est justifié « non point, à la manière des romantiques, pour sa révolte, mais dans la perspective de l'histoire humaine, pour avoir fondé la race active des Caïnites qui peupleront la terre ». Pierre Albouy, *Mythes et mythologie dans la littérature française* (Paris : Colin, 1998), p. 109.
[115] Jacob, 'La belle mort de Legouvé', p. 73. Voir aussi Hussherr, *L'Ange et la bête*, p. 67 sq.
[116] *Abele* de Vittorio Alfieri portait comme premier titre *Caino* : dans un premier temps, le personnage du frère aîné avait une envergure et une importance bien plus grandes que celles qu'il aura dans la version définitive. D'après Raffaele de Bello, l'auteur italien ne reviendra à un titre plus canonique qu'en 1799, après avoir apporté de nombreux changements au premier état de son texte. Voir Raffaele de Bello, 'Introduction', dans Vittorio Alfieri, *Tragedie postume*, édition critique par Raffaele de Bello (Asti : Casa d'Alfieri, 1978), t. II, *Abele e frammenti di tramelogedie*, p. 6 sq. Voir aussi Ercole, 'Caino nella letteratura drammatica italiana', p. 124 sq. ;

immense fortune par la suite. Sa relecture s'avère néanmoins tout à fait originale par rapport à d'autres textes de la deuxième moitié du XVIIIe siècle, notamment par rapport à l'utilisation du merveilleux chrétien. Dans sa *Mort d'Abel* de 1765, l'abbé Aubert adhérait à l'interprétation axiologique canonique ; d'après lui, le conflit fraternel trouve son origine dans la méchanceté foncière de l'aîné d'Adam,[117] ce qui dispense l'auteur de recourir à toute intervention surnaturelle. Celle-ci résulte en revanche fondamentale dans les ouvrages d'Alfieri et d'Hoffman, plus ou moins contemporains de celui de Legouvé et également inspirés au poème suisse. L'opéra français et la « tramelogedia » italienne s'ouvrent déjà sur la description d'un pandémonium directement imité de Milton, qui est fort connu et repris au tournant du XVIIIe siècle ;[118] c'est en effet l'intervention des démons et des figures allégoriques — l'Envie, la Mort, le Péché, la Colère chez Alfieri — qui provoque la perte des premiers hommes. Pour les deux auteurs, l'apport des puissances du Mal est essentiel pour la chute de Caïn, qui ne paraît finalement qu'un simple instrument dans leurs mains — tout comme le sera, toutes différences gardées, le héros du *Mystère* de Byron. Chez Hoffman, qui reste plus proche de son modèle, le démon Anamalech inspire à un mortel déjà aigri et haineux le « songe affreux » qui préconise l'esclavage des Caïnites, subjugués par les Abélites. Chez Alfieri, même la jalousie ressentie par l'aîné d'Adam n'est que la conséquence directe d'une influence maligne. Avant l'expédition nocturne des puissances surnaturelles, l'entente de la première famille paraît en effet parfaite, un peu douceâtre même : Caïn prend soin de son frère, l'aide à retrouver une brebis égarée, lui cède le petit gâteau qu'Ève, en bonne mère de famille, vient de préparer. Le Péché n'ayant évidemment pas réussi à corrompre entièrement les hommes, Lucifer envoie sur terre l'Envie et la Mort afin de terminer la besogne. La première choisira l'aîné, l'autre le cadet.[119] Leur intervention détruit l'harmonie existant au sein du couple fraternel : l'Envie corrompt le futur meurtrier en lui suggérant que son père et son frère veulent le

---

di Benedetto, 'Un mito alfieriano : Caino', p. 54 ; Alain Préaux, 'Il motivo dei fratelli nemici nelle tragedie di Vittorio Alfieri', *Revue d'Études italiennes*, XXXIV (janvier–septembre 1988), p. 17.

[117] L'abbé Aubert présente un personnage méchant depuis son enfance, pendant laquelle celui-ci s'amuse déjà à tuer des animaux. Jaloux de son frère juste parce qu'il mérite l'affection de leurs parents par sa douceur et sa bonté, son Caïn est aussi blasphématoire, injuste, incapable de ressentir tout sentiment de tendresse, haineux envers Adam et Ève à cause de la faute qui a donné origine à son malheur. Jean-Louis Aubert, *La Mort d'Abel* (Paris : Duchesne, 1765).

[118] Voir, entre autre, Jean-Louis Haquette, 'L'Enfer selon Milton. Quelques aspects de la réception du "pandémonium" en France des Lumières au Romantisme', dans *Les Lieux de l'Enfer dans les lettres françaises*, Liana Nissim et Alessandra Preda (éds) (Milano : Ledonline, 2014), pp. 127–40, http://www.ledonline.it/ledonline/683-preda-lieux/683-preda-lieux.pdf.

[119] Dans une version précédente, la Mort choisissait Caïn alors que l'Envie aurait voulu pervertir Abel, qui n'est sauvé que par la protection d'un ange. Voir de Bello, 'Introduzione', dans Vittorio Alfieri, *Tragedie postume*, p. 5.

tromper — Adam aurait indiqué au seul Abel le chemin pour rentrer au Paradis. Rongé par le ressentiment et la jalousie, Caïn tue son frère dans un accès de rage.

Sans doute motivée par le désir d'essayer de se détacher de Gessner,[120] la lecture d'Alfieri — et, encore plus, celle d'Hoffmann, plus adhérente au modèle suisse — paraît moins novatrice par rapport à celle de Legouvé, qui renonce à la mise en scène de tout élément surnaturel. Dans sa *Mort d'Abel*, il n'existe pas d'ange protecteur ou de démon tentateur. L'intervention de Dieu, impossible à éliminer sans dénaturer le récit biblique, se borne à la seule malédiction du dernier acte. Même le « songe affreux » est mis sur le compte d'un égarement momentané de la raison — bien avant la catastrophe, le premier homme commente le jour naissant par une allusion au retour de « Notre raison, qui dort quand notre œil est fermé » (I, 3) qui ne saurait être le fruit du hasard. L'absence de tout recours au merveilleux chrétien n'est pas anodine par rapport au développement d'une relecture qui paraîtrait renvoyer à des éléments d'un sentir commun à la fin du siècle d'après lequel les songes, tout comme dans l'ouvrage célèbre de Goya de 1797, ne sont pas dus à l'absence de la raison, mais à sa présence dévoilant à l'esprit endormi des cauchemars qui, loin de venir de l'extérieur, appartiennent bien aux conflits intérieurs de tout individu. Ce renoncement à la transcendance, qui remet au centre la dimension humaine — ce serait le « songe de la raison [qui] engendre des monstres », d'après la traduction correcte du titre du peintre espagnol —, échappe justement au rédacteur du *Moniteur* du 16 mars, d'après lequel « cette fatalité qui l'entraîne [Caïn] ne peut être l'effet de la volonté de Dieu ; il faut donc qu'il soit celui des ruses du diable ». L'abolition de tout élément surnaturel, soit-il démoniaque ou divin, permet finalement au dramaturge français, qui se proposait de développer ses caractères, de dépasser Gessner dans l'humanisation de son personnage et de mettre en scène ce que François Jacob qualifie d'un « drame à résonance avant tout humaine ».[121]

La première conséquence de cette réinterprétation réside dans l'affaiblissement inévitable du personnage d'Abel, qui par ses connotations traditionnelles « peut difficilement se prêter au jeu d'une *humanisation* ».[122] François Jacob et Ruggero Campagnoli ont déjà bien souligné sa dimension féminine et sa réussite dramatique moindre,[123] qui va à tout avantage de l'élévation du personnage de

---

[120] Voir di Benedetto, 'Un mito alfieriano : Caino', p. 58 sq.
[121] Jacob, 'La belle mort de Legouvé', p. 76.
[122] Ibid., p. 77.
[123] Respectivement, ibid., et Campagnoli, 'La Rivoluzione di Caino', p. 110. Au XIXe siècle, Saint Marc Girardin mentionnait déjà la faiblesse du personnage du frère cadet : « Dans cette scène, [de l'*Adamus* de Langeweld], le personnage d'Abel n'est ni fade ni insignifiant, comme il l'est dans Gessner et dans Legouvé. Ces deux poètes ont exprimé d'une manière plus ou moins vive le caractère de Caïn ; mais ils ont échoué à représenter le caractère d'Abel. L'innocence qu'ils lui ont donnée ennui plutôt qu'elle n'édifie ». Saint Marc Girardin, *Cours de Littérature dramatique ou de l'usage des passions dans le drame* (Paris : Charpentier, 1890), t. II, chapitre XXVII, « De la haine fraternelle », p. 171.

son frère. Celui-ci ressort agrandi par la peinture du conflit intérieur d'un homme sûrement jaloux, sombre et haineux, mais qui est finalement écrasé par la fatalité d'un châtiment dont il croit être la seule victime et dont le sentiment d'injustice échauffe la rancune et le désir de révolte. Malgré de nombreux appels à la nature et au sang commun, son impossible humanisation confine Abel dans la valorisation d'une fraternité religieuse — on est tous frères puisqu'on est tous fils de l'Éternel — que la partialité de Dieu, d'Adam et d'Ève mine de l'intérieur, jusqu'à la faire éclater, à cause de son antinomie par rapport aux valeurs philosophiques et révolutionnaires. Le dépassement de l'interprétation axiologique traditionnelle conduit en effet Legouvé à un renversement linguistique et idéologique des concepts qui fondent cette interprétation même, et cela au nom des idéaux révolutionnaires de justice, d'égalité, de fraternité naturelle et philosophique, et donc, par conséquent, de liberté.[124] Dans cette *Mort d'Abel*, il n'y a plus de place pour une lecture augustinienne qui dévalorise l'individu. Le souhait d'Adam sur lequel s'achève le premier acte — « Rends ce fils à son frère, à nous, à ton autel, / Et que Caïn changé devienne un autre Abel » (I, 5) — et qui établit un renvoi intertextuel évident aux mots du *Civitate Dei* trouve sa négation immédiate dans le premier vers du puissant monologue de Caïn qui ouvre le deuxième acte : « Travailler et haïr, voilà mon partage ! ». Ce refus de « devenir Abel » s'explicite quelques vers plus loin dans la scène de l'entretien entre Adam et son aîné, une scène qui était déjà présente chez Gessner, mais que l'auteur tragique développe davantage. Le fils rebelle y exprime sa perception d'une « difformité » qui dérive du châtiment divin tout aussi que de sa nature même,[125] car ses défauts sont étroitement liés à ses vertus :

CAÏN   [...]
           Mon père, je vous aime... et ne hais point mon frère ;
           Mais vous le savez bien ; mon âpre caractère
           Vers les plus forts travaux m'a toujours emporté ;
           J'ai des sillons ingrats vaincu l'aridité,
           Et, déchirant son sein d'une main obstinée,

---

[124] C'est au nom de ces mêmes valeurs que s'accomplira la révolte contre le tyran dans *Épicharis et Néron*, une tragédie montée en 1794 et dans laquelle on retrouve les échos des conspirations de la Terreur. À cet égard, Laurent Tiesset rappelle que « l'œuvre argumentative de Legouvé défend le pouvoir populaire, soutient la force protestataire du peuple, et appelle de toutes ses forces la flamme révolutionnaire à se propager pour en finir avec l'absolutisme criminel de la politique de la Terreur. Dans cette perspective, l'œuvre poignante de Legouvé ne peut être dite contre-révolutionnaire, puisqu'elle ne veut nullement le retour d'un ordre périmé, mais bien antirévolutionnaire en ce qu'elle rejette tout à la fois l'absolutisme royal et la dictature jacobine ». Laurent Tiesset, 'Une réécriture de la tragédie de complot : Gabriel Legouvé, *Épicharis et Néron*', dans Martial Poirson (éd.), *Le Théâtre sous la Révolution*, p. 392.
[125] À ce propos, il n'est peut-être pas inintéressant de souligner une variante présentée par la troisième édition où le vers précédemment prononcé par Caïn « Haï de Dieu, haï de la nature entière » est modifié en « Haï de Dieu, haï de ma famille entière » (II, 1).

> Arraché ses trésors à la terre étonnée.
> Pour garantir nos corps, que Dieu n'a pas couverts,
> Des chaleurs des étés, et du froid des hivers,
> J'ai dans le fond des bois, que remplît l'épouvante,
> Du lion terrassé ravi la peau sanglante :
> Mais en le combattant j'ai pris sa dureté,
> De mes rudes travaux j'ai gardé l'âpreté,
> *Je dois tous mes défauts à mes vertus peut-être ;*
> De mes transports fougueux puis-je me rendre maître,
> Et montrer, vers la force en tout temps entraîné,
> Les tendres mouvements d'un cœur efféminé ?
>
> (II, 2, *c'est nous qui soulignons*)

Par la suite, le refus des offrandes empêchera toute possibilité d'adhésion à une fraternité utopique que Caïn considère comme trompeuse au moment même où il en subit l'inégalité et la partialité. Ses paroles rageuses et blasphématoires se ressentent alors de l'affirmation titanesque d'une individualité et d'une liberté qui ne peuvent désormais se préserver que par la révolte et par la rupture avec la famille première, qui est reniée de façon explicite : « Laissez-moi. À tous les sentiments Dieu m'a rendu contraire ; / Je ne suis plus pour vous ni fils, ni frère ; / Je suis Caïn » (II, 6). Le dramaturge reprend bien l'élément biblique de la fuite dans le désert, mais l'annonce du départ devient ici la signification de la mise à mort symbolique de la famille originelle et le reniement d'une acception de fraternité que l'injustice du « Dieu d'Abel » (II, 6) a désormais invalidée. Chez Legouvé, la perception de la trahison du sentiment de la fraternité naturelle sous-tend la tragédie bien avant le « songe affreux » du troisième acte. Ce qui renvoie directement à l'idée d'un couple fraternel dégénéré et d'où toute innocence est exclue *a priori*, que Ruggero Campagnoli considère comme consubstantielle aux esprits de la période : « CAÏN. Traître, je t'ai trompé, je ne t'aimai jamais ; / Je te haïs toujours, et te hais plus encore ; / Je ne déteste Dieu que parce qu'il t'honore » (II, 6), dit le futur meurtrier à son frère.

Ce renouvellement interprétatif s'avère important car il permet de lire le mythe de la fraternité tragique dans le contexte d'une actualité socio-historique dont une pièce à sujet biblique paraîtrait tout à fait détachée. Mais d'après Ruggero Campagnoli, « *La Mort d'Abel* est un texte qui ne peut pas être compris en dehors de l'allusion aux faits de l'histoire, bien qu'il ne soit pas en prise directe sur l'actualité »,[126] car elle justifie partiellement le crime fondateur d'après une « Éthique du délit » ressentie comme la seule solution possible entre la négation de l'Histoire et la négation de l'Éthique, incarnées respectivement par Caïn et par Abel. Pour le critique italien, l'ensemble de l'Ancien Testament montrait déjà le frère assassiné comme la victime de la jalousie fraternelle ainsi que du progrès

---

[126] Campagnoli, 'La Rivoluzione di Caino', p. 117. C'est nous qui traduisons.

historique représenté par la race des Caïnites, maudite par Dieu mais finalement innocentée par l'Histoire, dont le péché originel et le fratricide marquent un début nécessaire.[127] C'est bien le même choix qui s'impose aux hommes de 1792, appelés par la révolte advenue à se ranger du côté de l'Éthique ou de celui de l'Histoire et à se confronter à l'omniprésence du mal et de la mort. La relecture de l'épisode biblique permet donc de traiter cette thématique au net de toute interprétation religieuse car le récit fondateur vise surtout, d'après Cécile Hussherr, à « exprimer une vérité supérieure et [...] l'inexplicable — la présence du mal sur la terre, et cette haine fratricide qui déchire l'humanité. Le choix du récit mythique pour raconter le premier fratricide est une manière de dire, pour mieux la déplorer, l'universalité du mal, et son caractère mystérieux ».[128]

La réflexion sur l'actualité convoque, tout naturellement et en premier lieu, celle sur le concept de fraternité tel qu'il se développe dans l'imaginaire de la période de la création. Mona Ozouf rappelle la dimension immédiatement problématique d'une devise qui résulte parfois antinomique par rapport à celles de liberté et d'égalité, car elle impose la recherche d'un compromis difficile entre les droits individuels, sanctionnés par la Révolution, et l'accomplissement des devoirs découlant de l'appartenance à une collectivité : « La Révolution définit des individus autonomes, alors que la fraternité est organiquement liée à la vie de l'unité. Dès les premiers jours de la Révolution, son mariage difficile avec la liberté et l'égalité ouvre l'écart vertigineux des droits et des devoirs, de la raison et du sentiment, de l'individuel et du collectif ».[129] La progression historique rendra plus ambiguë et plus ardue la définition de l'« unité » à l'intérieur de laquelle l'individu est appelé à déployer son sentiment fraternel. Au tout début des bouleversements, différentes acceptions de la troisième devise révolutionnaire coexistent.[130] À la fraternité de l'Église patriote, fondée sur le message évangélique et sur la « qualité de chrétien [qui] fait de tous les hommes, en inscrivant la marque divine en chacun d'eux, des frères » et à la fraternité philosophique, basée sur l'appartenance à la même nature humaine,[131] s'ajoute la fraternité des Fédérés. Celle-ci se différencie des premières puisqu'elle est choisie de manière libre et volontaire, « éprouvée dans l'invention commune de la Nation ».[132] L'historienne souligne enfin la filiation directe de la fraternité révolutionnaire de son avatar religieux, ainsi que l'existence syncrétique, du moins pendant un premier temps,

---

[127] Ibid., p. 109.
[128] Hussherr, *L'Ange et la bête*, p. 13.
[129] Mona Ozouf, 'La Révolution française et l'idée de fraternité', dans *L'Homme régénéré. Essais sur la Révolution française* (Paris : Gallimard, 1989), p. 158. Voir aussi François Furet et Mona Ozouf, 'Fraternité', dans *Dictionnaire critique de la Révolution française* (Paris : Flammarion, 1988), pp. 731-41.
[130] Ozouf, 'La Révolution française et l'idée de fraternité', p. 158 sq.
[131] Ibid., p. 165.
[132] Ibid.

de ces deux valeurs à l'inspiration diverse. De son côté, Marcel David voit dans ces racines chrétiennes un handicap pour un idéal qui ne peut pas constituer un signe de ralliement général pleinement assumé dans le discours institutionnel de la période.[133] Quoi qu'il en soit, la fraternité universaliste des révolutionnaires, conçue comme une obligation morale et non comme un droit, se base sur l'égalité religieuse et naturelle.

En 1791, la version religieuse se ressent pourtant des contrecoups des évènements historiques déjà évoqués tels que la promulgation de la Constitution civile du clergé, sa réfutation par le Pape, les tensions croissantes entre l'État et l'Église, la division de l'ordre, le début de la déchristianisation. De plus, la retombée de la fraternité religieuse, axée sur la filiation divine de l'homme, s'avère fort conservatrice d'un point de vue politique. Sa portée égalisatrice reste assez modeste et ses bienfaits sont surtout rapportés à la monarchie absolue et de droit divin,[134] dont la légitimité est désormais fort remise en cause par la modification engendrée dans la considération des Français à l'égard de leur bon père le roi par l'épisode de Varennes. Bientôt, ce sera le tour de la fraternité politique, qui caractérise la période jacobine mais dont le germe surgit bien auparavant. Ce que Mona Ozouf qualifie de « fraternité verrouillée »[135] ne relève pas seulement du sentiment d'une appartenance commune : il s'agit plutôt d'une « fraternité identitaire, qui n'est plus une volonté d'unir, mais un état quasi fusionnel, obsédé par la réduction au même. On n'a pas à le créer mais à le surveiller, à sanctionner les manquements à la fraternité originaire ».[136] Conçue d'après Rousseau comme une appartenance à la même collectivité, cette conception quelque peu déformée du concept repose nécessairement sur la liberté et sur l'égalité, ainsi que l'affirme Michel Borgetto quand il rappelle la différence foncière entre la nature du fondement de la fraternité politique et celle des discours utopiques — qu'ils soient religieux, philosophiques ou franc-maçonniques. Selon ces derniers, la liberté et l'égalité sont à concevoir comme la condition nécessaire du retour à une fraternité originelle et préexistante, alors que le discours patriotique pose ces valeurs comme la condition de base pour la naissance d'un partage nouveau qui trouve son origine dans le seul groupe d'appartenance — la famille et/ou bientôt la patrie, la Nation.[137]

Chez Legouvé, l'humanisation de Caïn et le dépassement de l'interprétation axiologique traditionnelle permettent l'ancrage dans l'actualité d'une pièce qu'on peut aussi lire comme une réflexion profonde sur les acceptions différentes du concept de fraternité telles qu'elles évoluent dans un contexte socio-historique

---

[133] Marcel David, *Fraternité et Révolution française. 1789-1799* (Paris : Aubier, 1987), p. 79.
[134] Ibid., p. 85.
[135] Ozouf, 'La Révolution française et l'idée de fraternité', p. 171.
[136] Ibid., p. 173.
[137] Michel Borghetto, *La Devise « Liberté, Égalité, Fraternité »* (Paris : P.U.F., 1997), p. 21 sq.

en mutation rapide. Ce serait en effet l'influence du débordement de la conception d'une fraternité religieuse — qui devrait idéalement sous-tendre une pièce à sujet biblique — vers un idéal essentiellement naturel, philosophique et issu des Lumières qui inspire l'actualisation du récit biblique présentée par le dramaturge. Ces évolutions, ainsi que les hésitations de celui-ci entre le désir de suivre un modèle à la fortune attestée et sa volonté de réinterpréter le mythe, ressortent de façon évidente si l'on prend en considération un premier état de la tragédie. Le texte nous est transmis par un manuscrit du souffleur daté de 1790 et conservé à la Bibliothèque-Musée de la Comédie-Française,[138] qui présente plusieurs variantes sur liasse et sur becquet. Celles-ci concernent surtout des passages fondamentaux tels que le songe, la scène du remords de Caïn juste après le meurtre et le dénouement, qui fait l'objet de quatre réécritures. Il est certes impossible de dater avec exactitude toutes ces variantes. L'on peut toutefois affirmer qu'elles précèdent la première édition de 1793, car la presque totalité d'entre elles coïncident avec l'état final du texte. Il est tout aussi raisonnable d'avancer l'hypothèse que la plupart des modifications remontent à une période comprise entre mars 1791, date d'acceptation de la pièce, et mars 1792, date de sa création. Cela d'autant plus que, d'après le registre des lectures, la *Mort d'Abel* avait été reçue sous condition,[139] l'auteur devant y apporter des changements qui relèveraient finalement de sa volonté tout autant que de celle des Comédiens, sans doute bien soucieux d'éviter d'autres critiques d'antipatriotisme et de conservatisme politique.

Quelques variantes ne traduisent que la volonté de Legouvé de se détacher du poème modèle au niveau stylistique et formel. C'est le cas de la suppression de descriptions bucoliques trop directement empruntées à Gessner. À titre d'exemple, ces vers adressés par Thirza à son mari au tout début du premier acte sont entièrement biffés :

> THIRZA Pourquoi, loin d'une épouse aux premiers feux du jour,
> Fuir du sein du sommeil et des bras de l'amour ?
> Le premier, dans ces champs où blanchit l'ombre obscure,
> Veux-tu voir les coteaux reprendre leur verdure,
> Les fleuves, les ruisseaux, leur éclat argenté,
> Et les fleurs, leurs parfums, et les cieux, leur clarté,
> Enfin ce grand réveil de la nature entière
> Qu'au lever du matin ramène la lumière ?
>
> (I, 1, f. 4)

---

[138] Gabriel Legouvé, *La Mort d'Abel*, Archives de la Bibliothèque-Musée de la Comédie-Française, Ms 392 ou Mf 609. La main est probablement celle de Delaporte, premier secrétaire souffleur du Théâtre de la Nation. Toutes nos citations seront tirées de ce manuscrit, dont nous indiquerons les feuillets entre parenthèses.
[139] Voir Archives de la Bibliothèque-Musée de la Comédie-Française, Registre des lectures, cote 145¹.

Dans d'autres cas, les récritures indiquent une plus grande adéquation du texte à l'état des esprits de l'époque, ainsi que l'atteste la suppression des allusions à des concepts religieux, certes imités de Gessner mais désormais ressentis comme peu adaptés au contexte socio-politique. Ainsi, des passages renvoyant de trop près à ce que le rédacteur de la *Chronique de Paris* qualifiait d'« histoires ridicules de l'Ancien et du Nouveau Testament » sont modifiés ou éliminés. Notamment, disparaissent des alexandrins faisant allusion à la chassée de l'Éden et aux anges,[140] tout comme des parties célébrant trop vivement l'Éternel et sa toute-puissance. C'est le cas, par exemple, de cette tirade d'Adam, entièrement supprimée :

> ADAM.   Elle [la raison] renaît en nous pour prier l'Éternel.
> Eh ! Comment lui ravir ce tribut solennel ?
> Tout ce qui vit lui rend un libre et pur hommage,
> Et l'homme que ses mains ont fait à son image,
> Dont l'âme est un rayon de sa divinité,
> Qui reçoit tous les jours les dons de sa bonté,
> Quand chaque être à ses yeux célèbre sa puissance,
> Pourrait-il garder seul un coupable silence ?
> Non, il doit le premier célébrer son auteur.
> Louons, ô mes enfants, louons le Créateur.
> Mais pourrons-nous chanter dignement ses louanges !
> Cet honneur glorieux n'appartient qu'aux anges,
> Le sublime concert des esprits sacrés
> Et de leur harpe dont les accords épurés
> Mieux que nos faibles sons célébrant ses merveilles,
> Mais notre voix encore peut flatter ses oreilles,
> Tristes pécheurs bannis d'un séjour de bonheur.
>
> (I, 3, f. 16)

D'autres segments textuels susceptibles d'échauffer les esprits par une interprétation socio-politique trop virulente ou se prêtant à des comparaisons délicates avec l'actualité sont également éliminés. Une partie importante de la plainte d'Eliel disparaît du récit du songe préconiseur. Non seulement ces vers évoquent de trop près le sujet controversé de l'injustice divine, mais ils représentent la description brûlante d'une condition d'inégalité et de misère qui ne devait être que fort évidente aux yeux des hommes d'après 1789 :

> ELIEL   Que cette vie esclave est pleine de misère !
> Du malheureux Caïn triste postérité,
> De ses destins affreux nous avons hérité,
> De l'aube d'un effort souvent inutile,

---

[140] À titre d'exemple on peut citer ces vers : « ÈVE. [...] Je vois l'ange agiter sa flamboyante épée, / Aux portes de l'Éden sur nous développées. / Ô tristes descendants de ma faute accablés, / Au crime, au châtiment en naissance appelés / Vous ne pourrez charger que mon nom d'anathèmes » (I, 4, f. 21-22).

> Nous tourmentons sans cesse une terre infertile,
> Et les soirs dévorons l'aliment que nos bras
> Ont disputé longuement à des sillons ingrats.
> Le céleste courroux pose tout sur nos têtes.
> Cependant qu'au milieu des festins et des fêtes,
> Les descendants d'Abel qui, pour nous sans pitié,
> De nos pères encore gardant l'inimitié,
> Ne nous ont rien laissé que nos déserts sauvages
> Reposent mollement à l'ombre des bocages ?
> La terre des trésors de son sein fastueux
> S'empresse de contenter leurs goûts voluptueux.
> Le loisir, le bonheur, la paix est leur partage,
> Le nôtre est le travail, l'indigence et la rage.
>
> (III, 1, f. 58)

De même, l'allusion à l'arrogance des Abélites, les privilégiés ignorant les pleurs de tout un peuple qu'ils réduisent en esclavage, paraît sans doute trop forte, ce qui expliquerait l'élimination de vers tels que les suivants : « Leurs travaux nourriront mes besoins et les nôtres, / Leurs femmes, leurs enfants obéiront aux nôtres, / Et nous d'un long repos savourant les loisirs, / Nous n'aurons à songer qu'au soin de nos plaisirs / Les cris d'un peuple entier, surpris dans le sommeil, / S'indignant d'être esclave au moment du réveil, / Et les cris insultants qu'en s'adonnant à la joie, / Le féroce vainqueur jusqu'aux cieux envoie » (III, 1, f. 60).

Exception faite de ces cas d'adéquation du fait poétique au fait politique, la plupart des variantes explicitent en revanche la volonté du dramaturge de se détacher de Gessner au niveau de l'interprétation du mythe biblique. Une fois évacuées les certitudes de la Vulgate, dont le poème modèle n'est pas exempt, c'est le combat intérieur et l'indécision, toute humaine, de Caïn qui ressortent. Le manuscrit témoigne de plusieurs interventions dont le but est celui de nuancer la polarisation canonique du couple fraternel, polarisation qui était encore présente dans le premier état du texte. Les modifications apportées à quelques passages de la scène de réconciliation fraternelle du deuxième acte résultent paradigmatiques à cet égard. La suppression des vers cités ci-dessous permet en effet à Legouvé de mitiger l'assimilation traditionnelle du cadet d'Adam à une figure angélique ou christique ainsi que de réduire la noirceur de l'âme de son frère : dans l'état final du texte, le repentir de celui-ci ne s'exprime plus de façon à faire ressortir la candeur et le « cœur pur » d'Abel, salvifique jusque dans son pardon. On présente ici le passage en question, signalant entre accolades [–] les variantes substitutives et entre [+] les variantes adjonctives de vers en tous cas éliminés :

ABEL Mon oreille charmée ose à peine t'en croire.
CAÏN [– Je t'aime.] [+ Mon frère,] daigne perdre à jamais la mémoire
De ces tristes débats trop longtemps essuyés...

> ABEL   Que dis-tu ? Ce moment me les a tous payés.
> 		[…]
> 		De bonheur et d'amour te sens-tu tressaillir ?
> 		Ah ! Son acte le transporte, ce cœur va défaillir !
> 		Je succombe à l'ivresse où mon âme est en proie ;
> 		Je ne puis commander à l'excès de ma joie …
> 		[…]
> CAÏN   Je ne veux plus, mon frère,
> 		Laisser à ta tendresse un reproche à me faire,
> 		Ah ! Son excès m'enflamme et double mes remords !
> 		Tu m'as plus que jamais fait sentir tous mes torts !
> 		Tu ne m'en verras plus.
> 		[…]
> 		Puisse mon entretien
> 		[– Rendre mon cœur tranquille et pur comme le tien]
> 		[+ Eh ! Puissé-je auprès d'eux,
> 		Puissé-je enfin trouver des destins plus heureux !]
> 		Adoucir du cœur des tourments trop terribles,
> 		Puissé-je te devoir des destins plus paisibles !
> ABEL   Si tu m'aimes, c'est moi qui vais tout te devoir.
> 		Tu me rends le bonheur ! Va, si j'ai le pouvoir
> 		De te le rendre aussi, si les soins, si le zèle,
> 		Tout ce qui peut offrir l'amitié fraternelle,
> 		Sont faits pour dissiper les ennuis douloureux,
> 		Je veux que des humains tu sois le plus heureux !
>
> (II, 3, f. 41-43)

Le personnage de Caïn, qui n'est plus, de fait, écrasé par la comparaison avec la bonté de son frère, ressort finalement agrandi par la peinture du conflit intérieur qui le déchire. Ce qui s'accorde avec le désir explicité par l'auteur dans la préface, où celui-ci fait l'éloge des tableaux et présente le développement des caractères comme l'un des atouts principaux d'une dramaturgie renouvelée. Le monologue du début du deuxième acte en est un exemple puissant et significatif :

> CAÏN   Travailler et haïr, voilà donc mon partage !
> 		Courbé dès le matin sur ce pénible ouvrage,
> 		De mes seules sueurs dont il est inondé,
> 		Ce stérile sillon semble être fécondé.
> 		Le poids de la chaleur m'accable et me dévore.
> 		Que fait en ce moment cet Abel qu'on adore ?
> 		Tranquille, il goûte à l'ombre un indolent repos,
> 		Ou fredonne des airs auprès de ses troupeaux.
> 		Cependant, quand le soir au sein de nos demeures
> 		Du sommeil qui me fuit ramènera les heures,
> 		Abel sera comblé de cent marques d'amour ;
> 		Et moi, qui pour les miens travaille tout le jour,
> 		J'irai, sans ces transports qu'à lui seul on prodigue,

> De mes membres lassés reposer la fatigue.
> Voilà, voilà le prix des efforts de mon bras !
> Tu travailles, Caïn, pour nourrir des ingrats !
> Laisse cet instrument à ton bonheur contraire.
> *(Il jette sa bêche loin de lui.)*
> Je viens de le revoir cet exécrable frère
> Dont on vante toujours les vertus et le cœur :
> Quel air efféminé que l'on nomme douceur !
> Quel ton plein de mollesse où l'on trouve des charmes !
> Il ne sait que chanter et répandre des larmes !
> Qu'avec dédain, par lui, je me suis vu prié !
> Qu'il me paraissait faible !… il me faisait pitié !
> Il est heureux pourtant, et rien ne le chagrine !
> L'amour de sa famille et la faveur divine,
> Sa faiblesse elle-même et ses goûts nonchalants
> Tout conspire au bonheur de ses jours indolents !
> Et moi, mortel créé dans un jour de colère,
> Haï de Dieu, haï de ma famille entière,
> Malheureux de l'amour à mon frère accordé,
> Toujours de noirs pensées et d'ennuis obsédé,
> Regrettant le néant, maudissant ma naissance,
> Fatigué du fardeau de ma triste existence,
> N'obtenant qu'avec peine un sommeil douloureux,
> Et l'achetant encore par des songes affreux,
> Enfin, réduit sans cesse à ce malheur extrême
> D'abhorrer la nature, et les miens et moi-même,
> Mes jours, mes sombres jours, à gémir occupés,
> M'apportent des enfers les maux anticipés.
> Voilà, trop faible Adam, ton ouvrage funeste !
> Si tu n'avais trahi la volonté céleste,
> Tous tes enfants vivraient, sous un ciel enchanté,
> Dans la paix, l'innocence et la félicité ;
> Je n'aurais pas, du moins, à plaindre ma misère…
> Mais je crois que toujours j'abhorrerais mon frère.
> J'abhorre le Dieu même à qui ce frère a plu ;
> Je ne l'ai point prié ; je l'eusse en vain voulu ;
> Trop certain que jamais mon malheur ne le touche,
> La prière eût soudain expiré dans ma bouche.
> Quel jour ! que cet éclat importune mes yeux !
> Ô réveil de la terre, ô soleil radieux
> Qui revêts l'univers de ta splendeur céleste,
> Le faible Abel t'admire, et moi, je te déteste ;
> La sombre horreur des nuits plaît mieux à mes chagrins.
>
> (II, 1)

L'insatisfaction à l'égard de la condition malheureuse à laquelle la faute des premiers hommes a condamné le fils d'Adam constitue certes un élément topique dans la représentation du personnage : on peut également retrouver l'expression du même sentiment chez Gessner, Aubert et Alfieri. Mais ici, l'angoisse pour la misère et la dureté du travail se ressent d'accents contemporains renvoyant à cette « lutte de classe » évoquée par Ruggero Campagnoli, d'après qui Caïn représente « la révolte populaire en général, et la révolte paysanne en particulier, même dans le rapport qu'il entretient avec sa bêche, un instrument de travail et de lutte ».[141] C'est aussi l'opinion d'Anna Ercole quand elle souligne la puissance dramatique d'un monologue tout au long duquel le futur meurtrier, penché sur la terre, prononce un cri de haine et de rébellion

> dans lequel paraît résonner l'écho de la grande voix qui, deux ans auparavant, avait proclamé la Révolution et abattu la Bastille. […] Legouvé, en retraçant la figure du fratricide victime de l'injustice humaine et divine […] devait penser aux classes qui en 1789 avaient enfin secoué le joug de l'oppression et abattu le régime de l'injustice, se vengeant […] des violences et des privations jusqu'alors subies.[142]

L'ancrage du mythe biblique dans le contexte de la création permet aussi de retrouver dans la tragédie une réflexion sur la fraternité renvoyant directement aux ambiguïtés évoquées plus haut. Les réécritures attestent bien l'hésitation du dramaturge entre les différentes formes de fraternités existant à l'époque, dont l'évolution socio-historique motiverait aussi la modification de l'écriture. On peut à ce propos prendre en considération une variante à la valeur paradigmatique qui intéresse le vers le plus célèbre de la pièce, ce « Un frère est un ami donné par la nature » (III, 3) dont François Jacob soulignait déjà le caractère subversif quant au rapport avec la divinité et la religion.[143] L'alexandrin qui exprime le remords et la désolation du meurtrier ne figure pas dans le premier état du texte. Imité de Gessner, celui-ci est caractérisé par l'emploi d'un vocabulaire à dominante religieuse. On y retrouve l'allusion à l'enfer, l'expression du sentiment de culpabilité et le désespoir de Caïn, son affolement face à un crime dont il ressent toute l'horreur, la peur du châtiment divin et le désir d'y échapper par une fuite que le personnage lui-même sait être impossible :

> CAÏN   C'est son dernier soupir qu'Abel vient d'exhaler…
> Eh bien ! Cruel, es-tu content de ton ouvrage ?
> Voilà, voilà le sang que demandait ta rage ;
> Dont ta haine avait soif… Bois-le donc, tigre… Ah ! Ciel !
> Il retombe déjà sur ce cœur criminel !
> J'entends une voix sourde en secret me maudire,
> L'Enfer est dans mon sein, le remords me déchire.
> Je sens là des tourments qui s'attachent à moi.

---

[141] Campagnoli, 'La Rivoluzione di Caino', p. 117.
[142] Ercole, 'Caino nella letteratura drammatica italiana', p. 118.
[143] Voir Jacob, 'La belle mort de Legouvé', p. 97.

> Fuyons. Ce corps en sang redouble mon effroi.
> Mais où fuir ? Comment fuir ! Tous mes membres s'affaissent.
> Je succombe écrasé sous les maux qui m'oppressent…
>   (*Il tombe près du corps d'Abel.*)
> Un nuage a [– couvert] [+ obscurci] mon esprit égaré.
>   (*Il se relève avec horreur.*)
> Ciel ! Quel est près de moi ce corps défiguré ?
> Quel monstre osa sur lui d'une main meurtrière…
> Arrête… Inhumain… C'est Abel, c'est mon frère.
> Mais où va mon erreur chercher mon assassin.
> Ah ! Caïn, c'est toi seul qui a brisé son sein
> Je n'en ai plus ; je n'ai que l'horreur et l'effroi
> D'être seul dans le monde avec mon crime et moi.
>
> (III, 3, f. 66-67)

La version finale apparaît en revanche bien plus sobre et mesurée. Elle présente également le regret, le sentiment de culpabilité, l'horreur pour le fratricide à peine consommé, la conscience du personnage d'avoir commis une faute à l'égard du ciel et d'une postérité à laquelle il a ouvert le chemin du sang par le délit le plus abominable qui soit. Manque cependant toute allusion aux Enfers ou à une intervention surnaturelle ayant obscurci « l'esprit égaré » d'un assassin qui se considère sûrement comme tel mais qui ne s'affuble plus d'épithètes renvoyant à l'interprétation canonique tels « monstre […] inhumain » ou « tigre » :

> CAÏN C'est son dernier soupir qu'Abel vient d'exhaler…
> Ah ! … J'entends dans mon âme une voix me maudire…
> Je sens là des tourments… Le remords me déchire…
> Dieu lui-même l'attache à ce sein dévoré…
> Oui le titre de frère est un nœud si sacré
> Qu'en osant le briser au ciel on fait injure,
> Un frère est un ami donné par la nature…
> Je n'en ai plus ; je n'ai que l'horreur et l'effroi
> D'être seul dans le monde avec mon crime et moi.
>
> (III, 3)

L'insertion du vers en question s'avère de plus fondamentale pour l'humanisation du personnage et pour le renouvellement de l'interprétation en ce que l'allusion faite à la « nature » soustrait la valorisation éthique de la fraternité religieuse au domaine prioritaire de la filiation du divin pour la transférer sur une fraternité sociale et philosophique au nom de laquelle Caïn se désole. Celle-ci repose sur une identité de nature foncièrement individuelle et humaine — dans son article 'Égalité naturelle' pour l'*Encyclopédie*, Louis de Jaucourt écrivait que « l'égalité naturelle est celle qui est entre tous les hommes par la constitution de leur nature […], cette égalité est le principe et le fondement de la liberté »[144] —

---

[144] Cit. in Borghetto, *La Devise « Liberté, Égalité, Fraternité »*, p. 12.

qui contient en elle les principes d'égalité et de liberté que la fraternité religieuse n'inclut que de façon timide et que la fraternité politique subordonne à des considérations d'appartenance au groupe. Sûrement datable entre mars 1791 et mars 1792 — l'alexandrin est cité dans le compte-rendu des *Affiches* du 8 mars 1792 —, la variante explicite donc le débordement d'une fraternité religieuse vers une fraternité philosophique. Voire, vers une fraternité politique même, au nom de laquelle l'homicide va bientôt s'accomplir : c'est la prétendue nécessité de défendre les Caïnites qui motive la fracture avec la famille originaire et la création d'un nouveau groupe d'appartenance. Certes, Legouvé développe son sujet d'après les données du récit biblique, mais son traitement de la matière choisie permet d'y lire l'explicitation d'une réflexion plus actuelle sur l'idéal en question. À la suite des changements socio-historiques, la différence conceptuelle entre les diverses acceptions de fraternité deviendra bientôt antithétique, et c'est cette antithèse qui sous-tend obscurément un conflit fraternel réinterprété d'après les sentiments de l'époque.

La question de la partialité divine résulte par ailleurs fondamentale à cet égard, son traitement de la part du dramaturge s'avérant essentiel pour sa réécriture du mythe ainsi que pour sa lecture actualisée. Ce qui avait déjà été remarqué par les journalistes contemporains, qui en avaient explicitement souligné l'ambiguïté. Ainsi qu'on l'a évoqué plus haut, la *Chronique de Paris* du 8 mars relève une partialité qui paraît au rédacteur aussi évidente qu'absurde, alors que le *Moniteur Universel* du 16 mars souligne l'inconséquence d'une évacuation de tout élément surnaturel qui induirait à supposer un Dieu injuste.[145] L'importance des critiques est telle que l'auteur se sentira obligé d'y répondre dans sa préface, dans laquelle il précise que les détails religieux, indispensables pour le traitement de sa matière, ont été fondus dans l'action. Conçue comme une sorte de tragédie profane à sujet biblique, *La Mort d'Abel* présenterait donc l'homme écrasé par la toute-puissance de Dieu, tout comme il pouvait l'être par la fatalité des « chimères de la mythologie ». Ce n'est finalement que « sous le rapport poétique qu'il fallait envisager ce qu'il y a de religieux dans le sujet de *La Mort d'Abel* », rappelons-le. Quant à l'accusation d'avoir mis en scène une divinité injuste qui pousserait littéralement une de ses créatures au crime, le dramaturge motive le refus des offrandes par l'absence de Caïn à la prière et par la persistance de sa haine. L'impureté de son âme constituerait donc une raison « suffisante pour justifier

---

[145] Le rédacteur de *L'Almanach des muses* de 1793 rendra aussi compte de *La Mort d'Abel* comme d'un « Essai dramatique, dans un genre qui ne semblait pas fait pour la scène moderne » qui présente un « heureux contraste des deux principaux caractères. Celui du frère aîné, farouche, plein d'énergie, peut-être même trop intéressant. Caïn est prêt à se réconcilier avec Abel ; tous deux présentent leurs offrandes dans le même instant : ses dons sont rejetés. On le plaint, parce qu'on le voit coupable à-peu-près malgré lui ; on n'est pas même convaincu de la justice de cette proscription : au lieu de suivre le crime, elle le précède et l'occasionne, ainsi que le songe qui trouble le sommeil du malheureux Caïn ». *L'Almanach des muses*, 1793, p. 221.

Dieu ». L'auteur ne se borne pourtant pas à cette défense quelque peu conventionnelle, et renchérit sur l'indifférence dramatique d'un débat qu'il évite finalement de trancher. D'abord, le comportement divin ne blesserait pas la « raison et l'équité » plus que celui des dieux de la mythologie écrasant les héros sous le poids de la fatalité. Ensuite, cette considération serait peu importante du point de vue esthétique, car « que cette rigueur de Dieu soit juste ou non, c'est un fait écrit et connu, et cela suffit pour que j'aie pu le mettre au théâtre, puisque le résultat est dramatique ». Le point est capital. D'après Ruggero Campagnoli, le maintien de l'ambiguïté à ce propos est tout sauf anodin en ce qu'il représente une « défense de Caïn » parce qu'il consent de « dissoudre la religiosité qui a permis d'emblématiser » le premier meurtrier.[146] En effet, l'affirmation explicite de la mise en scène d'une divinité injuste, peu acceptable au point de vue religieux et dramatique, excuserait l'assassin — ainsi que le suggère le journaliste de la *Chronique de Paris* — par la légitimation de sa révolte. Ce sera la voie empruntée par Byron et par les romantiques, qui renversent le mythe en adoptant l'une des deux interprétations également possibles, bien que finalement irréconciliables : « La réhabilitation suppose la noirceur du crime et l'approfondissement de la culpabilité de Caïn, tandis que sa révolte l'innocente », précise Cécile Hussherr.[147] En revanche, l'évocation d'un Dieu juste condamnerait sans appel le héros en le ramenant à sa dimension archétypale simpliste. D'après François Jacob, la non résolution de cette ambiguïté s'avère fondamentale pour l'humanisation du personnage et pour un renouvellement interprétatif qui trouve sa justification non tant dans son modèle mais dans l'effet produit sur le public : « l'indécision dans laquelle est laissé le personnage de Caïn permet, bien mieux que ne le feraient le poids de la fatalité ou l'intervention de Lucifer, l'éclosion chez le spectateur du sentiment de pitié, essentiel pour Legouvé, et en germe seulement chez Gessner ».[148]

L'enjeu est important, tout comme l'atteste la position tenue par l'auteur dans sa préface et l'importance du travail de réécriture. La collation témoigne de la suppression ou de la modification de plusieurs vers ressentis comme blasphématoires — qui étaient déjà présents dans le poème suisse, où ils étaient pourtant mis sur le compte d'une inspiration démoniaque — ou pouvant suggérer de façon trop explicite l'injustice de l'Éternel. À titre d'exemple, on peut prendre en considération une tirade d'Adam qui rappelle, conformément au récit de la Genèse souvent repris par la littérature dévotionnelle, que le sacrifice doit être offert avec pureté de cœur. La première partie de la tirade, utile au progrès de l'action dramatique, est maintenue — « Mais il faut, sans délais, / Associer Dieu même à ce grand jour de paix. / Tu [Caïn] le sais trop ; que peut, dans sa faiblesse

---

[146] Campagnoli, 'La Rivoluzione di Caino', p. 113. C'est nous qui traduisons.
[147] Hussherr, *L'Ange et la bête*, p. 11.
[148] Jacob, 'La belle mort de Legouvé', p. 80.

extrême, / L'homme que le Seigneur abandonne à lui-même ? » (II, 4, f. 45) —, alors que la deuxième est entièrement supprimée. Les vers biffés témoignent certes d'une dimension considérée désormais comme trop religieuse. Mais ils pourraient aussi suggérer l'idée que le crime ne s'accomplira que parce que l'aide divine a fauté à sa créature :

> ADAM   S'il [l'homme] n'est pas appuyé de ses secours divins,
> Tous ses pas sont tremblants, tous ses projets sont vains,
> Il n'obtient sur son cœur qu'une fausse victoire,
> Sans doute en ce moment, du trône de sa gloire,
> Dieu sourit aux transports de vos sens attendris,
> Et dans les cieux émus les immortels esprits,
> Dont à le célébrer les voix sont consacrées,
> Applaudissent en chœur sur leurs harpes sacrées.
>
> (II, 4, f. 45)

Ces variantes suppressives s'accompagnent aussi d'efforts finalisés à les rééquilibrer. À deux reprises, le dramaturge fait précéder les déclarations d'amour de Caïn — respectivement « Mon père, je vous aime… et ne hais point mon frère » (II, 2) et « Oui, mon frère… je t'aime. » (II, 3) — par les didascalies « *avec contrainte* », qui ne figurent pas dans le premier état du texte. Ces indications scéniques résultent fondamentales car elles contribuent à humaniser un personnage dont on explicite le combat intérieur tout en signalant la persistance d'une rancune qui pourrait bien expliquer la colère du Tout-Puissant. Encore, sont biffés des vers prononcés par l'aîné d'Adam juste après le « songe affreux », dont l'importance dramatique motive les nombreuses réécritures. Legouvé élimine un passage suggérant non seulement l'arbitraire, mais même la méchanceté d'un « Dieu barbare » accusé de vouloir augmenter le désespoir de sa victime en lui offrant la vision du malheur de sa postérité : « CAÏN. La mort est le seul bien que mes fureurs prétendent, / Dérobe un misérable aux malheurs qui l'attendent. / Dieu barbare, qui vient d'en effrayer mes yeux, / Fais du moins par pitié tomber sur moi les cieux » (III, 1, f. 55). Quelques vers plus loin, une autre partie est modifiée afin d'en nuancer les accusations adressées à Dieu et la portée blasphématoire. Encore une fois, le premier état du texte est bien plus explicite par rapport à celui définitif, qu'on donne de suite. Il est aussi intéressant de faire remarquer que les deux versions présentent également des renversements linguistiques et idéologiques des préceptes les plus saints de l'Évangile — « mon cœur est las d'être innocent », dit Caïn, égaré par le songe — qui ne peuvent pas être reconduits à une simple tentation blasphématoire :

> CAÏN   Juste ! lui ! qui tantôt rejeta mes présents !
> Qui n'a que pour Abel des regards complaisants !
> [- Vois sa haine : de peur qu'une heureuse ignorance]
> [+ Vois quelle est sa rigueur : de peur que l'espérance]
> Me laissât du présent supporter la souffrance,

INTRODUCTION

        M'annonçant un tourment qui ne doit point finir,
        Il avance à mes yeux le terrible avenir !
        [– Sa main, sa main cruelle a tissé le rideau
        Qui du triste avenir me voilait le tableau]
        [+ M'annonçant un tourment qui ne doit pas finir,
        Il avance à mes yeux le cruel avenir !]
        [– On dirait que ce Dieu dont le courroux m'opprime,
        Prend un plaisir barbare à fouler sa victime,
        Et qu'ardent à me nuire il craint de s'arrêter,
        Tant qu'il peut lui rester un coup à me porter.]
        C'est peu de tant de maux, d'affronts, que je dévore ;
        Sa main dans mes enfants vient me frapper encore !
        Et tous mes descendants, infortunés, proscrits,
        Gémiront sous le poids des fers, du mépris !
        [– Des fers, mes enfants !] [+ Des chaînes ! mes fils !] … tremble, ô frère que j'abhorre ;
        [–Tremblez, enfants] [+ Postérité] d'Abel, vous n'êtes point encore !
        [– Aux jours où de mes fils, écrasés sous vos pieds,
        Votre joug courbera le front humilié.
        Craignez, craignez Caïn.
MÉHALA Ah ! Quel transport l'égare !
CAÏN   L'injustice du ciel me rend enfin barbare.]
MÉHALA Que dis-tu ?
CAÏN   Que mon cœur est las d'être innocent ;
        Que ma raison se perd.

                                          (III, 1, f. 61–62)

CAÏN   Juste ! lui ! qui tantôt rejeta mes présents !
        Qui n'a que pour Abel des regards complaisants !
        Vois quelle est sa rigueur : de peur que l'espérance
        Me laissât du présent supporter la souffrance,
        M'annonçant un tourment qui ne doit point finir,
        Il avance à mes yeux le terrible avenir !
        C'est peu de tant de maux, d'affronts, que je dévore ;
        Sa main dans mes enfants vient me frapper encore !
        Et tous mes descendants, infortunés, proscrits,
        Gémiront sous le poids des chaînes, du mépris !
        Des chaînes ! mes fils !… tremble, ô frère que j'abhorre ;
        Postérité d'Abel, vous n'êtes point encore !
MÉHALA Que dis-tu ?
CAÏN   Que mon cœur est las d'être innocent ;
        Que ma raison se perd.   (III, 1)

Comme chez Gessner, c'est le songe qui détermine la chute du meurtrier. L'ambiguïté de son inspiration renverse pourtant la lecture de l'épisode. Épuisé par son combat intérieur, déchiré entre l'appel au respect d'une fraternité trompeuse — au nom de laquelle on l'exclut et on l'écrase mais qu'on lui demande d'accepter — et son désir de justice (et de vengeance), le futur meurtrier ne pourra pas résister à l'arrivée d'Abel. S'accomplit alors le crime dans lequel s'exprime cette lutte préventive mentionnée par Ruggero Campagnoli. Juste avant de frapper son frère avec sa bêche, Caïn fait allusion à sa « juste fureur », et traite Abel de « serpent » tentateur et de traître qui veut l'assassiner, d'ennemi venu le confondre tout comme l'avait fait le serpent dans le récit biblique de la tentation d'Adam : « Serpent, dans tes replis tu veux m'envelopper ! / C'est pour m'assassiner que ta haine m'embrasse ! » (III, 3). Ces vers curieux, que la Vulgate mettrait dans la bouche d'Abel plus que dans celle de son frère, seront désapprouvés par Jean-Louis Boucharlat dans son *Cours de littérature* de 1826 : « Ce dernier vers n'est pas dans Gessner, et je crois que l'auteur eût bien fait de le supprimer ; car, outre qu'il est sans harmonie, et renferme une expression hasardée, on sent que Caïn ne peut se croire l'objet de la haine d'Abel. Cette idée n'est donc pas très juste ».[149] En effet, ce n'est pas par l'interprétation traditionnelle du couple fraternel, mais bien par une lecture du meurtre comme expression d'une lutte pour ou contre le pouvoir, qu'on pourrait expliquer ce renversement linguistique puissant qui signale peut-être une intertextualité avec les drames historiques de Shakespeare. Pendant le dernier tiers du siècle, la fortune de la traduction de Letourneur de 1776 accroît la diffusion française du dramaturge anglais, que Legouvé connaissait certainement puisque plusieurs critiques évoquent l'influence de la scène des fantômes de *Richard III* sur le dernier acte d'*Épicharis et Néron*.[150] Dans *Richard II*, premier drame historique d'une tétralogie sur le pouvoir, d'où la lutte politique bannit toute possibilité d'innocence, il est bien question du mythe biblique et de la considération du meurtre comme originel et fondateur : Bolingbroke deviendra Henry IV et donnera naissance à une nouvelle étape de l'histoire. Comme le rappelle Cécile Hussherr,

> La reine voit dans cet événement [la déposition de Richard II] l'annonce d'une deuxième chute de l'homme. Bolingbroke, qui se faisait le défenseur d'Abel [le meurtre de Gloucester, contre lequel Bolingbroke s'insurge, avait été assimilé à celui du cadet d'Adam], est maintenant comparé au serpent, lorsque la reine [...] dit [...] « Quelle Ève, quel serpent t'a insinué / De répéter ainsi la chute de l'homme maudit ? »[151]

Dans l'Angleterre de la fin du XVIIe siècle tout comme dans la France révolutionnaire, le fratricide fonde l'histoire humaine, nulle société et nulle gestion du politique ne pouvant exister sans la violence. C'est ce qu'explicite aussi

---

[149] Jean-Louis Boucharlat, *Cours de littérature faisant suite au 'Lycée' de La Harpe* (Paris : Brunot-Labbe, 1826), t. I, p. 223.
[150] L'influence shakespearienne est remarquée par plusieurs contemporains. En 1817, Petitot la signale encore dans sa présentation de Legouvé pour le *Répertoire du théâtre français*, p. 22.
[151] Hussherr, *L'Ange et la bête*, p. 62.

la vision de Caïn, sur laquelle le dramaturge insiste particulièrement. Présent chez Gessner — qui en neutralise la portée en le désignant comme une vision fausse inspirée par une intervention démoniaque trompeuse — et quasiment absent chez Aubert, qui n'y fait qu'une allusion rapide sans même en retracer le contenu, le songe « affreux » constitue en revanche le nœud central du texte de 1792. Pour le critique italien, le songe présente « les raisons de l'Histoire » au nom de laquelle le meurtre va fatalement s'accomplir et figure « la réalité des raisons d'une énorme révolte advenue »,[152] tout en focalisant dans le personnage de l'assassin la fureur de la lutte de classe, de la violence préventive contre l'agression des privilégiés, du refus des valeurs et des abus d'une race renvoyant à l'Ancien Régime.[153]

Cette lecture, qui justifie partiellement le fratricide, pourrait aussi expliquer le dénouement de la tragédie, fort différent par rapport à la tradition précédente. Dans le poème suisse, l'assassin prononce un long discours qui atteste son repentir et son désir de se réhabiliter aux yeux de l'Éternel. Il demande pardon à sa femme, qui ne le maudit pas et qui décide de partir avec lui et leurs enfants afin d'aider son mari à reconquérir la miséricorde divine. Ce départ se fait sous le regard approbateur de Dieu, dont la clémence suggère la possibilité d'une réhabilitation future.[154] L'abbé Aubert choisit en revanche une lecture portant sur l'énormité d'un crime qui efface toute possibilité d'absolution, puisqu'il insiste en ces termes sur la criminalisation de Caïn et sur l'horreur d'un délit qui a engendré la rupture d'une fraternité originelle à jamais perdue :

THIRZA   Mon devoir est encore de suivre mon époux.
         Un époux assassin, l'horreur de la nature !
         Ton nom va devenir une éternelle injure
         Pour tes fils… Mais je dois respecter tes remords.
         Viens, barbare, expier tes horribles transports.
         Fuyons. Et que m'offrant pour toi comme victime
         Dans l'abandon affreux que mérite ton crime,
         Quelqu'un du moins partage et tes maux et tes pleurs.
         (À ses parents)
         Adieu. S'il est possible, oubliez les fureurs
         D'un monstre dont la rage ôte un Fils à son Père,
         Un Époux à sa Sœur, à son Épouse un Frère.[155]

Quant à Legouvé, les nombreuses réécritures témoignent de l'importance accordée au dénouement pour la signification de la tragédie tout comme d'un changement dans son interprétation. Le premier état du texte, ensuite

---

[152] Campagnoli, 'La Rivoluzione di Caino', p. 117.
[153] Ibid.
[154] Salomon Gessner, *La Mort d'Abel*, traduit par Michel Huber (Montargis : Prévost, 1784), p. 265 sq.
[155] Aubert, *La Mort d'Abel*, pp. 71-72.

entièrement supprimé, indique une plus grande adhésion au poème suisse et à la lecture canonique du récit biblique. Le départ des Caïnites s'accomplit à la présence de Dieu — le nuage ne remonte qu'à la fin de la pièce — et il est encore question de culpabilité, de criminalisation, de l'allusion à la possibilité d'une réhabilitation future, des considérations nostalgiques sur la perte de la fraternité originelle :

> CAÏN [– Non, ce sang répandu par ma haine jalouse…]
> [+ Non, tu dois détester un monstre qui s'abhorre.]
> Ne sois que sœur d'Abel.
> MÉHALA [– Ah ! je suis ton épouse.] [+ Je suis ta femme encore.]
> CAÏN J'ai souillé ce lien.
> MÉHALA Il est toujours sacré.
> CAÏN Mais ne me crains-tu pas ? Puisque j'ai massacré
> Mon frère dont pour moi l'amitié fût extrême,
> Ne puis-je pas un jour t'assassiner toi-même ?
> MÉHALA On reprend sa vertu, quand on a ton remords.
> Mais ton bras me dût-il un jour donner la mort,
> Mon devoir n'est pas moins de t'aimer et te suivre,
> Je suis ta femme, enfin où tu vis je dois vivre.
> […]
> (*Le nuage remonte et la toile se baisse.*)
>
> (III, 6, f. 75)

Ce n'est que dans un deuxième moment, et non sans plusieurs hésitations entre un « je ne suis pas puni » et un « je suis trop peu puni » (III, 6, f. 75), que le dramaturge arrive à sa version définitive, qui acquitte partiellement l'assassin par l'attribution au meurtre d'une valeur fondatrice. Maudit par Dieu et accablé par un châtiment qu'il accepte avec fermeté — « MÉHALA. Quel arrêt rigoureux ! CAÏN. Je saurai le subir » (III, 6) —, le héros n'est toutefois pas démonisé : « Je ne suis pas puni si je pars avec toi », dit le dernier vers de la tragédie (III, 6). Nul autre élément ne nous est donné quant à une réhabilitation éventuelle, et le nuage n'est pas là pour incarner la clémence divine : une didascalie indique bien qu'il remonte juste après la malédiction. Ce départ fondateur donne lieu à un « tableau » majestueux — « Le tableau qui termine la scène est d'un genre neuf et imposant », écrit le *Logographe*[156] — et projette Caïn dans cette dimension future fondée sur la violence mais considérée comme le début de l'Histoire.[157]

La possibilité d'une lecture actualisée du mythe biblique devait être bien présente dans les esprits des contemporains si l'on considère la réaction, certes partisane, des *Révolutions de Paris* du 17-24 mars. Ainsi qu'on l'a déjà évoqué, après avoir attaqué les Comédiens pour leur conservatisme, le journal propose

---

[156] *Le Logographe*, 9 mars 1792.
[157] Campagnoli, 'La Rivoluzione di Caino', p. 120.

une lecture politisée de *La Mort d'Abel*, dont le « dénouement est l'histoire même de [la] révolution ».[158] Prudhomme retrouve dans le conflit fraternel celui des « deux factions » ennemies qui s'opposent dans la France contemporaine, et Dieu maudissant le fils rebelle est assimilé au roi ennemi de son peuple :

> Abel est la première tige de cette race d'hommes aimables et doux, mais indolents et paresseux, qui, jusqu'à ce moment, avaient joui de toutes les douceurs de la société, de préférence à la postérité laborieuse et rude de Caïn. Vous reconnaîtrez votre roi dans le rôle du Père Éternel, qui, à travers un nuage, maudit Caïn et tous ceux qui lui ressemblent, c'est-à-dire, le peuple qui, las de travailler, de suer pour nourrir d'agréables fainéants et d'en être méprisé, perdra un jour patience, et s'offensera de la prédilection révoltante accordée à ses aînés. Citoyens ! Vous verrez tout cela dans *La Mort d'Abel*, et surtout dans le songe de Caïn.

L'analyse paraît juste et forte, et prouve la vitalité du concept d'une fraternité meurtrière dans l'imaginaire de l'époque[159] ainsi que le fait qu'une telle réception témoigne de l'état des esprits tout comme du « sens vécu » d'une pièce qui semblerait, *a priori*, détachée de tout lien avec l'actualité. Ce qui est aussi intéressant, c'est que le rédacteur n'arrive pas à saisir entièrement l'audace de la réinterprétation proposée, puisqu'il craint que « d'après les idées reçues sur le caractère de Caïn et d'Abel », le spectacle ne puisse finalement nuire aux patriotes. Ceux-ci seraient automatiquement assimilés aux enfants de l'assassin :

> Sans doute, on peut y voir tout cela : mais l'application de cette moralité aux circonstances actuelles, loin de tourner à l'avantage de notre révolution, en paraîtrait la satyre la plus amère, d'après les idées reçues sur le caractère de Caïn et d'Abel ; on ne manquerait pas de dire que les révolutionnaires, les jacobins, les patriotes sont les enfants de Caïn. L'innocent Abel au contraire serait regardé comme le père des nobles et des prêtres, de tous les oisifs se nourrissant des meilleurs fruits de la terre qu'ils n'avoient que la peine de cueillir.

Pour preuve de la véracité de ses affirmations, Prudhomme propose le discours d'un hypothétique modéré, qui s'inspirerait de l'actualité la plus récente pour y transposer la signification ultime de l'épisode biblique :

> Le meurtre de l'innocent Abel nous inspirera toute l'horreur due à ces exécutions populaires qui nous ont valu, il est vrai, la liberté, mais qui ont porté l'effroi dans l'âme de quantité de gens plus dignes d'excuses que de blâme. Car enfin, s'ils volaient la nation, c'était au profit du peuple qu'ils faisaient travailler : les gens de peine, ainsi que Caïn, en ont-ils été plus heureux d'avoir immolé leurs frères, moins amis du travail et plus riches qu'eux ?

---

[158] *Les Révolutions de Paris dédiées à la Nation*, 143, 31 mars-7 avril 1792. De même pour les citations qui suivent.
[159] Voir Jacob, 'La belle mort de Legouvé', p. 83.

À l'époque, une lecture semblable n'est pas surprenante. La question sur laquelle se termine le passage signale la perception déjà existante de l'ambiguïté foncière d'un concept, celui de fraternité, fort controversé. C'est au nom de l'écart déjà signalé entre la fraternité utopique et universaliste et la fraternité politique et « verrouillée » que le rédacteur s'interroge sur la légitimité d'une violence populaire bien réelle, déjà advenue, et référée à sa fin à l'établissement de la liberté et d'une plus grande égalité entre les composants du noyau familial que deviendra la Nation.

Le débat ne date certes pas de mars 1792, et l'allusion aux « exécutions populaires » des gens qui « volaient la nation » renvoie tout droit aux massacres des premiers jours de la Révolution, ceux qui accompagnent la prise de la Bastille. L'enjeu posé par le rédacteur est de taille, car il implique le refus ou l'acceptation de la reconnaissance du droit populaire — qui dans l'actualisation proposée dans le compte rendu serait aussi celui de Caïn —, à une insubordination violente, étroitement liée à l'insurrection politique et à la prise de conscience de la naissance d'une puissance nouvelle — la Nation. Pour les hommes de 1789, il s'agissait de répondre à l'arbitraire de l'Ancien Régime en faisant coïncider vengeance et justice populaire et d'éliminer sans hésitation tout ennemi en sacrifiant l'humanité sur l'autel des valeurs patriotiques. D'après Jean Godechot, la justification éventuelle de cette brutalité pose dès sa naissance la Révolution sous le signe des idéaux philosophiques d'un côté, et des massacres considérés comme nécessaires de l'autre.[160] Par la suite 'domestiquée' par le discours politique officiel, qui met plutôt l'accent sur la dimension collective de l'événement fondateur de la Révolution, la sauvagerie populaire est tout d'abord acquittée dans les discours des contemporains, qui tendent à la considérer comme aussi exécrable que juste et nécessaire.[161]

C'est le souvenir de ces débats qui traverse le discours de Prudhomme, ce qui atteste l'ancrage du mythe biblique dans l'actualité des débats sur la fraternité. Il s'agit là de reconnaître, ainsi que le rappelle François Jacob, « les éléments fondateurs d'une société dont le théâtre […] rend mieux compte que tout autre

---

[160] Jean Godechot, *La Prise de la Bastille. 14 juillet 1789* (Paris : Gallimard, 1965), p. 377.
[161] Une lettre célèbre de Babeuf fait allusion au « trop juste ressentiment » du peuple à l'égard d'un complot aristocratique dont le but est celui de réduire les Parisiens en esclavage : « À mon arrivée à Paris on ne s'entretenait que d'une conspiration dont M. le comte d'Artois et d'autres princes étaient les chefs. Il ne s'agissait de rien moins, pour eux, que de faire exterminer une grande partie de la population parisienne et de réduire ensuite à la condition d'esclave tout ce qui, dans la France entière, n'aurait échappé au massacre qu'en se mettant humblement à la disposition des nobles, en tendant sans murmurer les mains aux fers préparés par les tyrans ». De même, dans les pages des *Révolutions de Paris*, Loustalot justifie les massacres au nom de la liberté : « Français, vous exterminez les tyrans ! Votre haine est révoltante ! Elle est affreuse […]. Mais vous serez libres enfin ! Je sens, ô mes concitoyens ! Combien ces scènes révoltantes affligent votre âme ; comme vous, j'en suis pénétré. Mais songez combien il est ignominieux de vivre et d'être esclave ! ». Cit. in ibid., p. 375.

forme littéraire », ainsi que de « donner naissance à une série d'images rapidement réexploitées, [...] à de nombreux développements qui débordent la scène ».[162] Le choix du thème du fratricide, sur lequel Legouvé insistera quelques années plus tard avec *Etéocle et Polynice* et qu'il n'est sûrement pas le seul à traiter à l'époque, permet donc à l'auteur de développer ces « éléments fondateurs » mentionnés, tout aussi que de suggérer la préfiguration de la fraternité patriotique qui sera celle d'après l'été 1792. Dans ce sens, le discours du rédacteur de l'article traduit la perception, encore obscure, d'un débordement de la fraternité universaliste, religieuse ou philosophique, vers la fraternité politique.[163] Surgissent déjà les contradictions qui vont éclater quelques années plus tard et qui tiennent aux différentes formes du concept en question. Condamné au nom des « idées reçues » et d'une fraternité utopique, Caïn mériterait en revanche l'absolution au nom d'une fraternité politique et patriotique qui est celle des « gens de peine ». Ceux-ci, comme le premier assassin, ont jadis « immolé leurs frères » sur l'autel des principes fondateurs d'une fraternité politique fondée sur l'appartenance à une communauté d'élection. C'est là la perception d'une nouvelle forme du concept. Cette forme suggère la mise en discussion d'un sentiment, celui des fraternités utopiques, *a priori* conçu comme donné par une condition originelle, ce qui irait à l'avantage de la valorisation d'une idée fondatrice qui ne renvoie plus à « l'énoncé d'une vertu, d'un devoir, d'un sentiment ou encore d'un principe »,[164] mais à une nouvelle acquisition réinventée sur d'autres bases. De ce point de vue, le dramaturge avait bien raison quand il affirmait que sa matière était aussi dramatique que celle des sujets classiques. Le thème de la fraternité fratricide, qui sous-tend la pièce tout comme elle sous-tendra les débats publics à venir, s'avère finalement fort actuel. Même, il s'impose comme un Leitmotiv puissant promis à une grande fortune dramatique, ainsi que le rappelle Pierre Frantz quand il écrit que dans cette tragédie Legouvé participe, avec Chénier, Lemercier ou Pichat, à l'élaboration d'un mythe tragique, celui de « la fraternité sublime et [de] son avers ténébreux, ce qu'on pourrait appeler le complexe de Caïn [, qui] excèdent largement la période de la Terreur ».[165]

Fort redevable de l'état des esprits d'une période dont elle catalyse et réifie, de façon plus ou moins obscure, les contradictions, les idéaux et les violences, la *Mort d'Abel* devait connaître, à partir du XIXe siècle, une défaveur progressive. Certes, l'audace interprétative de l'auteur était peu susceptible de convenir aux spectateurs de la Restauration. Le traitement peu canonique du mythe biblique

---

[162] Jacob, 'La belle mort de Legouvé', p. 83.
[163] Ibid.
[164] Borgetto, *La Devise « Liberté, Égalité, Fraternité »*, p. 25.
[165] Pierre Frantz, 'Le Héros, la fraternité et la mort. La poétique des tragédies néoclassiques de Chénier', dans Didier Masseau (éd.), *Le XVIIIe siècle. Histoire, mémoire et rêve. Mélanges offerts à Jean Goulemot* (Paris : Champion, 2006), p. 217.

devait froisser les esprits ou donner lieu à des interprétations idéologiques erronées ou commodes. En 1848, la *Revue de Paris* motivait le succès de ce qu'elle qualifiait de « tragédie pastorale » par son opposition à une actualité féroce : « Quand, toute la journée, on a vu couler le sang et porter des têtes au bout du fer des piques, on n'est pas fâché de passer sa soirée avec des bergers et des bergères ».[166] Trente ans plus tard, Gustave Merlet mentionnera cette « sombre pastorale » publiée en 1793 — le critique paraît ne pas prendre en compte le fait que la création date de l'année précédente — comme une occasion « aussi ingénieuse que pathétique » de protester « contre les forcenés qui versaient à flots le sang de la France ».[167] Sous d'autres plumes, c'est la récurrence de l'évocation de la question de l'arbitraire divin qui l'emporte. Charles Guillaume Étienne et Alphonse de Martainville l'évoquent,[168] tout comme le fait Julien-Louis Geoffroy,[169] alors que Saint-Marc Girardin cherche à la neutraliser. Même s'il apprécie la pièce de Legouvé plus que le poème de Gessner, le critique n'arrive pas à se réconcilier avec un épilogue qui acquitte le meurtrier et qu'il stigmatise en ces termes :

> Caïn repentant et presque pardonné, Caïn consolé par l'amour de sa femme et de ses enfants, est tout à fait une création du dix-huitième siècle. Je veux bien que, dans cette création, il y ait un sentiment confus de la clémence divine, telle que la proclame le christianisme ; mais je dirais volontiers que c'est à ce signe surtout que j'y reconnais l'esprit du dix-huitième siècle : la morale du christianisme est tournée contre ses traditions et contre ses mystères.[170]

François Jacob a raison quand il rappelle que la lecture du dramaturge français est plus subversive que celle de Byron, dont le Caïn titanesque et révolté n'agit finalement que dans un mécanisme régi et contrôlé par une dualité Bien-Mal dont il est le jouet : en revanche, Legouvé déplace le mythe sur le terrain « d'une humanité pleinement consciente de ses actes et consciente aussi du gouffre ou de la béance — cette aveugle fatalité — qui les fonde ».[171] Dans le Caïn humain et tragique de *La Mort d'Abel* on peut sûrement reconnaître « l'esprit du dix-huitième siècle ». Encore davantage, on peut y reconnaître l'esprit de la Révolution ainsi que toutes ses apories, ses violences et son sublime tragique, que le dramaturge représentera également dans des pièces telles *Épicharis et Néron* ou *Étéocle et Polynice*, où il sera encore question de révolte ainsi que des idéaux de justice, d'égalité, de fraternité (fratricide) et de liberté.

---

[166] *Revue de Paris* (Meline : Cans, 1848), p. 19.
[167] Gustave Merlet, *Tableau de la littérature française, 1800–1815* (Paris : Didier, 1878), p. 273.
[168] Étienne et de Martainville, *Histoire du théâtre français*, t. II, p. 205.
[169] Julien-Louis Geoffroy, *Cours de littérature dramatique* (Paris : Blanchard, 1819–1820), t. IV, p. 6.
[170] Saint Marc Girardin, *Cours de Littérature dramatique*, p. 167.
[171] Jacob, 'La belle mort de Legouvé', p. 97.

NOTE SUR LA PRESÉNTE ÉDITION

Principes de l'édition et établissement du texte

Il existe trois éditions de *La Mort d'Abel* publiées du vivant de l'auteur, toutes parues chez Mérigot le jeune en 1793. Il est bien possible que la première d'entre elles date du début de l'année, puisque l'acte de propriété est signé par Legouvé le 27 décembre 1792. On peut aussi mentionner une quatrième édition, publiée en 1800 chez le même éditeur, qui se présente pourtant sans la préface (exemplaire consulté : Bibliothèque de l'Arsenal, GD-14543) et dont le texte est le même que celui de la troisième édition de 1793, exception faite pour quelques coquilles et quelques petites fautes encore existant dans les publications précédentes et faisant l'objet d'une feuille d'*Errata corrige* insérée à la fin du texte, qui ont désormais été corrigées. L'objet de ce travail étant de restituer l'ouvrage dans son contexte socio-historique et dramatique, nous avons choisi de prendre comme édition de référence pour l'établissement du texte la troisième édition de 1793 (désormais L3, exemplaire consulté : Bibliothèque de l'Arsenal GD-14544). Elle représente la version la plus soignée : elle présente, tout comme L2, le dernier état de la préface, qui est augmentée par rapport à la première édition, mais y figurent aussi trois gravures exécutées et signées par Louis Simon Boizot, que nous reproduisons en Annexe 2. Il nous a donc paru plus pertinent et plus utile de proposer au lecteur la version la plus complète, afin d'aider la compréhension de la réception contemporaine de la tragédie ainsi que le développement de l'argumentation théorique et poétique du dramaturge. Toutes publiées après la création de la pièce au Théâtre de la Nation le 6 mars 1792, les éditions présentent peu de variantes significatives, que nous signalons en note, sauf quand il s'agît de coquilles ou de fautes évidentes successivement corrigées.

La page de titre des éditions en question, parues la même année et chez le même éditeur, se présente comme voici :

L 1 : LA MORT D'ABEL, / *TRAGÉDIE*, / EN TROIS ACTES ET EN VERS, / *Par* le Citoyen Le Gouvé, / *Représentée, pour la première fois, au Théâtre de / la Nation, le 6 Mars 1792.* / [filet] / *Primi parentes, prima mors, primus luctus* / [filet] / Prix 20 sols. / À PARIS, / Chez J. G. MERIGOT, le jeune, Librairie, quai / des Augustins, n° 38. / [filet enflé] / 1793.
In-8°, x-47

Exemplaire examiné : BNF Z-ROTSCHILD-4815, BNF YF11338 (dans un recueil factice relié en cuir portant sur le dos « Recueil de tragédies. 5 » et catalogué comme « Inventaire. YF dd337-dd342 » appartenu à la Bibliothèque de M. Morin et contenant également une édition de *Caius Gracchus* de Marie-Joseph Chénier de 1793, une édition d'*Othello ou le maure de Vénise* de Ducis à la page de titre manuscrite et sans date, une édition d'*Epicharis et Néron, ou Conspiration pour la liberté* de Legouvé de l'an IX, une édition d'*Abufar, ou la famille arabe* de Ducis de l'an III, une édition de 1774 d'*Andromaque* de Racine).

L2 : LA MORT D'ABEL, / *TRAGÉDIE,* / EN TROIS ACTES ET EN VERS, / Par le Citoyen Le Gouvé, / *Représentée, pour la première fois, au Théâtre de la* / *Nation, le 6 Mars 1792.* / [filet] / *Primi parentes, prima mors, primus luctus* / [filet] / Prix 20 sols. / [Fleuron] / À PARIS, / Chez J. G. MERIGOT, le jeune, Librairie, quai / des Augustins, n° 38. / [filet enflé] / 1793.
In-8°, xxiv–64

Exemplaire examiné : Bibliothèque de l'Arsenal, THN-1899 (présentant une feuille d'*Errata corrige*), BNF Z-ROTSCHILD-4814

L3 : LA MORT D'ABEL, / *TRAGÉDIE,* / EN TROIS ACTES ET EN VERS, / *Par le Citoyen* Le Gouvé, / *Représentée, pour la première fois, au Théâtre de la* / *Nation, le 6 Mars 1792.* / [filet] / *Primi parentes, prima mors, primus luctus* / [filet] / Prix 30 sols. / [Fleuron] / À PARIS, / Chez J. G. MERIGOT, le jeune, Librairie, quai / des Augustins, n° 38. / [filet enflé] / 1793.
In-8°, xxiv-64, 3 pl. gr.

Exemplaire examiné : Bibliothèque de l'Arsenal, GD-14544 (présentant une feuille d'*Errata corrige*)

Il existe également un manuscrit du souffleur, conservé dans les Archives de la Bibliothèque-Musée de la Comédie-Française sous la cote Ms 392 ou Mf 609, mentionné désormais comme Ms, qui témoigne d'un premier état du texte. Il comporte quelques particularités textuelles et de nombreuses variantes qui correspondent, dans bien des cas, à des reformulations stylistiques ou à des coupures. Ces variantes témoignent de l'importante opération de réécriture à laquelle le texte a été soumis, sans doute entre le 6 mars 1791, date de l'acceptation de la tragédie de la part des comédiens, et le 6 mars 1792, date de sa création. On les signale en note, exception faite des fautes d'orthographe et de ponctuation, que nous corrigeons systématiquement sans les signaler. C'est un manuscrit de 235 sur 185 mm écrit recto-verso, relié en brochure et daté de 1790, mais cartonné et numéroté à une époque postérieure pendant les travaux de catalogage. Le manuscrit comporte 77 feuillets numérotés au crayon en chiffres arabes par une main récente, dont un feuillet en papier différent inséré à une époque postérieure à celle du texte mais précédant la numérotation. Le manuscrit se présente comme suit :

p. [1] — Faux-titre ; p. [2] — page blanche ; p. 1 — Page de titre ; p. 2 — Personnages ; p. 3–77 — début et fin du texte.

Sur la page de faux titre figurent : les indications 8ᵉ Carton /n° 139 d'ordre (dans la marge supérieure externe gauche) ; le titre *La Mort d'Abel* /, l'indication générique Tragédie en 3 actes /, le nom de l'auteur M. Legouvé /, la date de la création 6 mars 1792. D'autres indications de catalogage apportées au lapis par une autre main que celle de E. F. Delaporte, premier secrétaire souffleur qui a copié le texte, figurent dans la marge inférieure interne gauche : « Ms 392 ». La page de titre se présente comme voici : *La Mort d'Abel ou le Premier meurtre, tragédie / M. Legouvé / Représentée pour la première fois au Théâtre de la Nation le 6 mars 1792 / 1790 / Primi parentes, prima mors, primus luctus.* Sur la page des personnages figurent les mêmes personnages et acteurs mentionnés dans les éditions, ainsi que la didascalie « *La scène se passe dans la Mésopotamie, à quelque distance du paradis terrestre autrement appelé l'Éden* ».

Deux becquets sont ajoutés sur la liasse des feuillets 55-56 : comme ils présentent un passage quasiment égal à celui de l'édition, nous donnons en note la version primitive, qui est celle existant sur la liasse, et celle présentée par le becquet, en l'indiquant entre accolades pour une plus grande clarté. Le Ms comporte en outre quelques traces marginales à l'encre et au crayon. Il peut s'agir de chiffres qui accompagnent les noms des personnages en début de scène — sans doute indiquant la disposition des acteurs —, ou de lettres signalant une modification du texte lui-même («b» signifiant «bon»). On les reproduit, sauf quand les signes ou les notations servent exclusivement de rappel pour le souffleur, comme dans le cas des noms des personnages présents sur scène qui sont parfois annotés dans la marge.

Suivant une habitude éditoriale courante, la graphie a été modernisée, mais la ponctuation originale conservée, sauf dans les cas où elle était fautive ou manquante. Les rares coquilles ou erreurs évidentes ont été corrigées.

La reformulation étant parfois très importante, pour une plus grande clarté nous utilisons les sigles suivantes :

{ } : début et fin d'un passage plusieurs fois réécrit et présentant des segments textuels biffés et des ajouts interlinéaires biffés par la suite
[–] : passage biffé
[[–] [–]] : passages consécutifs biffés à des moments différents
[*Seuls vers biffés dans un premier temps*] : passages non consécutifs biffés à des moments différents
[+] : passage ajouté en interligne supérieure ou inférieure
[+/–] : passage ajouté en interligne supérieure ou inférieure puis biffé
[– [–] [+]] : passage présentant des segments textuels biffés et des ajouts interlinéaires biffés par la suite
[> <] : passage ne figurant pas dans le manuscrit
[*Ajouté*] : passage ajouté en interligne supérieure ou inférieure sans qu'un autre soit biffé
[*Bon*] : passage marqué d'un «b» [bon] dans la marge externe

[– *Bon*] : passage marqué d'un «b» [bon] dans la marge externe mais biffé, et parfois rétabli
[*becquet*] : passage sur becquet collé à la liasse
[*liasse*] : passage sur la liasse au-dessous du becquet

Annexe I. Réception de *La Mort d'Abel*

L'annexe retrace la réception de la tragédie dans la presse périodique contemporaine et dans quelques ouvrages de théories littéraires ou dramatiques qui en font mention au XIXe siècle. Les textes sont présentés en ordre de parution. On reproduit également des comptes rendus concernant la pièce « rivale » de Chévalier, car ils mentionnent souvent la tragédie de Legouvé et peuvent apporter des informations quant au contexte des rivalités théâtrales de la période.

Annexe II. Dossier iconographique

L'annexe II présente les gravures réalisées par Louis Simon Boizot pour L3 ainsi que la gravure la *Mort d'Abel* de Carlo Antonio Porporati reproduisant une toile de Adriaen van der Werff et présentant comme didascalie les mots « *Prima mors, primi parentes, primus luctus* », dont la composition avait été attribuée à Jean-Jacques Rousseau et que Legouvé avait repris comme épigraphe pour sa propre pièce.

La Mort d'Abel

Tragédie
en trois actes et en vers
par le
Citoyen Legouvé

Représentée pour la première fois au
Théâtre de la Nation, le 6 mars 1792

Primi parentes, prima mors, primus luctus

PROPRIÉTÉ

Aujourd'hui est comparu devant les notaires à Paris soussignés, le Citoyen Gabriel Marie-Jean-Baptiste Legouvé, demeurant à Paris, rue des quatre Fils au Marais, section du Marais ; lequel se disposant à livrer à l'impression son ouvrage de la *Mort d'Abel*, tragédie en trois actes, représentée pour la première fois, par les Comédiens du Théâtre de la Nation, le six mars dernier, et s'autorisant du droit que lui donne la loi du 30 mars dernier, article quatre et suivants, a par ces présentes déclarés qu'il entend se réserver tous ses droits sur les représentations de sa pièce dans toutes les villes où elle pourrait être jouée, et qu'il s'oppose formellement à ce que cette pièce soit représentée sur aucun autre Théâtre public, sans son consentement exprès et par écrit : et qu'il n'en a confié l'impression qu'au citoyen Mérigot, le jeune, libraire, quai de la Vallée, à Paris.

Donc acte acquis et octroyé, pour servir et valoir ce que de raison ; fait et passé à Paris, en l'étude, l'an mille-sept-cent-quatre-vingt-douze, le premier de la République, et le vingt-sept décembre, et a signé la minute des présentes, demeurée à M. Tiron, l'un des notaires soussignés, au bas de laquelle est écrit : enregistré à Paris le vingt-sept décembre 1792, premier de la République. V$^{le.}$ 56$^{e.}$ R. vingt sols, signé Huerne.

TIRON

À MA MÈRE

Ô vous, de qui ma vie est le moindre bienfait,
Recevez cet essai d'un talent faible encore,
Qu'aux fêtes du théâtre honore
L'indulgente faveur du public satisfait.
Cette carrière illustre où j'obtiens son suffrage,
Votre main jadis me l'ouvrit ;
Oui, quand mourut un père aussi tendre que sage,
Remplaçant cet ami perdu pour mon plus jeune âge,
Des maîtres par vos soins formèrent mon esprit,
Et vous dédier cet écrit
C'est vous présenter votre ouvrage.
Un autre titre encore me le prescrit.
Ma muse, peut-être hardie,
Sur la scène, où des rois et du peuple Romain
Brillait la majesté, par les arts agrandie,
Mit le berceau du genre humain :
Pour tracer ces mœurs primitives,
Pour faire passer dans mes vers
Le charme pastoral et les grâces naïves
De l'enfance de l'univers,
J'imitai de vos mœurs la candeur douce et pure,
Je pris dans vos discours le ton de la nature ;
Et si, sous les couleurs dont je l'ai revêtu,
D'Abel tendre et chéri le portrait est fidèle,
Vous m'avez servi de modèle,
Et c'est vous que j'ai peinte en peignant la vertu.
Mais ne suffit-il pas que vous soyez ma mère
Pour voir ma palme à vos genoux ?
Une mère !... ah ! Quels droits son amour prend sur nous
Du moment où nos yeux s'ouvrent à la lumière !
Attentive, elle veille à nos premiers besoins,
Et sèche nos premières larmes ;
Elle nous fait, par les plus tendres soins,
Du bonheur d'exister sentir les premiers charmes ;
Elle aide en ses premiers essais
Notre raison, notre langage ;
Elle doit recevoir l'hommage

De nos premiers travaux,[1] de nos premiers succès.
Le mortel fortuné qu'un triomphe couronne
Dans les jeux d'Apollon, ou dans ceux de Bellone,
Vient déposer à son retour
Aux pieds de la beauté les dons de la victoire ;
La Nature à mes yeux est bien plus que l'amour
Digne de sourire à la gloire ;
Et le nom, qui s'avance au temple de la mémoire
Du nom d'une mère escorté,
A des droits plus touchants sur la postérité.

---

[1] L1 : talents

PRÉFACE

Il est peu de personnes qui ne connaissent le poème de *La Mort d'Abel* par Gessner. Cet ouvrage, un des chef-d'œuvres de la littérature allemande, et qui, à quelques longueurs près, serait digne de figurer avec honneur dans la nôtre par la sagesse du plan et l'éloquente simplicité de la diction, cet ouvrage, dis-je, ne peut pas être lu sans faire répandre ces larmes délicieuses, le bienfait des arts imitateurs de la nature. Averti par les pleurs que j'ai toujours versés à sa lecture, j'ai pensé que ce poème, mis en action, produirait encore un plus grand effet. La réflexion m'a confirmé dans l'opinion qu'il possédait les qualités dramatiques autant que les qualités épiques, et qu'il pouvait fournir une tragédie à la fois neuve et pathétique. J'ai osé la tenter ; et cette mine féconde, à mesure que je l'ai fouillée, m'a découvert de nouveaux trésors, et m'a fait sentir tout ce qu'en aurait pu tirer une main plus habile que la mienne.

Cette entreprise a paru plus que hardie : les mœurs du temps, les noms des personnages qu'on s'est plu à rendre ridicules, les traditions qui environnent le sujet et sur lesquelles on a souvent plaisanté, tout faisait regarder la *Mort d'Abel* comme impossible à être mise sur la scène. Sans doute ce sujet présentait au théâtre des obstacles difficiles à vaincre, et les causes, qui paraissaient devoir l'en exclure, étaient des dangers réels, que l'adresse de l'art et la magie de la poésie, qui sait tout embellir, pouvaient seules surmonter ; mais d'un autre côté, que de ressources ! quels avantages faits pour aider le talent le plus faible ! Quelle matière riche en sentiments, en images, en situations ! En effet, ce sujet n'offrait-il pas dans le personnage de Caïn un des rôles les plus énergiques et les plus brillants à tracer, et dans son opposition complète avec celui d'Abel un contraste vraiment théâtral, et dont peu de sujets sont susceptibles ? N'offrait-il pas dans la douceur et dans la tendresse de l'un, dans la haine et la férocité de l'autre, des caractères, des passions qui sont l'âme de la tragédie, un nœud dans les efforts d'Adam pour réconcilier ses deux fils, et dans la mort d'Abel une catastrophe très pathétique, autant par l'intérêt qu'inspire un frère tué de la main de son frère, que par celui qui résulte de l'idée si douloureuse et si imposante du premier meurtre ? N'aperçoit-on pas dans des données aussi heureuses les deux grands ressorts de la tragédie, la terreur et la pitié ?

À ces deux mérites, ce sujet réunissait des avantages qui lui sont particuliers ; je veux dire, des mœurs neuves sur notre théâtre, la peinture de la touchante simplicité de la nature primitive et des objets qui entouraient l'enfance de l'univers, ces tableaux si frappants du néant de l'homme placé auprès de la puissance du créateur, et du deuil des premiers humains pleurant sur la première victime de la mort, enfin cette illusion antique où la poésie aime à s'égarer, où, remontant le cours des âges, elle paraît enveloppée de leur auguste obscurité comme d'un nuage religieux, d'où sa voix semble sortir plus éloquente et plus majestueuse.

Ces accessoires, faits pour rendre l'action encore plus attachante, et donner de l'onction au style, ont contribué à me déterminer. J'ai pensé que les spectateurs, jusqu'aujourd'hui transportés par la tragédie dans le séjour des vainqueurs du monde ou dans la cour des souverains, me suivraient avec plaisir dans une sphère nouvelle, et se verraient avec plus d'intérêt auprès du berceau du genre humain ; j'ai pensé que, dans ce moment surtout où la liberté doit détourner les esprits du luxe et de la corruption pour les ramener vers la simplicité et la vérité, ils préféreraient à l'appareil de la grandeur romaine et de la puissance royale, le spectacle des détails agrestes de la vie de nos premiers parents, à l'urbanité, à l'élégance des mœurs polies, la franchise des mœurs pastorales, et au langage brillant de l'héroïsme, aux élans fastueux d'une nature de convention, les mouvements plus vrais[2] de la nature première, ces affections originelles du cœur humain, ces sentiments nés avec nous qui ont précédé toutes les institutions, et qui reprennent toujours leurs droits sur les hommes rassemblés. J'ai pensé enfin qu'un grand crime, placé à l'époque où les siècles et les crimes ont commencé, frapperait davantage, en faisant mesurer à l'imagination, qui aime à s'étendre, un plus vaste espace.

J'ai suivi la marche du poème de Gessner, qui m'a soutenu dans le sentier glissant où j'entrais pour la première fois ; je l'ai même imité dans un grand nombre de passages. Mais j'ai fait des augmentations considérables, soit pour le développement des caractères qu'il a moins prononcés, soit pour le dialogue, dont un poème ne peut offrir qu'un modèle imparfait, et qu'il m'a fallu créer presque tout entier. Pour adapter ces additions aux imitations, pour faire valoir toute l'originalité du sujet, et saisir toutes les beautés que j'ai pu emprunter à Gessner, j'ai embrassé un système d'exécution que j'ai peut-être très faiblement rempli, mais dont je crois devoir rendre compte.

J'ai semé dans ma tragédie des détails religieux ; on en conçoit aisément le motif. Le premier homme, environné des merveilles de la création, et ne pouvant jeter les yeux autour de lui, sans rencontrer un objet qui flattât ses sens ou son âme, dut rendre sans cesse des actions de grâces au créateur ; et, à chaque surprise, à chaque jouissance, à chaque sensation de plaisir ou d'admiration, ses mains devaient s'élever d'elles-mêmes vers son auteur, qui semblait s'être plu à lui prodiguer ses bienfaits. Les détails religieux étaient donc indispensables dans la *Mort d'Abel* ; mais, comme ils sont ordinairement peu goûtés, j'ai cru leur donner quelque intérêt en les fondant dans l'action, en les présentant comme l'effet du

---

[2] L1 : les mouvements les plus vrais

commerce immédiat qui pouvait exister alors entre Dieu et sa créature, et en les revêtissant d'un appareil analogue à l'enfance du monde.

J'ai, en second lieu, développé beaucoup les caractères, et donné de l'extension aux scènes, pour animer la simplicité de l'action ; et en cela j'ai obéi aux règles de l'art dramatique. Mais, depuis qu'au lieu des tragédies simples et touchantes de nos maîtres et de leurs élèves, on fait des canevas où toutes les scènes sont étranglées, tous les caractères ébauchés, où la marche se précipite, où les combats, les échanges de poignards, les évènements multipliés, les machines, sont prodigués à la place des passions et de la peinture du cœur humain, les développements passent pour des longueurs, et il faut, lorsqu'on les emploie, en démontrer la nécessité et les avantages. J'entends toujours dire, lorsqu'il y a des développements dans une pièce, qu'ils ralentissent l'action : comment ne sent-on pas, au contraire, qu'eux seuls, s'ils sont traités avec éloquence et vérité, la soutiennent et la vivifient, en formant, en graduant, en portant à son comble l'intérêt ? Ces coups de théâtre, qu'amène une intrigue compliquée, et dont les plus ingénieux valent moins et coûtent moins d'efforts, que dix vers de sentiment ou un mot tragique, ces coups de théâtre, dis-je, excitent un moment la curiosité et jamais la sensibilité, les yeux sont frappés, l'esprit quelquefois est satisfait, et l'effet n'en survit point au spectacle. Mais les caractères dessinés dans tous leurs traits, les passions suivies dans leurs détails les plus délicats, le cœur présenté dans ses affections les plus secrètes, les nuances adroitement ménagées, le rapport exact des situations avec les personnages, la chaleur et le naturel du dialogue, la succession progressive des mouvements et des scènes, conduisant par degrés le spectateur aux derniers termes de la terreur et de la pitié, l'attachent, le pressent, l'entraînent, font passer dans son âme toutes les sensations, tous les orages qui agitent celle des personnages, et y laissent ces impressions profondes, ces longues émotions, le véritable but et le triomphe de l'art dramatique.

En troisième lieu, j'ai jeté quelques expressions familières dans la *Mort d'Abel*. On juge que les pensées des premiers humains étaient très ingénues, et leur langage excessivement[3] simple. J'ai donc dû, pour les faire parler conformément à leurs mœurs, rapprocher, autant que me l'ont permis la dignité et le scrupule de la versification française, ma diction du langage ordinaire, et lui donner une autre teinte que celle de nos tragédies, puisqu'aucune n'a présenté des personnages tels que les miens, et placés à une époque aussi reculée. Ainsi j'ai eu soin de n'employer ni les métaphores prises des sciences, ni les images relatives aux arts, ni les mots qu'ont créés la civilisation, les institutions sociales, les changements arrivés dans les mœurs, les progrès de l'esprit humain, rien enfin de cette langue brillante et nombreuse dont s'est composé le coloris du style des grands maîtres, et qui dans la bouche de nos premiers parents leur aurait supposé

---

[3] L1 : extrêmement

des idées qu'ils n'ont pu avoir : je me suis resserré dans la seule expression des images et des sentiments primitifs ; et l'on conçoit que cette obligation de peindre l'homme dans sa nudité morale, m'a conduit nécessairement à quelque naïveté dans les termes et les pensées ; et si l'on veut réfléchir au cercle étroit dans lequel j'étais circonscrit pour associer cette naïveté à la noblesse et à la chaleur qu'exige la tragédie, on sentira ce que la mort d'Abel a dû coûter à écrire.

Il ne faut cependant pas conclure que j'ai dû présenter les premiers humains avec l'ignorance complète où peut-être ils étaient, il n'y aurait pas eu moyen alors que je leur fisse dire une parole. J'ai dû les proportionner au cadre où je les plaçais. Au théâtre, la nature est absolument de choix, et le langage de convention. D'après ce principe, j'ai eu le droit, sans blesser les convenances du sujet, de leur prêter des sentiments et des idées qu'ils ont pu ne pas avoir, mais que la vraisemblance dramatique, la seule admissible sur la scène, m'a permis de leur supposer ; de même que j'ai eu le droit de les faire parler en vers, quoiqu'assurément ni eux, ni aucun des personnages tragiques ne se sont jamais exprimé ainsi. Je crois n'avoir pas besoin d'en dire davantage pour réfuter ceux qui m'ont accusé de ne m'être pas assez renfermé dans la sévérité de mon sujet, et d'avoir employé des expressions[4] et des images déplacées.

J'ai enfin hasardé quelques tableaux qu'on n'a point encore offerts sur le théâtre, pour que le spectacle de cet ouvrage fût aussi neuf que ses mœurs et ses personnages. Quoique ces tableaux tiennent au sujet, qu'ils agrandissent, et soient destinés à faire ressortir les caractères, ils auraient peut-être, il y a quelques années, paru une innovation trop audacieuse ; mais ils devaient aujourd'hui être vus d'un œil favorable. La révolution, ayant appris à tous les citoyens leurs droits et leur grandeur, et les ayant rendu témoins et acteurs de l'événement le plus inattendu, leur a inspiré le goût des choses extraordinaires, et le besoin des émotions fortes. Il faut donc donner plus d'effet et d'énergie à la tragédie, souvent timide et efféminée ; mais, pour y parvenir, il faut aussi lui donner plus de liberté ; non cette liberté dangereuse, qui amènerait sur la scène des monstruosités, et la replongerait dans sa première barbarie ; mais cette liberté sage, qui tend à rejeter les règles de convention, d'où il ne résulte aucune beauté, pour agrandir l'art d'après celle de la raison, de la nature et du génie, à rendre sa représentation plus majestueuse, son caractère plus vrai et plus élevé, en un mot à remplir le précepte qu'a laissé Voltaire, ce grand modèle de l'intérêt théâtral, de relever l'action par la pompe du spectacle, et de parler aux yeux pour agir plus puissamment sur l'âme.

Je remercie MM. les journalistes des éloges encourageants que leur bienveillance m'a donnés, et même de leur censure. Deux critiques cependant ne m'ont pas paru fondées : comme elles me semblent attaquer l'art plutôt que mon

---

[4] L1 : expressions vagues

ouvrage, je crois devoir les combattre ; je ne propose ma réponse que comme un doute que je soumets aux juges éclairés.

La première critique a pour objet le meurtre d'Abel, qui, mis sous les yeux du public, paraît un spectacle plus révoltant qu'attendrissant ; on voudrait qu'il s'exécutât dans la coulisse. Il me semble qu'il en résulterait un défaut beaucoup plus grand. Caïn, en poursuivant son frère pour le frapper, mériterait le reproche d'avoir eu le tems de la réflexion, et se rendrait encore plus odieux qu'en le tuant dans un premier mouvement. De plus, l'effet serait tellement atténué, qu'il n'y aurait plus de terreur, et par conséquent plus de tragédie : *Cela est trop fort*, dit-on : eh ! ce sont précisément ces situations violentes qui constituent la tragédie : plus l'âme du spectateur se serre et ressent d'impressions fortes et déchirantes, plus le but de l'art est rempli. Orosmane poignarde Zaïre sur le théâtre : cette scène ne passe-t-elle pas pour le comble du pathétique ? Cependant ce meurtre n'est pas plus horrible que celui d'Abel ; et assurément un frère qui tue son frère n'est pas plus révoltant qu'un amant qui poignarde sa maîtresse. J'ai toujours pensé que le moment où Horace tue sa sœur, produirait un plus grand effet, s'il la frappait sur la scène. Il ne faut pas se le dissimuler : c'est cette crainte de déployer trop de terreur, c'est ce soin pusillanime de ménager la sensibilité de nos petits maîtres et de nos femmelettes, qui a affaibli la tragédie française, et donné aux théâtres étrangers, d'ailleurs inférieurs au nôtre, l'avantage, par la force des situations et l'énergie des tableaux.

La seconde critique porte sur le choix du sujet, qu'on prétend être sans intérêt ; voici comme on le soutient.

Le meurtre d'Abel ne saurait se justifier ; mais on ne peut disconvenir que la jalousie de Caïn est bien motivée par les tendresses de ses parents, trop inégalement partagées. La partialité de Dieu, au moment du sacrifice, qui est le sceau du raccommodement des deux frères, est si évidemment injuste, qu'égarer l'esprit de Caïn par un songe qui lui a fait voir dans l'avenir l'avilissement de sa race, c'est le pousser au crime pour l'en punir ; et que faire ainsi périr le juste Abel par les mains de son frère furieux, est une action aussi cruellement ridicule que de damner le genre humain pour une pomme : il est donc impossible que l'âme s'attache à une chose que la raison rejette, que l'esprit ne saurait croire, et avant d'être touché, il faut être persuadé.

Il me semble difficile d'assembler plus d'erreurs pour défendre une mauvaise critique ; je crois pouvoir le démontrer.

Il était nécessaire, dans un sujet comme la mort d'Abel, où l'homme est si voisin de la divinité, que la divinité dominât entièrement la pièce, et que l'homme, accablé de sa toute-puissance, ne parût que l'instrument de ses desseins éternels. Il devait même en résulter un grand intérêt. Rien n'attache plus au théâtre que cette influence céleste et cette suite d'évènements surnaturels qui conduisent un être, malgré tous ses efforts, au malheur ou au crime, où son sort l'a condamné. Nous aimons à voir jouer ces ressorts irrésistibles de la fatalité, et se déployer sous nos yeux le spectacle d'une de ses victimes luttant toujours avec sa destinée et toujours subjuguée par elle. Œdipe, Oreste en sont des preuves incontestables. Nous croyons nous retrouver dans ces personnages qui nous rappellent ces mouvements secrets, dont l'ascendant impérieux nous entraîne vers ce que notre raison nous ordonne d'éviter.

À l'égard de la partialité et de l'injustice dont on accuse Dieu envers Caïn, cette objection est sans fondement. Le refus du sacrifice de Caïn est motivé par son absence à la prière, et surtout par l'aveu qu'il fait lui-même après le sacrifice, qu'il n'a jamais aimé son frère.

> *Moi ! va, si dans ce lieu j'ai dit que je l'aimais,*
> *Traître, je t'ai trompé, je ne t'aimai jamais.*

N'est-ce pas assez pour justifier Dieu ?

Mais je dirai plus : que cette rigueur de Dieu soit juste ou non, c'est un fait écrit et connu, et cela suffit pour que j'aie pu le mettre au théâtre, puisque le résultat est dramatique. Eh ! Pourquoi serions-nous choqués d'un pareil ressort ? Pourquoi ne nous prêterions-nous pas sur la scène aux données que nous fournit la Bible, quand nous y admettons sans effort les chimères de la mythologie et les dogmes extravagants de la religion païenne. Dieu, dans la mort d'Abel, blesse-t-il plus la raison et l'équité, que les dieux du paganisme, qui entraînent sans motif le vertueux Œdipe à l'inceste et au parricide, et qui conduisent le bras d'Oreste dans le flanc maternel ; surtout que Diane qui, dans Iphigénie, ordonne à Agamemnon d'immoler sa fille, parce qu'il a tué par hasard une biche qui lui était consacrée. Ces fables, toutes absurdes, toutes révoltantes qu'elles sont, n'empêchent cependant pas qu'on ne voie avec le plus vif intérêt les pièces qui en sont tirées.[5] De tels exemples prouvent combien ce principe de critique, *avant d'être touché il faut être persuadé*, est opposé à l'expérience et à la connaissance du cœur humain : il est de fait, au contraire, que dès que l'âme est émue, elle ne permet pas à l'esprit la réflexion. Non, on ne vient pas au spectacle pour croire, on y vient pour sentir, et on s'y contente d'une vraisemblance idéale. La tragédie, soumise aux effets de l'illusion, aux impressions de l'imagination, aux vues de la poésie, admet tous les faits connus qui leur sont favorables, et quoi qu'en dise le critique, les événements de la Bible sont du nombre de ceux qu'elle doit surtout rechercher, en ce que le commerce immédiat et continuel qu'ils établissent entre l'homme et la divinité parle à l'âme du spectateur, et ajoute une véritable magie au prestige des vers et de la représentation. C'était donc seulement sous le rapport poétique qu'il fallait envisager ce qu'il y a de religieux dans le sujet de la *Mort d'Abel*. Mais il paraît que le critique a une aversion décidée pour tout ce qui est saint : elle s'étend jusque sur *Polyeucte* et *Athalie* qu'il regarde comme des ouvrages *sans charmes* et *dont l'effet est manqué, parce qu'ils sont propres*, dit-il,

---

[5] L1 : la préface s'achève sur cette phrase.

à entretenir un esprit de superstition et d'erreurs. Le critique ne donnerait-il pas lieu de croire qu'il voit dans Corneille et Racine des casuistes, et dans leurs vers des articles de foi ?

Je ne citerai pas le succès que mon ouvrage a obtenu comme preuve de tout ce que j'ai avancé ; je ne dissimule pas que je le dois à l'indulgence que le public témoigne toujours pour un premier ouvrage, et au jeu sublime des acteurs. Je ne me permets même d'en parler que pour leur en faire hommage. Depuis longtemps une tragédie n'a été jouée avec autant de supériorité et d'ensemble. M. Saint-Prix a déployé dans le rôle de Caïn une vérité, une chaleur, une énergie, une profondeur, qui sont au-dessus de tous les éloges. M. Dupont a répandu dans le rôle d'Abel tout ce charme, ce naturel aimable, cette sensibilité vraie et pénétrante qui caractérisent son talent, et qui lui donnent dans chaque spectateur moins un admirateur qu'un ami. M. Vanhove a marqué celui d'Adam du caractère le plus touchant et le plus vénérable. Mlle Thénard et Mlle Fleury ont joué les rôles de Thirza et de Méhala aussi bien qu'ils pouvaient l'être. Mais il n'y a pas d'expression pour rendre la bienveillance avec laquelle Mlle Raucourt, sentant que sa présence seule serait utile à l'ouvrage, a accepté le rôle d'Ève, son adresse à relever le peu d'importance de ce rôle par le plus beau développement de ses avantages extérieurs, et une pantomime très pittoresque, enfin le zèle empressé qu'elle a mis à défendre constamment mes intérêts, avant et depuis la représentation. Ses talents m'avaient appris à l'admirer, ses procédés m'apprennent à la chérir.

LA MORT D'ABEL

TRAGÉDIE

PERSONNAGES

ACTEURS

ADAM	M. Vanhove
ÈVE	M.lle Raucourt
CAÏN	M. Saint Prix
ABEL	M. Dupont
MÉHALA, *femme de Caïn*	M.lle Thénard
THIRZA, *femme d'Abel*	M.lle Fleury

DEUX ENFANTS DE CAÏN
DEUX ENFANTS D'ABEL

La scène se passe dans la Mésopotamie, à quelque distance du Paradis terrestre, autrement appelé le Jardin d'Éden.[6]

---

[6] Ms : *autrement appelé l'Éden.*

LA MORT D'ABEL

TRAGÉDIE

ACTE PREMIER.

Le Théâtre représente un paysage riant, et qui se ressent du temps primitif du monde et du voisinage du Paradis terrestre. On voit trois cabanes rustiques parmi des bosquets et des arbres asiatiques. Le jour est près de paraître.[7]

Scène I.

Abel, Thirza.[8]

THIRZA, *suivant Abel qui sort de sa cabane.*
L'aurore luit à peine, où vas-tu, cher Abel ?
Où vas-tu, cher époux ? avant qu'à l'Éternel
Du genre humain naissant la famille première
Du matin dans ces lieux adresse la prière,
Pourquoi donc t'arracher aux douceurs du sommeil ?
Le premier dans ces champs, où l'Orient vermeil
Va semer par degrés la lumière et la vie,
Veux-tu voir le réveil de la terre embellie ?[9]
L'oiseau muet sommeille à la branche attaché ;
L'hôte assoupi des bois dans son antre est couché :
Adam, Ève, Caïn, l'univers dort encore ;
Veux-tu les devancer pour saluer l'aurore ?

ABEL.
Oui sans doute, Caïn est encore endormi :
Ô ma chère Thirza, que puisse un songe ami,

---

[7] Ms : *La scène représente un vallon riant où l'on voit çà et là des cabanes rustiques et des bosquets. Le jour est près de paraître.*
[8] Ms : *Abel (2), Thirza (1).*
[9] Ms : [– Pourquoi, loin d'une épouse aux premiers feux du jour, / Fuir du sein du sommeil et des bras de l'amour ? / Le premier, dans ces champs où blanchit l'ombre obscure, / Veux-tu voir les coteaux reprendre leur verdure, / Les fleuves, les ruisseaux, leur éclat argenté, / Et les fleurs, leurs parfums, et les cieux, leur clarté, / Enfin ce grand réveil de la nature entière / Qu'au lever du matin ramène la lumière] [+ Pourquoi donc t'arracher aux douceurs du sommeil ? / Le premier dans ces champs où l'Orient vermeil / Va semer par degrés la lumière et la vie ; / Veux-tu voir le réveil de la terre embellie ?]

À mes empressements le rendant moins contraire,
Lui faire à son réveil chercher les bras d'un frère !

THIRZA.

Caïn, mon cher Abel, depuis longtemps t'a fui :
Crois-tu que dans ton sein il revole aujourd'hui,
Lui qui, ne respirant que haine et que colère,[10]
À mépriser tes pleurs semble toujours se plaire?

ABEL.

Ô Dieu, maître des cœurs comme de l'univers,
Si du haut de ce trône élevé sur les airs
Tu daignes, oubliant les fautes de mon père,
D'un des fils du pécheur entendre la prière,
Si des premiers humains la triste inimitié
Doit de leur Créateur éveiller la pitié,
De mon frère égaré fléchis la haine injuste ;[11]
Fais que de la nature il suive l'ordre auguste,
Et, me rouvrant son cœur qui m'est encore fermé,
Il aime enfin Abel comme il en est aimé.

THIRZA.

Ne crois jamais d'un frère obtenir la tendresse :
Ne le connais-tu pas, Abel ? Plein de rudesse,
Altier, sombre, jaloux, soupçonneux, emporté,
N'estimant que la force et que l'austérité,
La douceur à ses yeux n'est rien que la mollesse ;
Une larme, un souris lui semble une faiblesse !
Il fuit l'aspect des siens autant que[12] le repos :
On ne le voit jamais errer sur ces coteaux,
Dans ces vallons fleuris,[13] sous ces riants ombrages ;
Il court au fond des bois, près des antres sauvages,
Aux lieux où la nature, austère comme lui,
Semble être de moitié dans son secret ennui,
Où l'horreur des aspects, jointe a la solitude,
Nourrit de ses chagrins la noire inquiétude.
C'est peu ; de tes vertus, de ton bonheur jaloux,
Affligé de l'amour qu'Abel obtient de nous,[14]

---

[10] Ms : Lui qui, plein d'un courroux qu'aucun égard ne touche,
[11] Ms : De mon frère pour moi détruit la haine injuste,
[12] Ms : ainsi que
[13] Ms : champs pleins de fleurs
[14] Ms : [– Malheureux] [+ Affligé] de l'amour que nous te montrons tous,

Il nous en fait toujours un reproche farouche ;
Toujours, la raillerie ou l'insulte à la bouche,
Aux doux soins que de toi reçoivent les troupeaux,
À la tranquillité de tes simples travaux,
Il oppose les siens plus forts et plus utiles,
Et par son bras nerveux les champs rendus fertiles,[15]
Cette jalouse humeur, que tu ne vaincras pas,
Sans cesse entre vous deux doit semer les débats.
Il te hait, il t'évite,[16] évite-le de même.
Laisse-le, cher Abel, ennemi de lui-même,
S'il trouve dans la haine un funeste plaisir,
De ses cruels chagrins se repaître à loisir ;
Et, lorsqu'il ose fuir ta tendresse insultée
Loin de venir baigner notre couche attristée
De pleurs qui sont perdus, et pousser dans mes bras
De vains gémissements que l'ingrat n'entend pas,[17]
Rends froideur pour froideur, garde un calme paisible
Sache te faire un cœur à sa haine insensible.
De moi dans ce moment[18] je n'ose te parler,
Peut-être ta Thirza devrait[19] te consoler,
Abel ; mais tes parents qui t'aiment, qui[20] t'honorent,
Ta sœur qui te chérit, tes enfants qui t'adorent,
Le Seigneur qui toujours voit d'un œil de bonté
L'encens de tes autels vers son trône monté,
Ces beaux lieux, de Caïn tout devrait te distraire.

ABEL.

Non, il me faut encore l'amitié de mon frère ![21]
Je l'avouerai, ces lieux, où règne le bonheur,
Mon encens honoré des regards du Seigneur,

---

[15] Ms : [*Bon* Toujours, la raillerie ou l'insulte à la bouche, / Aux doux soins que de toi reçoivent les troupeaux, / À la tranquillité de tes simples travaux, / Il oppose les siens plus forts et plus utiles, / Et par son bras nerveux les champs rendus fertiles.]
[16] Ms : il te fuit
[17] Ms : [*Bon* De ses cruels chagrins se repaître à loisir ; / Et, lorsqu'il ose fuir ta tendresse insultée / Loin de venir baigner notre couche attristée / De pleurs qui sont perdus, et pousser dans mes bras / De vains gémissements que l'ingrat n'entend pas,]
[18] Ms : De ta chère Thirza
[19] Ms : Peut-être je devrais savoir
[20] Ms : et
[21] Ms : frère ! / [– Je ne puis, quelques maux qu'il me fasse souffrir, / Commander à ce cœur de ne le point chérir. / Ne me conseille pas, Thirza, l'indifférence. / Tu sais trop que j'en crains jusqu'à l'apparence.]

De mes jeunes enfants les transports, les caresses,
Et de mes vieux parents les touchantes tendresses,
Et surtout ton amour, trésor de ton époux,
Sans doute pour Abel[22] sont des plaisirs bien doux ;
Mais si fuyant mes bras mon frère me rejette,
Je n'ai, même avec toi, qu'une joie inquiète ;
Je suis moins satisfait des divines bontés,
Et ces champs à mes yeux semblent désenchantés.
Ô temps de notre enfance ! ô tendresse première !
Moments plus doux ![23] Caïn aimait alors son frère ![24]
Alors il unissait ses plaisirs à mes jeux ;
À raffermir nos pas nous nous aidions tous deux ;
Nous nous confions tout, plaisirs, espoir, alarmes ;
La main d'un frère, hélas ! seule essuyait nos larmes ;
Dans les bras l'un de l'autre on nous voyait toujours :
À présent, jours[25] affreux si loin de ces beaux jours,
Il ne m'oppose plus qu'une froideur funeste.
Il m'évite, il me craint, peut-être il me déteste !
Moi je le suis toujours, toujours il fuit mes pas,
Et ses regards vers moi[26] ne se détournent pas.
Reviens, ingrat, abjure une haine cruelle ;
Va, ce n'est point un cœur qui te cherche et t'appelle
Pour venger des affronts si longtemps essuyés,
C'est ton frère tout prêt de tomber à tes pieds.

THIRZA.

L'épouse de Caïn approche toute en larmes.

---

[22] Ms : Sans doute pour mon cœur
[23] Ms : Jours plus heureux !
[24] Ms : [- ;] [+ !]
[25] Ms : À présent, temps
[26] Ms : [- Et ses regards vers moi] [+/- Et même ses regards]

Scène II.

Abel, Thirza, Méhala.[27]

ABEL.
Méhala, qu'avez-vous ? quelles sombres alarmes
Se peignent dans vos yeux ?

MÉHALA.
　　　　　　Ô trop heureux époux,
Que, s'il ne vous aimait,[28] mon cœur serait jaloux !
Vous passez dans la paix vos heures fortunées,
Tandis que dans les pleurs se perdent mes journées.

ABEL.
Quels sont donc vos ennuis?

MÉHALA.
　　　Mon frère!...

ABEL.
　　　　　　　　Répondez.

MÉHALA.
Caïn est mon époux, et vous le demandez !
Je l'aime :[29] n'est-il pas cruel pour ma tendresse
De voir qu'à l'âge heureux où brille la jeunesse,
Caïn, dont j'espérais embellir les destins,
Abandonne ses jours à d'éternels chagrins ?[30]
Combien pour Méhala cette nuit fut horrible !
Tout à-coup il s'éveille avec un cri terrible,[31]
S'élance de son lit, et se frappe le sein
Déchire en se[32] roulant la terre de sa main ;
Et furieux, bravant les vengeances suprêmes,
Vomissant contre Dieu les plus affreux blasphèmes

---

[27] Ms : *Abel (3), Thirza (1), Méhala (2).*
[28] Ms : Que, s'il vous aimait moins
[29] Ms : Je l'aime !
[30] Ms : chagrins ? / [– Que de mes sentiments les plus doux témoignages / Ne puissent de son front éclaircir les nuages ! / Non qu'envers moi jamais il se soit oublié ! / Il a pour Méhala les jours de l'amitié, / Mais il me fait souffrir de sa propre infortune / Que mon ardent amour entre nous rend commune, / Tous mes jours sont flétris de sa sombre douleur ; / Et ses gémissements répondent à mon cœur.]
[31] Ms : horrible
[32] Ms : s'y

Invoque le tonnerre, appelle le trépas ;
Je craignais que l'enfer ne s'ouvrit sous ses³³ pas,
Je craignais que de Dieu, sur sa tête lancée,
La foudre n'exauçât sa demande insensée,
Et, pour laisser au monde un exemple éternel,
N'embrasât avec lui notre toit criminel.³⁴
Avec mes deux enfants à ses pieds prosternée,
Je tâche d'apaiser sa fureur effrénée ;
Il rejette soudain³⁵ mes vains empressements ;
Il s'échappe, en poussant de longs gémissements,
Pareils aux hurlements des animaux sauvages
Qui du creux des forêts infestent les ombrages
Il fuit ; moi quelque temps je marche sur ses pas,
En l'appelant encore,³⁶ en lui tendant les bras ;
Mais, d'un pied plus rapide emporté dans sa fuite,
Il me force à la fin³⁷ de cesser ma poursuite ;
Je m'arrête accablée, et je ne le vois plus.
Je revenais, pleurant mes efforts superflus,
Quand vous avez tous deux³⁸ soudain frappé ma vue ;
De deux amis si chers la rencontre imprévue
A flatté ma tristesse, et vers vous j'ai volé
Pour épancher les maux de ce cœur désolé…
Ah ! j'en avais besoin !

ABEL.

Je trouverais des charmes
À sécher, Méhala, vos vertueuses larmes ;
Mais, d'un secret effroi sur sa fuite frappé,
De Caïn seulement je puis être occupé :
Que fait-il ?³⁹ ah ! sans doute épuisé par la rage
Il tombe évanoui sur un rocher sauvage,
Ou, si son excès même y soutient ses esprits,
La voix des noirs torrents répond seule à ses cris…

---

³³ Ms : son
³⁴ Ms : [*Bon* Je craignais que de Dieu, sur sa tête lancée, / La foudre n'exauçât sa demande insensée, / Et, pour laisser au monde un exemple éternel, / N'embrasât avec lui notre toit criminel.]
³⁵ Ms : bientôt
³⁶ Ms : toujours
³⁷ Ms : bientôt
³⁸ Ms : Quand tous deux vous avez
³⁹ Ms : [– Que fait Caïn ?] [+ Que fait-il ?]

C'est la voix d'un ami qu'il lui faudrait entendre !
Que ne sais-je en quel lieu je pourrais le surprendre !
J'irais, de mes secours lui présentant l'appui,
Apaiser ses transports ou gémir avec lui ;
Il connaîtrait son frère[40] ! il verrait si je l'aime...[41]
Que dis-je, quand, séduit par ma tendresse extrême
Je crois voir par mes soins son courroux apaisé,
Peut-être est-ce moi-même, hélas ! qui l'ai causé ?
Je dois toujours former[42] cette funeste crainte !...[43]
Ah ! parlez, Méhala, répondez-moi sans feinte...
Ne craignez rien... je sais... que j'en suis détesté.
Vous pouvez m'avouer la triste vérité,
Oui, parlez... suis-je encore[44] l'objet de sa colère ?

MÉHALA.

Méhala, cher Abel, ne peut vous satisfaire,
Dois-je de mon époux révéler les secrets ?

ABEL.

Je vous entends assez... mes soupçons sont trop vrais.
Ah! Dieu !

MÉHALA.

      Sur votre front quel trouble vient de naître ?
Ah ! si Caïn souvent paraît vous méconnaître,
De grâce, cher Abel, n'en soyez point aigri ;
Ne lui retirez pas le cœur qui l'a chéri ;
Et surtout du Seigneur, à tous vos vœux propice,
Contre Caïn jamais n'invoquez la justice.

ABEL.

Moi ! ma sœur ! eh ! ma bouche ici même, aujourd'hui,
Avant que vous vinssiez, implorait Dieu pour lui ;
Et, si la main divine à le perdre était prête,
Entre la foudre et lui j'irais placer ma tête.
Moi ! cesser de l'aimer ! n'ayez point cet effroi :[45]

---

[40] Ms : mon cœur
[41] L1 : Il connaîtrait son frère, il verrait si je l'aime...
[42] Ms : sentir [+/- avoir] ; L1 : avoir, L2 : avoir, signalé dans l'*Errata* comme à corriger en : former
[43] L1 : funeste crainte...
[44] Ms : [– Oui,] parlez... suis-je toujours
[45] L1 : Moi ! Cesser de l'aimer, n'ayez point cet effroi ;

Chérir toujours mon frère est un besoin pour moi !
Je n'ai point son adresse et sa force en partage,
Je n'ai reçu qu'un cœur, c'est mon seul avantage,
Mais le cœur le plus tendre, et qui n'est animé[46]
Que du désir si doux d'aimer et d'être aimé.
J'attends ici Caïn : aussitôt qu'il s'approche,
Je vole dans ses bras sans plainte, sans reproche[47]
Et lui dis, pour calmer son injuste courroux,[48]
Ce que l'amour d'un frère inspire de plus doux ;
Dans le fond de son cœur je cherche la nature ;
Je l'y trouverai !…[49] l'aube a chassé l'ombre obscure,
Le jour naît, l'heure approche où l'homme dans ce lieu
Fait monter sa prière au trône de son Dieu :
Caïn sans doute ici va revenir pour elle,
Et ma tendresse alors…

     MÉHALA, *d'une voix tremblante.*
 La prière…

     ABEL.
    L'appelle ;
Il n'y manqua jamais !

     MÉHALA.
  Ah ! je crains…

     ABEL.
     Quoi ? ma sœur !
Il pourrait dérober ses vœux au Créateur ![50]

     MÉHALA.
Eh ! je connais Caïn, ma crainte est légitime ;
Je redoute pour lui la peine d'un tel crime.
Ah ! malheureux époux !

     THIRZA.
    Nos pareils et nos fils,
Pour prier dans ces lieux s'avancent réunis.
Je n'y vois point Caïn !

---

[46] Ms : enflammé
[47] L1 : sans plainte et sans reproche
[48] Ms : Sans permettre à tous deux ni plainte ni reproche, / Je l'embrasse, et lui dit, tombant à ses genoux,
[49] L1 : Je l'y trouverai…
[50] Ms : [− son hommage au Seigneur !] [+ ses vœux à son auteur ?]

ABEL.
Dieu, qu'offense mon frère,
Dieu, détourne aujourd'hui tes regards de la terre !

MÉHALA, *à Thirza*.
Ô vous, sœur de Caïn, devenez son appui,
Daignez avec sa femme implorer Dieu pour lui.

THIRZA.
Oui ma sœur, je ressens votre douleur profonde.

Scène III.

Adam, Ève, Abel, Thirza et ses enfants, Méhala et ses enfants.[51]

ADAM.
Ô vous, premiers humains, d'où sortira le monde,
Enfants d'Ève et d'Adam, enfants nés de mes fils,
Le sommeil quitte enfin nos sens appesantis,
Et les songes légers, dont nous berçaient les ombres,
Vont les rejoindre au fond des antres les plus sombres.
Notre raison, qui dort quand notre œil est fermé,
Se réveille avec nous, et son feu rallumé
À l'esprit presqu'éteint rend sa clarté première,
Comme l'aurore au monde a rendu la lumière.
Tristes pécheurs, bannis d'un séjour de bonheur,[52]
Offrons d'un cœur contrit les soupirs au Seigneur,
Et prions-le de tendre une main protectrice
À l'homme errant toujours dans les sentiers du vice.
Mais Caïn ne vient pas ! je n'attends plus que lui :
Pourquoi retarde-t-il la prière aujourd'hui ?
Méhala, dans quels lieux est-il ?

---

[51] Ms : *Adam (2), Ève (3), Abel (5), Thirza (1) et ses enfants, Méhala (4) et ses enfants.*
[52] Ms : lumière. / [– Elle renaît en nous pour prier l'Éternel. / Eh ! Comment lui ravir ce tribut solennel ? / Tout ce qui vit lui rend un libre et pur hommage, / Et l'homme que ses mains ont fait à son image, / Dont l'âme est un rayon de sa divinité, / Qui reçoit tous les jours les dons de sa bonté, / Quand chaque être à ses yeux célèbre sa puissance, / Pourrait-il garder seul un coupable silence ? / Non, il doit le premier célébrer son auteur. / Louons, ô mes enfants louons le Créateur. / Mais pourrons-nous chanter dignement ses louanges ! / Cet honneur glorieux n'appartient qu'aux anges, / Le sublime concert des esprits sacrés / Et de leur harpe dont les accords épurés / Mieux que nos faibles sons célèbrent ses merveilles, / Mais notre voix encore peut flatter ses oreilles, / Tristes pécheurs bannis d'un séjour de bonheur,] [+ Tristes pécheurs bannis d'un séjour de bonheur,]

MÉHALA.
Il est sans doute,
Mon père, dans les champs dont il a pris la route.

ADAM.
Il va venir bientôt ?

MÉHALA.
Je l'ignore.

ADAM.
Comment !
Tu l'ignores, ma fille ?... Ah ! quel pressentiment
S'élève tout-à-coup dans mon âme inquiète !...
Il pourrait... réponds-moi.... Quoi, tu restes muette !...
Caïn ne viendra point[53]... Ô crime ! ô derniers coups !

ÈVE, *à part*.[54]
Triste fruit de ma faute !

ADAM.
Ah ! mon juste courroux...

MÉHALA.
Mon père, vous savez, sa sombre inquiétude
De nos bois écartés cherche la solitude ;
Il craint de confier les peines qu'il ressent,
Et c'est pour souffrir seul que Caïn est absent.
Pardon.

ADAM.
D'un long courroux un père est-il capable ?[55]
Veuille Dieu, comme moi,[56] pardonner au coupable !

ÈVE.
Sans doute c'est encore sa haine pour Abel...
Le jour naît,[57] et Caïn est déjà criminel !

ADAM.
Prions donc, mes enfants, sans Caïn.

---

[53] Ms : Caïn ne viendra donc pas !
[54] Ms : [> *à part*.<]
[55] Ms : !
[56] Ms : Veuille Dieu comme moi
[57] Ms : !

ABEL.

Ah ! mon père,
Daignez attendre encore, je cours chercher mon frère.
Je vois avec douleur qu'à la prière absent,
Il arme contre lui le bras du Tout-puissant ;
Je vole prévenir sa faute et sa disgrâce.
Je ne sais où mes pas découvriront sa trace,
J'ignore quel chemin vers lui me conduira,
Mais mon guide est mon cœur, ce cœur me l'apprendra.
Je trouverai Caïn ; et, d'une loi sacrée
Rappelant le respect à son âme égarée,
L'enlevant, s'il le faut, sur[58] ce sein fraternel,
Je vais le ramener aux pieds de l'Éternel.

MÉHALA.

Ah ! généreux Abel !

ÈVE.

Eh ! comment le barbare
N'est-il donc pas touché d'une vertu si rare !
Quoi ! tu peux, toi, l'objet de son inimitié !…

ABEL.

Il est près de l'abîme, ah ! j'ai tout oublié !
Je ne vois plus ses torts, quand son danger m'appelle,
Et je cours soutenir sa vertu qui chancelle.
Vous attendrez, mon père ?

ADAM.

Oui, j'en donne ma foi ;
Va,[59] vole, et puisses-tu l'amener avec toi.

Abel sort.

---

[58] Ms : [– dans] [+ sur]
[59] Ms : [– Va] [+ Cours]

Scène IV.

Adam, Ève, Méhala et ses enfants, Thirza[60] et ses enfants.

ADAM.

Voilà Caïn !... hélas ! c'est donc peu que sans cesse
Sa haine afflige[61] Abel dont il a la tendresse,
Il ose encore braver le Maître des humains !
Veut-il donc irriter dans ses terribles mains
Les foudres suspendus sur nos têtes coupables ?
J'ai deux fils ! Que leurs cœurs sont loin d'être semblables !
Si l'un vertueux, tendre, à me plaire assidu,
Semble un ange de paix près de moi descendu,
L'autre dur, envieux, dans ses transports funestes
Semble être un instrument des vengeances célestes,
Et d'un tourment cruel accablant[62] mes vieux jours,
Toujours blesse ce cœur qu'Abel guérit toujours
Mais ne sois point, Adam, étonné qu'il t'opprime ;
Ses vices, sont[63] la peine et le fruit de ton crime.

ÈVE.

Non, des chagrins, qu'un fils ose ici te causer,
Ce n'est pas lui, c'est moi que tu dois accuser,
Moi, qui fus plus coupable en devenant féconde.

ADAM.

Eh ! pourquoi donc toujours dans ta douleur profonde
Te reprocher les maux que ton époux ressent ?
Quel crime as-tu commis dont je sois innocent ?
Va, tu fus seulement coupable la première.

ÈVE.

Voilà[64] ce qui me rend ma peine plus amère !
Tout dit à mon amour, de ton sort consterné,[65]
Que je t'ai dans l'abîme à jamais entraîné.
Ah ! dans ce bel Éden, dans ce riant asile
Dont Dieu créa pour nous la retraite tranquille,

---

[60] Ms : *Adam (3), Ève (2), Méhala (4) et ses enfants, Thirza (1)*
[61] Ms : [- accable] [+ afflige]
[62] Ms : [- accablant] [+ attristant]
[63] L1, L2 : Ses vices sont
[64] Ms : [- Voilà] [+ C'est là]
[65] Ms : Et ton chagrin rappelle à mon cœur consterné

Où les dons de ses mains prévenaient[66] nos désirs,
Où la douce[67] innocence épurait nos plaisirs,
Nous coulions d'heureux jours dans une paix profonde ;
Moi seule j'ai perdu toi, nos fils, et le monde !
Ô jour[68] ! ô châtiment !... Sur le trône des airs
Je vois, je vois ce Dieu, le front armé d'éclairs,
Descendre, pour juger ses faibles créatures ;
J'entends sa voix terrible, accusant nos parjures,
Nous annoncer la mort, dont il étend les coups
Sur tout ce genre humain qui doit naître de nous.[69]
Vous que frappe déjà sa sentence suprême,
Ô[70] mes enfants, vengez l'univers et vous-même !
Mon forfait contre moi doit tous vous réunir :
Maudissez-moi.

       MÉHALA.
    Qui ? nous !... nous venons vous bénir.
Perdez ce souvenir dont l'image nous blesse :
Ah ! ces biens, qu'a détruits un instant de faiblesse,
Votre amour les rend tous à vos enfants charmés,
Votre cœur dans l'Éden nous eût-il plus aimés ?

       ÈVE.
Non sans doute ; et faut-il qu'un séjour plein de charmes...

       THIRZA.
Abel revient.

       ÈVE.
    Quoi ! seul ! et l'œil noyé de larmes !

---

[66] Ms : [*Ajouté* comblaient tous]
[67] Ms : [*Ajouté* seule]
[68] Ms : [− jour] [+ crime]
[69] Ms : de nous. / [[− *Bon* Je vois l'ange agiter sa flamboyante épée, / Aux portes de l'Éden sur nous développées / Ô tristes descendants de ma faute accablés, / Au crime, au châtiment en naissance appelés] [− Vous ne pourrez charger que mon nom d'anathème] [+ Vous qui portez le poids de cet arrêt suprême,]]
[70] Ms : [− Vous] [+ Ô]

Scène V.

Adam, Ève, Méhala et ses enfants, Thirza et ses enfants, Abel.[71]

ADAM, *à Abel.*

Tu n'as point rencontré ton frère ?

ABEL.

Plût au Ciel !
Il ne m'eût point porté le coup le plus cruel.
Hélas !

ADAM.

Que t'a-t-il fait ?

ABEL.

Près de cette retraite
Je le trouve abîmé dans une horreur muette.
Je vole l'embrasser, vous connaissez mon cœur ;
Je lui dis qu'on l'attend pour prier le Seigneur :
Je n'ose répéter sa réponse farouche ;
Mais pour prix de ce soin, la menace à la bouche,
La fureur dans les yeux, il me ferme ses bras,
Il me commande à moi ! de fuir toujours ses pas
Et s'échappe en laissant dans mon âme éplorée
Le trait[72] empoisonné dont elle est déchirée…
Il n'aimera jamais le malheureux Abel !

ADAM.

L'ingrat ![73] il fuit son frère ! outrage l'Éternel !
Ne craint-il point pour lui l'exemple de ma chute ?
Il perd l'appui du Ciel ;[74] et faible, seul, en butte
Aux pièges renaissants de l'esprit suborneur,
Pourra-t-il, si pour guide il n'a plus le Seigneur,
S'avancer d'un pas ferme aux bords des précipices ?
Ô jour,[75] jour commencé sous de pareils[76] auspices,
Comment finiras-tu !

---

[71] Ms : *Les précédents, Abel (4).*
[72] L1 : ce trait
[73] Ms : Quel cœur !
[74] Ms : Il [– perdra son secours] [+ perd l'appui du Ciel]
[75] L1 : Ô jour !
[76] L1 : ces tristes ; L2 : ces tristes, signalé dans l'*Errata* à corriger en : de pareils

ABEL.

Caïn !

ADAM.

Je vais le voir.
Peut-être mes avis sauront-ils l'émouvoir,
Peut-être rallumée à ma voix paternelle,
La sainte piété, l'amitié fraternelle
Renaîtra dans son cœur.

ABEL.

Vous daignerez pour moi…

ADAM.

Sois sûr que, s'il m'écoute, il reviendra vers toi.[77]
Prions Dieu, mes enfants, de seconder un père.
(Ils se mettent tous à genoux excepté Adam.)
Ô Dieu, Caïn, fuyant ta route et ta lumière,
Te ravit ce tribut de respect et d'amour
Que l'homme à son réveil doit t'offrir chaque jour.
Je vais à son devoir rappeler le coupable.
Toi, si dans ce séjour, où ta main redoutable
M'a banni loin d'Éden, pour les humains perdu,
Ton regard sur Adam est toujours descendu,
Si, toujours modérant l'arrêt de ta colère,
Les dons de ta clémence ont charmé ma misère,
Joins à tous tes bienfaits, joins une autre bonté ;
Fais que d'un fils cruel je dompte l'âpreté ;
Dieu prête à mes discours un charme qui le touche,
Ouvre à ma voix son âme insensible et farouche,
Rends ce fils à son frère, à nous, à ton autel,
Et que Caïn changé devienne un autre Abel.

Fin du premier acte.

---

[77] L1 : Sois sûr que s'il m'écoute il reviendra vers toi.

ACTE SECOND.

La scène représente une plaine où l'on voit les traces de l'agriculture naissante, et dans l'enfoncement deux autels dressés sur une élévation à une assez grande distance l'un de l'autre. Caïn, une bêche à la main, laboure : le soleil est ardent.[78]

Scène I.

CAÏN, *seul.*

Travailler et haïr, voilà donc mon partage !
Courbé dès le matin sur ce pénible ouvrage,
De mes seules sueurs dont il est inondé,
Ce stérile sillon semble être fécondé.
Le poids de la chaleur m'accable et me dévore.
Que fait en ce moment cet Abel qu'on adore ?
Tranquille, il goûte à l'ombre un indolent repos,
Ou fredonne des airs auprès de ses troupeaux.
Cependant, quand le soir au sein de nos demeures
Du sommeil qui me fuit ramenera les heures,
Abel sera comblé de cent marques d'amour ;
Et moi, qui pour les miens travaille tout le jour,
J'irai, sans ces transports qu'à lui seul on prodigue,
De mes membres lassés reposer la fatigue.
Voilà, voilà le prix des efforts de mon bras !
Tu travailles, Caïn, pour nourrir des ingrats !
Laisse cet instrument à ton bonheur contraire.
     (Il jette sa bêche loin de lui.)
Je viens de le revoir cet exécrable frère
Dont on vante toujours les vertus et le cœur :
Quel air efféminé que l'on nomme douceur !
Quel ton plein de mollesse où l'on trouve des charmes !
Il ne sait que chanter et répandre des larmes !
Qu'avec dédain, par lui, je me suis vu prié !
Qu'il me paraissait faible !… il me faisait pitié !
Il est heureux pourtant, et rien ne le chagrine !
L'amour de sa famille et la faveur divine,
Sa faiblesse elle-même et ses goûts nonchalants
Tout conspire au bonheur de ses jours indolents !
Et moi, mortel créé dans un jour de colère,

---

[78] Ms : [> : *le soleil est ardent.* <]

Haï de Dieu, haï de ma famille entière,[79]
Malheureux de l'amour à mon frère accordé,
Toujours de noirs pensées et d'ennuis obsédé,
Regrettant le néant, maudissant ma naissance,
Fatigué du fardeau[80] de ma triste existence,
N'obtenant qu'avec peine un sommeil douloureux,
Et l'achetant encore par des songes affreux,
Enfin, réduit sans cesse[81] à ce malheur extrême
D'abhorrer[82] la nature, et les miens et moi-même,
Mes jours, mes sombres jours, à gémir occupés,
M'apportent des enfers les maux anticipés.
Voilà, trop faible Adam, ton ouvrage funeste !
Si tu n'avais trahi la volonté céleste,
Tous tes enfants vivraient, sous un ciel enchanté,
Dans la paix, l'innocence et la félicité ;
Je n'aurais pas, du moins, à plaindre ma misère…
Mais je crois que toujours j'abhorrerais mon frère.
J'abhorre le Dieu même à qui ce frère a plu ;
Je ne l'ai point prié ; je l'eusse en vain voulu ;
Trop certain que jamais mon malheur ne le touche,
La prière eût soudain expiré dans ma bouche.
Quel jour ! que cet éclat importune mes yeux !
Ô réveil de la terre, ô soleil radieux
Qui revêt l'univers de ta splendeur céleste,
Le faible Abel t'admire, et moi, je te déteste ;
La sombre horreur des nuits plaît mieux à mes chagrins.

Scène II.

Caïn, Adam.[83]

ADAM.

Caïn[84] ?

CAÏN.

Ciel ! c'est Adam… ô père des humains,
Mon père, quel courroux dans vos yeux se déploie ?

---

[79] L1 : de la nature entière
[80] Ms : [- Fatigué du fardeau] [+ Accablé sous le poids]
[81] Ms : Enfin, toujours réduit
[82] Ms : De haïr
[83] Ms : *Caïn (2), Adam (1)*.
[84] Ms : Mon fils

La présence d'Abel y fait naître la joie !
Le reproché est déjà sur ce front irrité !

               ADAM.
Tu le lis sur mon front, tu l'as donc mérité !
Oui, le chagrin m'amène...

               CAÏN.
               Et non l'amour, mon père !
Ce tendre sentiment n'était dû[85] qu'à mon frère !

               ADAM.
Non, c'est aussi l'amour ; et pourquoi, comme Abel,
Ne serais-tu pas cher à ce cœur paternel ?[86]
N'es-tu donc pas mon fils ? et comme dans les siennes,
N'est-ce donc pas mon sang qui coule dans tes veines ?
Je t'aime autant que lui, vous êtes tous les deux
Le charme de mon cœur, le plaisir de mes yeux.
Mais c'est toi, toi, cruel, qui n'aimes pas ton père !
Tes plaintes, tes chagrins, ta haine pour ton frère
Toujours devant mes yeux de larmes arrosés
Offrant l'affreux tableau de mes fils divisés,
Empoisonnent mes jours, et rouvrant ma blessure,
Redoublent mes remords et l'horreur que j'endure.
Que Dieu frappe à son gré, justement irrité,
L'ouvrage de ses mains qui trahit sa bonté,
Je courbe avec respect ma tête criminelle ;
Mais toi, dont mes malheurs, ma bonté paternelle,
Auraient dû désarmer l'orgueil[87] trop endurci,
Que t'ai-je fait, ingrat, pour m'accabler aussi ?[88]
Parle, ôte-moi le trait dont mon âme est atteinte.

               CAÏN.
N'entendrai-je jamais que reproche et que plainte ?
Et ne me verrez-vous que d'un œil prévenu ?
Le malheureux Caïn doit vous être connu :
               (Avec contrainte.)[89]
Mon père, je vous aime... et ne hais point mon frère ;
Mais vous le savez bien ; mon âpre caractère

---

[85] Ms : [- n'appartient] [+ n'était dû]
[86] L1 : Ne serais-tu pas cher à ce cœur paternel !
[87] Ms : le cœur
[88] L1 : accabler ainsi ?
[89] Ms : [> *(Avec contrainte.)* <]

Vers les plus forts travaux m'a toujours emporté ;
J'ai des sillons ingrats vaincu l'aridité,
Et, déchirant son sein d'une main obstinée,
Arraché ses trésors à la terre étonnée.
Pour garantir nos corps, que Dieu n'a pas couverts,
Des chaleurs des étés, et du froid des hivers,
J'ai dans le fond des bois, que remplît l'épouvante,
Du lion terrassé ravi la peau sanglante :
Mais en le combattant j'ai pris sa dureté,
De mes rudes travaux j'ai gardé l'âpreté,
Je dois tous mes défauts à mes vertus peut-être ;
De mes transports fougueux puis-je me rendre maître,
Et montrer, vers la force en tout temps entraîné,
Les tendres mouvements d'un cœur efféminé ?
D'ailleurs vous connaissez ma triste destinée :
Le chagrin, qui flétrit mon âme empoisonnée,
Me rend tout importun, et me fait détester
Le fardeau de mes jours qui me pèse à porter.
Aujourd'hui ma tristesse est encore plus pénible ;
Je frémis en secret d'une horreur invincible ;
De lugubres pensers me remplissent d'effroi,
Et je ne fus jamais si fatigué de moi.
Voilà pourquoi Caïn, avec quelque rudesse,
De vos soins, quelquefois, repousse la tendresse ;
Mais du Ciel qui m'a fait accuser la rigueur,
Le tort est à Dieu seul, et non pas à mon cœur.

ADAM.
Tu te trompes, Caïn, et toi seul es coupable.
Ta farouche âpreté, ton humeur intraitable,
Tes vices, qui par toi ne sont point combattus,
Détournant tous tes pas du sentier des vertus,
T'apportent cet ennui qui suit toujours le crime ;
Ce sont tes passions qui te font leur victime.
Tu souffres aujourd'hui ! n'es-tu pas criminel ?
N'as-tu pas repoussé ton frère ?

CAÏN, *à part*.
Encore Abel !

ADAM.
Ton frère qui, toujours plein d'un zèle si tendre,
D'une faute nouvelle accourait te défendre,

N'as-tu pas, plus coupable, au Dieu qui t'a formé,
Refusé de tes vœux l'hommage accoutumé ;
Et, loin que ton refus par ton remords t'expie,
Tu peux encore, tu peux, dans ton audace impie,
Former sur sa sagesse un doute criminel,
Et du sein de la fange accuser l'Éternel ;
Malheureux, que d'un mot il réduirait en poudre !

CAÏN.

Eh ! bien, qu'il tonne donc, je bénirai sa foudre.
Je suis si las du jour, je me hais tant, je vois
Un si triste avenir se préparer pour moi,
Qu'à mes yeux le trépas, achevant ma misère,
Serait de sa bonté la faveur la plus chère.
Je suis né de la femme, en son flanc condamné
J'ai puisé les fléaux du sang dont je suis né,
Et des malheurs, qu'à l'homme un Dieu cruel apprête,
Le fardeau presqu'entier est tombé sur ma tête.

ADAM.

Non, mon fils, non, sur toi Dieu, juste en ses arrêts,
N'a point de son courroux rassemblé tous les traits,
Et de l'homme tombé relevant la disgrâce,
Il t'ouvre, comme à nous, les trésors de sa grâce.
Tes plaintes, tes forfaits seuls ont su t'en priver :
Si tu reviens vers lui, tu vas le retrouver :
Un remords te rendra sa bonté tutélaire ;
Ce Dieu ne garde point une longue colère,
Et quand de sa loi sainte il punit l'abandon,
Son indulgente main offre encore le pardon.
Tu l'accuses, mon fils ! eh ! d'où vient ce murmure ?
Ne t'a-t-il pas donné tout ce dont la nature
Charme dans ce séjour nos regards et nos goûts ?
Ne t'a-t-il pas donné des biens encore plus doux,
Les sentiments du cœur que la foi accompagne ?
N'as-tu pas une amie, une tendre compagne,
Pour calmer les chagrins qui viennent te presser ?
N'as-tu pas des enfants que tu peux embrasser ?
Quoi ! tu te plains du ciel, étant époux et père !
Moi, rongé de remords, accablé de misère,
Quand je vois mon épouse, ou l'un de mes enfants,
Quand tu m'ouvres tes bras je sens moins mes tourments.
Je me crois, près des miens, aux beaux jours de ma gloire

Et ma chute, et mes maux, sont loin de ma mémoire.
Tu peux de ce plaisir éprouver la douceur !
Dieu t'a fait pour jouir, en te donnant un cœur.
Les sources du bonheur te sont toutes ouvertes.
Mais toujours occupé du regret de nos pertes,
Toujours fuyant des tiens la tendresse et l'appui,
T'aigrissant sur ton sort et t'entourant d'ennui,
Tu flétris tous les biens que l'Éternel t'envoie,
Et tu fermes ton cœur qu'il ouvrait[90] à la joie.
Ah ! ne le contrains point, ah ! cherche le bonheur
Dans les bras de ton frère, aux genoux du Seigneur ;
Ne vas plus du chagrin qui toujours te consume,
Loin de tous tes parents exhaler l'amertume ;
Va, l'homme qui vit seul ne saurait être heureux,
La solitude encore rend nos maux plus affreux ;[91]
Reviens vers nous, la vie alors te sera chère ;
Nous ferons tout du moins pour calmer ta misère.
Je t'ai vu plus heureux, mon cher fils.

CAÏN.
Heureux ! moi !

Dans quel temps ?

ADAM.
Lorsqu'Abel était aimé de toi.

CAÏN, *à part*.

Toujours Abel !

ADAM.
Alors tu semblais plus tranquille,
Et ton bonheur, ta joie enchantait notre asile.
Ta haine pour ton frère en a chassé la paix ;
Cher Caïn rends-nous-la, rends-nous-la pour jamais.[92]
Ô mon fils, vois de pleurs ces paupières baignées ;
Vois ce front, ces cheveux qu'ont blanchis les années,
Vois ce corps chancelant, par les maux énervé ;
Peut-être que bientôt, à mon terme arrivé,

---

[90] Ms : [− qui l'ouvrait] [+ qu'il ouvrait]
[91] Ms : [*Bon* Ne vas plus du chagrin qui toujours te consume, / Loin de tous tes parents exhaler l'amertume ; / Va, l'homme qui vit seul ne saurait être heureux, / La solitude encore rend nos maux plus affreux ;]
[92] Ms : Rends-nous-la, rends le calme à nos cœurs satisfaits.

Je subirai la mort dont le premier, sans doute,
Adam doit vous ouvrir l'inévitable route.
Je ne puis avec vous rester encore longtemps ;
Je voudrais, cher Caïn, et de toi je l'attends,
Vous réconcilier avant que je ne meure,
De l'aspect de la paix charmer ma dernière heure,
Et, sûr en les quittant du bonheur de mes fils,
Pour toujours après moi vous laisser réunis.
Tu ne peux, mon ami, refuser ton vieux père !
Est-ce donc un effort que de chérir son frère?
Tu chériras Abel... si tu savais combien
Son cœur, qu'à tort tu fuis, redemande le tien,
Combien ce doux retour aura pour lui de charmes !
Quel mal lui fait ta haine !... ah ! Les yeux pleins de larmes
Il vient souvent contre elle implorer mon appui ;
Il vient, sans t'accuser, prenant le tort sur lui,
Avec cette candeur[93] qui fait son caractère
Me prier de porter sa douleur à son frère.
Comment par ses regrets n'es-tu pas désarmé ?
Non, un frère jamais ne sera plus aimé.
Peut-être, et sa tendresse en est capable encore,
Près de ces lieux il pleure, il gémit, il t'implore,
Il t'appelle en tremblant... eh ! pourquoi le hais-tu,
Lui, de qui la douceur égale la vertu ?[94]

CAÏN.

M'allez-vous exalter la douceur[95] de mon frère ?
Du soin de le vanter rien ne peut vous distraire ;
Sur les éloges vains[96] que vous lui prodiguez
Vous revenez sans cesse, et vous m'en fatiguez :
Eh ! bien, si je n'ai pas son mérite en partage,
Si j'ai mille défauts enfin, c'est votre ouvrage.
Je serais vertueux si vous n'eussiez péché ;
Si par votre faiblesse à jamais retranché...
Vous pleurez... ah !...

---

[93] Ms : douceur
[94] Ms : [– Il baise en soupirant la trace de tes pas, / Il attend que ta voix le rappelle à ton bras. / Eh ! Pourquoi le haïs-tu ? Quelle rigueur insigne ?... / Qui de ton amitié, qui peut-être plus digne ? / Qui rend plus de justice à tel don précieux ? / Aussi bon frère enfin que fils tendre et pieux,] [+ Il t'appelle en tremblant : eh ! pourquoi le hais-tu ? / Lui, de qui la douceur égale la vertu ?]
[95] Ms : [– étaler les vertus] [+ exalter la douceur]
[96] L1, L2 : ces éloges vains

LA MORT D'ABEL

ADAM.

Poursuis, ta plainte est légitime ;
Oui, j'ai fait ton malheur, oui ma faute t'opprime ;
Il m'est dû ce reproche où tu t'es emporté ;
Déchires-en[97] ce cœur, je l'ai bien mérité,
J'avais cru que, du sang écoutant la tendresse,
Tu ménagerais plus mes maux et ma vieillesse ;
J'avais cru que mes soins, mon amour, mon remords,
M'obtiendraient de mon fils le pardon de son sort ;
Je t'en parois indigne[98]... ô père misérable !
Ô d'un triste avenir image épouvantable !
Ainsi dans mon forfait les humains confondus,
Tous du premier pécheur qui les aura perdus
Chargeront la mémoire et de haine et d'outrage,
Et leurs cris, contre Adam s'élevant d'âge en âge,
Si de l'âme après nous luit encore le flambeau,
Troubleront ma poussière[99] au fond de mon tombeau.
Ah ! grand Dieu, je succombe à cette affreuse idée !

(Il s'éloigne, et va s'appuyer en pleurs[100] contre un arbre.)

CAÏN, *à part*.

Oh ! de quel désespoir son âme est possédée !
Et c'est moi qui le jette en des maux[101] si cruels !...
Quel cœur m'as-tu donc fait, Dieu qui fis les mortels !
Je produis la discorde et le trouble[102] où nous sommes :
Ah ! je ne suis pas fait pour vivre avec les[103] hommes ![104]
Je devrais habiter dans le fond des déserts,
Parmi les animaux, effroi de l'univers ;
Encore envers leurs fruits ils sentent la nature !
Caïn seul dans le monde est sourd à son murmure !...
Mais non, je crois entendre enfin son cri sacré !...
Je l'entends ! sa voix parle à ce cœur pénétré !...
Ah ! cédons, et suivons le flambeau qui m'éclaire,
Allons tomber aux pieds de mon père...[105] ô mon père

---

[97] Ms : [- en] [+ donc]
[98] Ms : !
[99] Ms : Viendront troubler ma cendre
[100] Ms : *(Il s'éloigne, et va s'appuyer tout en pleurs*
[101] Ms : en ces troubles
[102] Ms : et l'horreur
[103] Ms : des
[104] L1 : vivre avec les hommes.
[105] Ms : père... *(Il se jette aux genoux d'Adam.)*

(Il se jette aux genoux d'Adam.)[106]
S'il m'est encore permis de prononcer ce nom,
Daignez à votre fils accorder son pardon.
Je ne suis digne hélas ! que de votre colère,
Sans doute ; mais voyez mon repentir sincère,
Entendez les sanglots qui partent de mon sein ;
Sentez mes pleurs couler, j'en baigne votre main,
Cette main qu'en tremblant un fils coupable embrasse…
Eh ! bien, qu'exigez-vous pour m'accorder ma grâce ?
Voulez-vous que soudain j'aille trouver Abel ?
J'y consens[107], j'obéis a vous, à l'Éternel :
Je vole vers mon frère, et mon cœur me l'ordonne ;
Mais dites-moi du moins, Caïn, je te pardonne.

ADAM.

Lève-toi, c'en est fait, je t'ai tout pardonné ;
Mon courroux cède aux pleurs dont je te vois baigné.
Que dis-je ? s'ils sont nés d'un remords véritable,
Si tu t'es repenti,[108] non, tu n'es plus coupable.
Ô retour ! ô souhait à la fin exaucé !
Que je bénis l'instant où tu m'as offensé !
De ton reproche amer que je bénis l'injure,
Puisqu'il a dans ton cœur réveillé la nature,
Puisque mes yeux en pleurs et mon front abattu
À mon fils criminel ont rendu sa vertu !
La vertu ! tu la sens ! viens embrasser ton père !
Mais ne différons point, allons trouver ton frère ;
Hâtons-nous de calmer son amour désolé ;
Chaque instant de retard à sa joie est volé ;
Faisons soudain passer dans son âme attendrie
La paix et le bonheur dont la nôtre est remplie.

CAÏN.

Je vous suis.[109]

---

[106] Ms : [> *(Il se jette aux genoux d'Adam.)* <]
[107] Ms : [– Je suis prêt] [+ J'y consens]
[108] Ms : Si ton cœur se repent
[109] Ms : [– Je suis prêt] [+ Je vous suis]

Scène III.

Adam, Caïn, Abel,[110] *qui entre en tremblant.*

ADAM.

Cher Abel, n'évite point nos yeux.
Caïn t'aime : mes fils, embrassez-vous tous deux.

ABEL.

Tu m'aimes ! est-il vrai ? quoi ?[111] mon amour te touche ?
Que j'entende ce mot prononcé par ta bouche !
Ta voix le portera tout entier dans mon cœur.

CAÏN, *avec contrainte.*[112]

Oui, mon frère… je t'aime.

ABEL.

Ô langage enchanteur ![113]
Je te tiens donc enfin dans mes bras ! je te presse
Contre ce cœur pour toi toujours plein de tendresse ![114]
(Il embrasse Adam.)[115]
Cher Caïn… cher Adam, vous par qui réunis…
Vous ne fûtes jamais si cher à vos deux fils !
Et toi Dieu, je rends grâce a ton soin tutélaire ;
De tes bontés pour moi je reçois la plus chère.
Quels que soient de tes cieux les plaisirs ravissants,
Non, ils n'égalent point ceux qu'ici je ressens ![116]
Mon frère, n'ayons plus ni soupçon, ni querelle.
Si jamais envers toi quelqu'offense nouvelle
M'échappait par hasard, sans détour, sans effroi,
Viens aussitôt, Caïn, t'expliquer avec moi ;
Je te satisferai ; mais qu'aussi moins farouche,
Le pardon sans délai descende de ta bouche :

---

[110] Ms : *Adam (2), Caïn (3), Abel (1)*

[111] L1 : vrai ? quoi !

[112] Ms : [> *avec contrainte.* <]

[113] Ms : enchanteur ! [– Mon oreille charmée ose à peine t'en croire. / CAÏN / [– Je t'aime.] [+ Mon frère,] daigne perdre à jamais la mémoire / De ces tristes débats trop longtemps essuyés… / ABEL. Que dis-tu ? Ce moment me les a tous payés.]

[114] Ms : tendresse ! / [– De bonheur et d'amour te sens-tu tressaillir ? / Ah ! Son acte le transporte, ce cœur va défaillir ! / Je succombe à l'ivresse où mon âme est en proie ; / Je ne puis commander à l'excès de ma joie …] [+ *Il embrasse son père.*]

[115] Ms : [> *(Il embrasse Adam.)* <]

[116] Ms : [Bon – Et toi Dieu, je rends grâce a ton soin tutélaire ; / De tes bontés pour moi je reçois la plus chère. / Quels que soient de tes cieux les plaisirs ravissants, / Non, [– ils surpassent encore] [+ peuvent-ils égaler] ceux qu'ici je ressens !]

Et promets-moi du moins, ce serment m'est bien dû,
De ne plus m'en vouloir sans m'avoir entendu.

CAÏN.

Il n'en est pas besoin ;[117] c'en est fait... je veux suivre
Les conseils de mon père... avec toi je veux vivre...
Avec tous mes parents... eh ! puissé-je auprès d'eux,
Trouver la paix de l'âme, et des jours plus heureux ![118]

ABEL.

Caïn, veux-tu m'en croire ? Ève et nos sœurs encore
Ignorent le bonheur d'un frère qui t'adore ;
Viens, pour les en instruire, et leur rendre la paix,
Nous montrer embrassés à leurs yeux satisfaits.

Scène IV.

Adam, Abel, Caïn, Ève.[119]

Ah ! que vois-je ? mes yeux, faut-il que je vous croie ?

ABEL.

Oui, ma mère, venez partager notre joie. Caïn m'aime !

ÈVE, *les embrassant.*

Ah! mes fils !

CAÏN.

Ma mère !

ÈVE.

Enfants chéris,
Que mes flancs ont portés, que mon sein a nourris,
Le sang a triomphé ! L'amitié vous rassemble !

---

[117] Ms : Il n'en est pas besoin ; [– je ne veux plus, mon frère, / Laisser à ta tendresse un reproche à me faire, / Ah ! Son excès m'enflamme et double mes remords ! / Tu m'as plus que jamais fait sentir tous mes torts ! / Tu ne m'en verras plus.]

[118] Ms : parents... [[*seul passage effacé dans un premier temps* – Puisse mon entretien / Rendre mon cœur tranquille et pur comme le tien] [+ Eh ! Puissé-je auprès d'eux, / Puissé-je enfin trouver des destins plus heureux !] [– Adoucir du cœur des tourments trop terribles / Puissé-je te devoir des destins plus paisibles ! / ABEL. Si tu m'aimes, c'est moi qui vais tout te devoir. / Tu me rends le bonheur ! Va, si j'ai le pouvoir / De te le rendre aussi, si les soins, si le zèle, / Tout ce qui peut offrir l'amitié fraternelle, / Sont faits pour dissiper les ennuis douloureux, / Je veux que des humains tu sois le plus heureux !] [+/– ABEL.] [– Que je t'embrasse encore ! Ô douce destinée ! / Oh ! Bénis avec moi cette heure fortunée / Où nos cœurs vont s'unir pour s'aimer désormais, / C'est un de ces moments à n'oublier jamais !] [+ABEL.]]

[119] Ms : *Adam (1), Abel (4), Caïn (2), Ève (3)*

Et ces bras maternels vous reçoivent ensemble !
Et vous vous embrassez sur ce cœur palpitant !
Tous ses maux ont cessé dans un si doux instant ;[120]
Je sens tomber le poids de ma douleur amère :
Je suis donc une fois heureuse d'être mère !
Caïn, je t'en rends grâce, à toi, dont le retour
Du souvenir d'Éden m'embellit ce séjour ;
Oui cet Éden perdu, dans vous je le retrouve ![121]
Ses plaisirs[122] égalaient le charme que j'éprouve ;
Et ce lieu de misère, où Dieu nous a bannis,
Me le rend tout entier, si vous restez unis.

CAÏN.

Qu'à votre fils ému[123] ce transport vous rend chère !

ADAM, *à Caïn.*

Eh ! bien, dis, n'es-tu pas plus heureux ?

CAÏN.

Ah ! mon père !

ADAM.

Tu l'es donc ! je le suis. Mais il faut, sans délais,
Associer Dieu même[124] à ce grand jour de paix.
Tu le sais trop ; que peut, dans sa faiblesse extrême,
L'homme que le Seigneur abandonne à lui-même ?[125]
Invoquez-le, mes fils ; et qu'offert par tous deux
Un holocauste saint, sur votre accord[126] heureux
Attirant de sa grâce un rayon salutaire,
Rende les cieux garants des serments de la terre.
Y consens-tu, Caïn ?

---

[120] Ms : [− Le sang a triomphé ! L'amitié vous rassemble ! / Et ces bras maternels vous reçoivent ensemble ! / Et vous vous embrassez sur ce cœur palpitant ! / Tous ses maux ont cessé dans un si doux instant ;]
[121] Ms : Caïn, je t'en rends grâce, à toi par qui mon cœur / Loin de l'Éden encore goûte quelque bonheur… / Que dis-je ? Cet Éden, dans vos bras je le trouve.
[122] Ms : [*Ajouté* douceurs]
[123] Ms : Qu'à mon cœur attendri
[124] Ms : [− Rendre le ciel propice] [+ Associer Dieu-même]
[125] Ms : même ? / [− S'il n'est pas appuyé de ses secours divins, / Tous ses pas sont tremblants, tous ses projets sont vains, / Il n'obtient sur son cœur qu'une fausse victoire, / Sans doute en ce moment, du trône de sa gloire, / Dieu sourit aux transports de vos sens attendris, / Et dans les cieux émus les immortels esprits, / Dont à le célébrer les voix sont consacrées, / Applaudissent en chœur sur leurs harpes sacrées ;]
[126] Ms : [− votre accord] [+ un sacrifice]

CAÏN.

Je suis prêt.

ABEL.

C'est de lui
Que je tiens les plaisirs que je goûte[127] aujourd'hui ;
Mes vœux lui sont bien dus pour des faveurs si grandes.

ADAM.

Allez donc, mes enfants, préparer vos offrandes,
Et revenez soudain.[128]

Caïn et Abel sortent.

Scène V.

Ève, Adam.[129]

ÈVE.

Quel jour mon cher époux !
Si nous avons souffert, ah ! des plaisirs bien doux
Remplacent mes chagrins et ta[130] douleur profonde ;
Et ce saint holocauste, où notre espoir se fonde,
Appelant sur nos fils les regards du Seigneur,
Va de nos cœurs encore assurer le bonheur.
Je reconnais bien Dieu dans un jour si prospère ;
S'il nous punit en maître, il nous console en père.[131]

ADAM.

Chère Ève, écoute-moi.[132] Pour conserver toujours
Ce repos que Caïn promet à nos vieux jours,
Prévenant les soupçons dont il sent les atteintes,
N'offrons plus, s'il se peut, de prétexte a ses plaintes.
Il dit toujours qu'Abel nous est plus cher que lui ;
Que nous le détestons ; il faut dès aujourd'hui,
Entre eux également partageant nos caresses,
Prodiguer à tous deux nos soins et nos tendresses.

---

[127] Ms : j'éprouve
[128] Ms : bientôt
[129] Ms : Ève (2), Adam (1)
[130] Ms : Viennent de remplacer notre
[131] Ms : père. / [– Ses rigueurs une fois sur nous ont éclaté, / Et ses dons tous les jours signalent sa bonté.]
[132] Ms : Chère Ève, tu dis vrai. [– C'est sa miséricorde / Qui du milieu de nous chasse enfin la discorde, / Qui nous rend le repos.]

ÈVE.

Rendre Caïn heureux est mon premier désir,
Tu m'en fais un devoir, et j'y trouve un plaisir :
Compte sur tous mes soins. Mais nos deux fils arrivent,
Leurs femmes, leurs enfants à leurs côtés les suivent.

(Caïn et Abel entrent accompagnés de leurs femmes et de leurs enfants qui portent leurs offrandes.)

Scène VI.

Adam, Ève, Caïn, Méhala et ses enfants, Abel[133] et ses enfants.

ADAM.

Mes fils, sur ces autels, que nous avons dressés,
Placez d'abord ces dons au Seigneur adressés.
(Abel et Caïn placent leurs présents sur leurs autels.)[134]
Caïn, pour que sur toi sa grâce se repose,
Tu sais quels sentiments cet appareil t'impose.
Ce ne sont point ces fruits, cet encens, que nos mains
Présentent en tremblant à ce Dieu des humains,
Qui rendent à ses yeux un sacrifice auguste ;
C'est la ferveur qui l'offre : un cœur soumis et juste
Sait surtout mériter ses secours bienfaisants ;
Et nos vœux devant lui sont plus que nos présents
Prends garde que cet œil, qui lit dans tes pensées,
N'y trouve un reste impur de tes fautes passées,
Et vers cet holocauste avance, revêtu
De ce repentir vrai qui nous rend la vertu.
Quand nos dons lui sont chers, une flamme sacrée
Descend soudain sur eux de la voûte azurée :
Fais que, par ton remords et ton zèle épurés,
De ce signe éclatant tes dons soient honorés.

CAÏN.

Oui, mon père.

ADAM.

        Mes fils, présentez vos offrandes ;
Nous joindrons en secret nos vœux à vos demandes ;
Et nous prierons tous Dieu, prosternés devant lui,
De laisser sur vous deux descendre son appui.

---

[133] Ms : *Adam (4), Ève (3), Caïn (5), Méhala (6) et ses enfants, Abel (2), Thirza*
[134] Ms : [> *(Abel et Caïn placent leurs présents sur leurs autels.)* <]

(Les enfants et la femme de Caïn se rangent avec lui près de son autel. Abel et sa famille se rangent près du sien. Adam et Ève se placent entre les deux autels dans le fond du théâtre.)[135]

CAÏN.[136]

Dieu, qui dans ce séjour vois l'enfance du monde,
Reçois les fruits des champs, que ta bonté féconde.
Jette les yeux sur nous,[137] et daigne avouer
Les nœuds qu'avec Abel je viens de renouer.

ABEL.[138]

Oui, mon Dieu, qu'à ces nœuds ta bonté soit propice.
De Caïn et d'Abel reçois le sacrifice.

(Un tourbillon de feu[139] *paraît dans l'air.)*

Il le reçoit ![140] Caïn, vois, vois, ouvre les yeux ;
Le feu sur nos autels descend du haut des cieux !

(La flamme consume l'offrande d'Abel, et remonte en s'éloignant de celle de Caïn.)

CAÏN.

Oui, mais sur le tien seul ! ô spectacle funeste !

ABEL.

Divine Providence !

CAÏN.

　　　　　　Eh ! quoi ! le feu céleste
Consume à mes regards les offrandes d'Abel !
Et mes dons rejetés restent froids sur l'autel !
Abel, Abel l'emporte !… ô fureur ! ô supplice !…
Impitoyable Dieu, voilà donc ta justice !
Je tombe aux pieds d'Adam, de remords pénétré ;
Je reçois dans mes bras cet Abel préféré ;
J'étouffe mon courroux ; dans mon âme plus pure
J'appelle la vertu, l'amitié, la nature :

---

[135] Ms : [> *(Les enfants et la femme de Caïn se rangent avec lui près de son autel. Abel et sa famille se rangent près du sien. Adam et Ève se placent entre les deux autels dans le fond du théâtre.)* <]
[136] Ms : CAÏN, *s'approchant de son autel.*
[137] Ms : Prends pitié du pécheur
[138] Ms : ABEL, *auprès de son autel.*
[139] Ms : *(Une flamme*
[140] L1 : Il le reçoit,

J'implore ta faveur que je crus mériter ;
Et ta main me repousse ! et, pour mieux m'irriter,
Tu mets, en refusant mes dons et ma prière,
Auprès de mes affronts le triomphe d'un frère !
Tu me veux criminel !... eh ! bien, je le serai ;[141]
Quoique mon sort l'ordonne, oui, je l'accomplirai.
Déjà même la rage, un moment suspendue,
Renaît plus forte encore dans mon âme éperdue ;
Je me rends aux fureurs, pour qui tu m'as formé !
Prépare ton tonnerre en tes mains rallumé ;
Je vais justifier ton courroux qui m'opprime ;
Et saurai mériter d'être enfin ta victime.

ADAM.

Quoi ! mon fils...

CAÏN.

Laissez-moi.

MÉHALA.

Cher époux que ma foi...

CAÏN.

Laissez-moi.

ÈVE.

Mon cher fils, dans mes bras...

CAÏN.

Laissez-moi.

À tous les sentiments Dieu m'a rendu contraire ;
Je ne suis plus pour vous ni fils, ni frère ;
Je suis Caïn.

ABEL.

Du coup qui t'accable aujourd'hui
Est-ce que tu me rends, Caïn, responsable ?

CAÏN.

Oui.

ABEL.

Je ne mérite pas ces injustes reproches ;
Mais j'implore à tes pieds mon pardon...

---

[141] L1 : Tu me veux criminel !... eh, bien, je le serai ;

CAÏN.

Tu m'approches,
Traître !...

ABEL.

Est-ce toi, Caïn, qui me traites ainsi !
As-tu donc oublié que tout-à-l'heure, ici,
Ici même, où sur moi ton courroux veut s'étendre,
Tu viens de me jurer l'amitié la plus tendre ?

CAÏN.

Moi ! Va, si dans ce lieu j'ai dit que je t'aimais,
Traître, je t'ai trompé, je ne t'aimai jamais ;
Je te haïs toujours, et te hais plus encore ;
Je ne déteste Dieu que parce qu'il t'honore ;
Oui, c'était un besoin pour moi de t'abhorrer ;
Et je sens du plaisir à te le déclarer.
Ton bonheur, tes succès sont mes plus grands supplices ;
Et de tous mes tourments je ferais mes délices
S'ils t'accablaient toi-même, et, lorsque je gémis,
Si je pouvais entendre et compter tous tes cris...
Tu pleures !... que pour moi ce spectacle a de charmes !
Je vois moins mes affronts en regardant tes larmes.
Dieu d'Abel, une fois ose exaucer mes vœux,[142]
Écrase-nous ensemble, et je me crois heureux.
Je sors.

ADAM.

Demeure.

CAÏN.

Eh ! quoi ! vous voulez que je reste...
Sauvez-moi donc l'aspect de cet autel funeste ;
Je sors, pour l'épargner à mon œil égaré ;
Mais je l'emporte encore dans ce cœur déchiré.

Caïn s'échappe, Méhala et ses enfants, Adam et Ève le suivent. Abel veut le suivre aussi ; mais Thirza et ses enfants l'arrêtent et l'entraînent d'un autre côté.

Fin du second acte.

---

[142] Ms : Ô Dieu, qui m'a porté le coup le plus affreux,

ACTE TROISIÈME.

Le théâtre représente un site horrible, dans le fond une chaîne de montagnes et de rochers dont les sommets sont inégaux.[143] *Caïn est couché sur la terre, et endormi, appuyé sur un rocher, et sa bêche à côté de lui.*

Scène I.

Caïn endormi, Méhala.[144]

MÉHALA.

Où trouver mon époux ?[145]... Dieu, qu'il me soit rendu !...
Ah ! c'est lui que je vois sur la terre étendu !
Il dort !... et sur un roc il a posé sa tête !
Que plutôt dans mes bras !... Méhala, non, arrête,
Respecte son repos, sois tranquille témoin
Du sommeil passager dont il a[146] tant besoin ![147]

CAÏN, *endormi.*

Mes enfants...

MÉHALA.

Il gémit !

CAÏN, *toujours endormi.*[148]
Mes fils dans l'esclavage ![149]

MÉHALA.

Quel songe l'épouvante ? après tant de travaux,
Le sommeil pour lui seul n'est donc pas le repos ![150]
(*Caïn soupire profondément.*)
Sa gémissante voix frappe encore mon oreille.

---

[143] Ms : *Le théâtre représente un site horrible, dans le fond une chaîne de montagnes.*
[144] Ms : *Caïn (1) endormi, Méhala (2).*
[145] Ms : Je cherche mon époux !
[146] Ms : [– Tu le réveillerais si tu prenais ce soin / Respecte son repos, il en a] [+ Respecte son repos, sois tranquille témoin / Du sommeil passager dont il a]
[147] Ms : besoin ! / [– Peut-être son réveil sera trop prompt encore... / Vents, taisez-vous... redouble, ô sommeil qu'il implore. / Qu'il est pâle et défait !... après tant de travaux / Le sommeil pour lui seul n'est donc pas le repos.]
[148] Ms : [> , *toujours endormi* <]
[149] Ms : [– Le travail...] [+ Mes fils dans] l'esclavage !
[150] Ms : [– Quels songes effrayants et pourquoi le troublez-vous ?] [+ Quel songe le tourmente ! Après tant de travaux, / Le sommeil pour lui seul n'est donc pas le repos ?]

CAÏN, *toujours endormi.*

Fils d'Abel, arrêtez, ou je vais…

(Il fait ici un mouvement violent qui le réveille. Il se lève avec un air troublé.)

MÉHALA.

Il s'éveille ![151]
L'égarement, la rage éclatent dans ses yeux !
Mon cher époux.

CAÏN.

Où sont mes enfants ?[152]

MÉHALA.

Tous les deux
En t'attendant, Caïn, se sont rangés près d'Ève.

CAÏN.

Hélas !

MÉHALA.

Quel nouveau trouble en ton âme s'élève ?
Le sommeil t'a, je crois, offert un songe ?

CAÏN.

Affreux.

MÉHALA.

Parmi des sons confus et des cris douloureux,
J'ai distingué les mots de fils et d'esclavage :
Qu'as-tu vu ?

CAÏN.

Nos malheurs. Près de ce roc sauvage,
J'implorai le repos depuis longtemps perdu.[153]

---

[151] L1 : Il s'éveille :
[152] Ms : le repos! / { *becquet* : [– *(Caïn soupire profondément.)* Sa gémissante voix frappe encore mon oreille. / CAÏN, *toujours endormi.* Fils d'Abel, arrêtez, ou je vais… *(Il fait ici un mouvement violent qui le réveille. Il se lève avec un air troublé.)* MÉHALA. Il s'éveille ! / L'égarement, la rage éclatent dans ses yeux ! Mon cher époux. / CAÏN. Où sont mes enfants ? MÉHALA. Tous les deux / En t'attendant, Caïn, se sont rangés près d'Ève. / CAÏN. Hélas ! MÉHALA. Quel nouveau trouble en ton âme s'élève ? / Le sommeil t'a, je crois, offert un songe ? CAÏN. Affreux. / MÉHALA. Parmi des sons confus et des cris douloureux, / J'ai distingué les mots de fils et d'esclavage : / Qu'as-tu vu ? CAÏN. Nos malheurs. Près de ce roc sauvage, / J'implorai le repos depuis long-temps perdu. L'effroi, l'égarement se peignent dans mes yeux !] }
[153] Ms : époux. { *liasse* : [– Venez l'environner, tableaux riants et doux, / Dans le calme du moins que son sommeil s'achève. / Mais il s'éveille hélas ! … furieux, il se lève… / Son regard

Le sommeil sur mes yeux à peine est descendu,
Qu'un songe à mes esprits présente ces images[154]
Où du sombre avenir nous lisons les présages.
J'ai vu (ce songe a fui, mais non pas son horreur
Qui toute entière encore est au fond de mon cœur)
J'ai vu des champs, non tels que, malgré notre offense,
Du monde à nos regards en offre encore l'enfance,
Mais tels que ces déserts dont l'œil est attristé :
De vieux toits couvraient seuls leur vaste nudité.
Là, sous le poids du jour, dans un travail austère,
Des malheureux courbés sollicitaient la terre,
Qui, vingt fois retournée, au bras[155] qui l'entrouvrait,
Semblait n'abandonner ses présents qu'à regret.
Les instruments fuyaient leurs mains appesanties :
La poussière couvrait leurs figures flétries ;
Les ronces, les buissons blessaient leurs pieds sanglants ;
Et la sueur coulait sur leurs membres tremblants…
C'étaient mes deux enfants hélas ! et leur famille !
Soudain la scène change : à mes yeux s'offre et brille
Une plaine, où la terre étale en même temps[156]

étincelle… il ne voit rien… l'effroi / Pénètre tous mes sens. CAÏN. Terre, ô terre ouvre-toi ! / La mort est le seul bien que mes fureurs prétendent, / Dérobe un misérable aux malheurs qui l'attendent. / Dieu barbare, qui vient d'en effrayer mes yeux, / Fais du moins par pitié tomber sur moi les cieux. / MÉHALA. Approchons-nous de lui… Cher Caïn. CAÏN. Qui m'appelle ? / MÉHALA. Ne reconnais-tu pas ta compagne fidèle ? / CAÏN. Méhala ! … je te vois. Ah ! j'en avais besoin… / Non, tu n'as jamais mieux placé ce tendre soin ! / De fantômes affreux mon âme est obsédée ! / MÉHALA. Un songe ! CAÏN. Oui. MÉHALA. Quel est-il ? CAÏN. Tu n'en as pas l'idée ! / Fatigué des assauts soutenus aujourd'hui, / J'aimais toujours ma haine, et mon lugubre ennui, / Au pied de ce rocher, dont l'ombre solitaire / M'offrait d'un abri sûr le calme salutaire, / Je tombe, et du sommeil j'implore le repos. / J'espérais dans ses bras échapper à mes maux. / Et que par lui du moins leur rigueur adoucie, / J'étais avec mes sens un moment endormi. / Mais pour moi le repos est à jamais perdu…] [+ J'implorais le repos depuis longtemps perdu.]}

[154] Ms : Qu'à mes esprits troublés il offre ces images
[155] Ms : au fer
[156] Ms : temps / [– Mon premier né surtout en qui d'avance brille / Le présage éclatant de ma mâle vertu / Sombre, pâle, rêveur, sous un faix abattu, / Disant ces mots cruels pour l'oreille d'un père ! / Que cette vie esclave est pleine de misère ! / Du malheureux Caïn triste postérité, / De ses destins affreux nous avons hérité, / [*Seuls vers biffés dans un premier temps* : De l'aube d'un effort souvent inutile, / Nous tourmentons sans cesse une terre infertile, / Et les soirs dévorons l'aliment que nos bras / Ont disputé longuement à des sillons ingrats.] / Le céleste courroux pose tout sur nos têtes. / [– Cependant qu'au milieu des festins et des fêtes,] [+ Les fils d'Abel pourtant dans les jeux et les fêtes] / [*Seuls vers biffés dans un premier temps* : Les descendants d'Abel qui, pour nous sans pitié, / De nos pères encore gardant l'inimitié, / Ne nous ont rien laissé que nos déserts sauvages, / Reposent mollement à l'ombre des bocages] / [– La terre des

Les présents de l'automne et les dons du printemps.
Les descendants d'Abel, dans ces riches campagnes,
Chantant nonchalamment aux pieds de leurs compagnes,
Se nourrissaient des fruits qui tombaient sous leurs mains ;
Et de joie et de paix composaient leurs destins.[157]
Un d'eux se lève, et dit, en reposant sa lyre :
» Écoutez, mes amis, ce que le ciel m'inspire ;
» Ces champs à nos souhaits sont toujours complaisants,
» Mais il faut que nos mains demandent leurs présents.
» À manier le luth nos mains accoutumées
» Pour ces soins fatigants ne furent point formées.
» Près d'ici, dans ces champs, par eux seuls cultivés,
» Vivent des laboureurs au travail éprouvés.[158]
» Quand du sommeil trompeur ils[159] goûteront les charmes,
» Amis, fondons[160] sur eux, sans recourir aux armes ;
» Osons les enchaîner,[161] et que dans nos vallons
» Leurs bras tracent pour nous de pénibles sillons »…[162]
Il dit : à ce projet les cruels applaudissent.

---

trésors de son sein fastueux / S'empresse de contenter leurs goûts voluptueux.] / [+ Des trésors que les champs prodiguent autour d'eux / Contentent [+/- mollement] [+ sans efforts] leurs goûts voluptueux.] / Le loisir, le bonheur, la paix est leur partage, / Le nôtre est le travail, l'indigence et la rage. / Eliel, à ces mots qui peignaient son ennui, / Reprend son fardeau, marche et chancèle sous lui. / [- Soudain la scène change : à mes yeux se présente] [+ Tout change [- en même temps] [+ en un moment] : à mes yeux s'offre et brille] / Un lieu délicieux, une plaine riante. / Où la terre prodigue offrait en même temps]

[157] Ms : [- Des troupeaux bondissaient dans ces belles campagnes. / Les descendants d'Abel, aux pieds de leurs campagnes, / Nonchalamment couchés sous l'ombre des berceaux.] / [- Qu'embaument les zéphyrs, que baignent les ruisseaux. / Ceints des plus belles fleurs dont ce lieu se colore, / Mêlant leurs voix aux sons d'un instrument sonore, / Tranquilles savouraient les plaisirs des festins, / Et de joie et de paix composaient leurs destins.] / [+ Les descendants d'Abel, dans ces riches campagnes, / Goûtaient sous des berceaux les plaisirs des festins / Et de joie et de paix composaient leurs destins.]

[158] Ms : formées [- Et nos fronts faits pour l'ombre et couronnés de fleurs, / Ne peuvent du soleil endurer la chaleur. / Quand la nuit déploiera ses voiles les plus sombres, / M'en croirez-vous, amis, à la faveur des ombres, / Courons aux champs voisins, de laboureurs peuplés / Tandis que de travail tout le jour accablés.] [+ Près d'ici dans des champs par eux seuls cultivés, / Vivent des laboureurs au travail éprouvés.]

[159] Ms : [- D'un perfide sommeil ils] [+ Quand du sommeil trompeur ils]

[160] Ms : [- Fondons soudain] [+ Amis, fondons]

[161] Ms : [- Chargeons-les tous de fers] [+ Osons les enchaîner]

[162] Ms : sillons… / [- Leurs sillons nourriront mes besoins et les nôtres / Leurs femmes, leurs enfants obéiront aux nôtres, / Et nous d'un long repos savourant les loisirs, / Nous n'aurons à songer qu'au soin de nos plaisirs.]

Je les vois qui déjà sous mes yeux l'accomplissent.Des cris frappent soudain[163]
mes sens épouvantés.
Des cabanes en feu les lugubres clartés
Font luire dans la nuit un jour pâle, et les flammes
Me découvrent mes fils, leurs enfants et leurs femmes
Que la race d'Abel vers ses champs fortunés
Chassait insolemment l'un à l'autre enchaînés.

MÉHALA.

Ah ! Dieu ![164]

CAÏN.

Quoi ! mes enfants, nés plus forts et plus braves
De ceux[165] d'Abel un jour devenir les esclaves !
Mes enfants exercer des serviles travaux
Qui d'un maître indolent nourriront le repos !
Ah ! mon bras dans la rage où ce penser me plonge…

MÉHALA.

Où vas-tu t'égarer ? quoi ! sur la foi d'un songe,
Qui peut-être, Caïn, ne t'offrit qu'une erreur,
Peux-tu donc écouter cette aveugle fureur ?
Pourquoi t'inquiéter d'un présage funeste ?
Sois toujours vertueux, que t'importe le reste ?
Que te fait l'avenir ? dois-tu donc t'affliger
D'un malheur incertain que tu ne peux changer ?
Du ciel avec respect attendons l'ordre auguste :
Laissons faire au Seigneur, il ne peut qu'être juste…

CAÏN.

Juste ! lui ! qui tantôt rejeta mes présents !
Qui n'a que pour Abel des regards complaisants !
Vois quelle est sa rigueur : de peur que l'espérance[166]
Me laissât du présent supporter la souffrance,
M'annonçant un tourment qui ne doit point finir,

---

[163] Ms : accomplissent. / [– Les cris d'un peuple entier, surpris dans le sommeil, / S'indignant d'être esclave au moment du réveil, / Et les cris insultants qu'en sa brutale joie / Le féroce vainqueur jusqu'aux cieux envoie. / Frappent de toutes parts] [+ Des cris frappent soudain]
[164] Ms : Ah ! Ciel !
[165] Ms : Des fils
[166] Ms : [– Vois sa haine : de peur qu'une heureuse ignorance] [+ Vois quelle est sa rigueur : de peur que l'espérance]
[167] Ms : [– Sa main, sa main cruelle a tissé le rideau / Qui du triste avenir me voilait le tableau] [+ M'annonçant un tourment qui ne doit pas finir, / Il avance à mes yeux le cruel avenir !] /

Il avance à mes yeux le terrible avenir ![167]
C'est peu de tant de maux, d'affronts, que je dévore ;
Sa main dans mes enfants vient me frapper encore !
Et tous mes descendants, infortunés, proscrits,
Gémiront sous le poids des chaînes,[168] du mépris !
Des chaînes ! mes fils ![169]… tremble, ô frère que j'abhorre ;
Postérité d'Abel, vous n'êtes point encore ![170]

MÉHALA.

Que dis-tu ?

CAÏN.

Que mon cœur est las d'être innocent ;
Que ma raison se perd.

MÉHALA.

Mais les saints droits du sang !
Mais l'amitié !

CAÏN.

Je hais.

MÉHALA.

Ta vertu qui réclame…

CAÏN.

Je n'en ai plus ! la rage est seule dans mon âme.

MÉHALA.[171]

Empêchons qu'à ses yeux Abel vienne s'offrir ;
Et cherchons ses enfants qui pourront l'adoucir.

Elle sort.

[– On dirait que ce Dieu dont le courroux m'opprime, / Prend un plaisir barbare à fouler sa victime, / Et qu'ardent à me nuire il craint de s'arrêter, / Tant qu'il peut lui rester un coup à me porter.]
[168] Ms : fers et
[169] Ms : [– Des fers, mes enfants !] [+ Des chaînes ! mes fils !]
[170] Ms : [– Tremblez, enfants] [+ Postérité] d'Abel, vous n'êtes point encore ! / [– Aux jours où de mes fils, écrasés sous vos pieds, / Votre joug courbera le front humilié. / Craignez, craignez Caïn. MÉHALA. Ah ! Quel transport l'égare ! / CAÏN. L'injustice du ciel me rend enfin barbare.]
[171] Ms : MÉHALA, *à part.*

Scène II.

CAÏN, *seul*.

Éclatez sentiments de haine et de vengeance.
Malheur à tout Abel s'il cherchait ma présence !
Je sens que je puis tout dans le trouble où je suis...
Mais où donc est ma femme ?... hélas ! elle m'a fui !...
Méhala m'abandonne à ma douleur profonde !...
Suis-je donc en horreur à ses yeux comme au monde ?
Allons ; que le travail, car je n'ai plus que lui
Qui puisse à mes chagrins présenter un appui,
Remplisse au moins le[172] vide où mon âme s'affaisse,
Et soit tout pour Caïn que l'univers délaisse.
                    (Il prend sa bêche.)
Instrument, seul témoin de mes efforts constants,
Dont ce bras, chaque jour, est chargé si longtemps,[173]
Viens nourrir mes parents, viens nourrir Abel même,
Cet Abel, dont les fils par le Dieu qui les aime
Élevés sur les miens... ciel ! Qu'est-ce que je vois ?
Abel !

Scène III.

Caïn, Abel[174] *entrant par le côté opposé à celui par où Méhala est sortie.*

ABEL.

Oui, cher Caïn, c'est ton ami, c'est moi
Qui ne peux un moment me passer de ta vue,
Qui viens pour t'embrasser...

CAÏN, *à part*.

Ô fatale entrevue !

À Abel.

Mon bras... Va-t'en, va-t'en.

ABEL.

Ah ! mon frère, ah ! Caïn !
Tu peux garder encore ce courroux inhumain !
Oses-tu me punir de la rigueur céleste ?

---

[172] Ms : Vienne remplir ce
[173] Ms : Instrument dont mon bras est si souvent chargé / Qui ne sert qu'à moi seul et que seul j'ai forgé,
[174] Ms : *Caïn (2), Abel (1)*

CAÏN, *à part.*

Ma rage croit encore à son aspect funeste !
C'est donc là ce mortel, ce favori de Dieu
       (*à Abel.*)[175]
Dont un jour les fils… sors, te dis-je, de ce lieu.
Crains ma juste fureur.

ABEL.
    Je ne crains que ta haine.

CAÏN, *à part.*

Ô transport ! ô courroux que je retiens à peine !
Ma main, pour le frapper, se lève malgré moi.
       (*à Abel.*)
Va-t'en donc.

ABEL.
   Je ne puis me séparer de toi.
Non, tu n'oublieras pas cette union sacrée,
Aux yeux de nos parents devant le Ciel jurée ;
À mes bras vainement tu prétends échapper.[176]

CAÏN.

Serpent, dans tes replis tu veux m'envelopper ![177]
C'est pour m'assassiner que ta haine m'embrasse !
   (*Il donne à Abel*[178] *un coup de bêche sur le front.*)
Tiens, tiens, voilà le prix de ta perfide audace.
Descendants de Caïn, soyez tous vengés.

ABEL, *en tombant.*
      Dieu !
Je me meurs… cher Caïn, je te bénis…. adieu.

CAÏN, *courant à*[179] *lui.*

Que vois-je ?… Ciel[180] !… le sang inonde son visage ! …
Qu'ai-je fait ?…. coup affreux !…. trop détestable rage !
Ah ! qu'ai-je fait ?… Abel, Abel, ranime toi :[181]

---

[175] Ms : [> (*à Abel.*) <]
[176] Ms : Cette réunion devant le ciel jurée / [– De nouveau dans tes bras je prétends la sceller.] [+ À mes bras vainement tu voudrais échapper.]
[177] Ms : [– m'entortiller !] [+ m'envelopper !]
[178] Ms : (*Il lui donne*
[179] Ms : *vers*
[180] Ms : ô Ciel !
[181] Ms : [– Qu'ai-je fait ? daigne, Abel, daigne te rassurer,] [+ Ah ! qu'ai-je fait ? Abel, Abel, ranime-toi !]

Rouvres ces yeux éteints qui me glacent d'effroi…[182]
Va, je ne te hais point, c'est moi seul que j'abhorre…
                  (Il se met à genoux.)[183]
Mais un mouvement… Dieu, fais qu'il respire encore !
L'espoir, pour me punir, vient encore m'aveugler ;
C'est son dernier soupir qu'Abel vient d'exhaler…
Ah !…. j'entends dans mon âme une voix me maudire…
Je sens là des tourments…. le remords me déchire…
Dieu lui-même l'attache à ce sein dévoré…
Oui le titre de frère est un nœud si sacré
Qu'en osant le briser au ciel on fait injure,
Un frère est un ami donné par la nature…
Je n'en ai plus ; je n'ai que l'horreur et l'effroi
D'être seul dans le monde avec mon crime et moi.[184]
Misérable !… et par moi la terre épouvantée
A bu le premier sang dont elle est humectée !
Et par ce coup affreux, dont j'ai rougi ma main,
J'ai du meurtre aux mortels enseigné le chemin ![185]
Je vois le monde entier,[186] chez les races futures,
Se perdre à mon exemple[187] en ces routes impures !

---

[182] Ms : [– que la mort vient fermer.] [+ qui me glacent d'effroi…]
[183] Ms : [> *(Il se met à genoux.)* <]
[184] Ms : {[– Eh bien ! Cruel, es-tu content de ton ouvrage ? / Voilà, voilà le sang que demandait ta rage ; / Dont ta haine avait soif… Bois-le donc, tigre… Ah ! Ciel !] / [– Il retombe déjà sur ce cœur criminel ! / J'entends une voix sourde en secret me maudire, L'Enfer est dans mon sein, le remords me déchire. / Je sens là des tourments qui s'attachent à moi. / Fuyons. Ce corps en sang redouble mon effroi. / Mais où fuir ? Comment fuir ! Tous mes membres s'affaissent / Je succombe écrasé sous les maux qui m'oppressent…] [+ Ah ! J'entends une voix sourde en secret me maudire, / Je sens là des tourments… le remords me déchire… / Dieu lui-même l'attache à ce sein dévoré… / [– Dieu !] [+ Ah !] le titre de frère est un nœud si sacré, / Qu'en osant le briser au ciel on fait injure, / Un frère est un ami, [– que donne] [+ donné par la nature] / [– *(Il tombe près du corps d'Abel.)* / Un nuage [– a couvert] [+ obscurci] mon esprit égaré… / *(Il se relève avec horreur.)* / Ciel ! Quel est près de moi ce corps défiguré ? / Quel monstre osa sur lui d'une main meurtrière… / Arrête… Inhumain… C'est Abel, c'est mon frère.] / [– Mais où va mon erreur chercher son assassin. / Ah ! Caïn, c'est toi seul qui a brisé son sein.] [+ Je n'en ai plus ; je n'ai que l'horreur et l'effroi / D'être seul dans le monde avec mon crime et moi.]}
[185] L1 : enseigné le chemin,
[186] Ms : Je vois à mon nom seul
[187] Ms : Le monde entier se perdre

Scène IV.

Caïn, Méhala et ses enfants.[188]

MÉHALA, *voyant Caïn dans le plus grand trouble.*
Ciel ! qu'as-tu, cher Caïn ?

CAÏN.
C'est toi… n'approche pas…
Crains de toucher mes[189] mains, de marcher sur mes pas ;
Crains de respirer l'air que ton époux respire…
Il est empoisonné.

MÉHALA.
Comment ?… que veux-tu dire ?
Je t'amène tes fils, presses-les sur ton cœur.
Leur aspect…

CAÏN.
Leur aspect redouble ma douleur.

MÉHALA.
Hélas ! ils ont souvent apaisé mes souffrances !

CAÏN.
Ils me coûtent à moi plus cher que tu ne penses !…

MÉHALA.
Mais pourquoi ces discours, ce front épouvanté…

CAÏN.
Si tu savais ! …

MÉHALA.
Eh ! Bien ?[190]

CAÏN.
Pourquoi m'as tu quitté ?

MÉHALA.
Un moment…

---

[188] Ms : *Caïn (3) Méhala (2) et ses enfants, Abel mort.*
[189] Ms : ces
[190] L1 : Eh, bien !

CAÏN.
Un moment est assez pour un crime.
Vois jusqu'où m'égara[191] la fureur qui m'anime,([192])
Vois…

(À Adam et Ève qui entrent alors.)
Voyez tous.[193]

Scène V.

Adam, Ève, Caïn, Méhala et ses enfants.[194]

[195]

ADAM.[196]
Abel dans son sang étendu ![197]

CAÏN.
Eh ! bien, ce sang, c'est moi, moi, qui l'ai répandu.

ADAM.
Toi ! Caïn !… qu'as-tu fait ?

CAÏN.
Un crime abominable !
Qui me rend à moi-même un objet exécrable !
Pour qui le Ciel n'a pas d'assez grands châtiments !

ÈVE, *auprès du corps d'Abel.*
Abel ! mon cher Abel !

MÉHALA, *auprès de Caïn qui est appuyé sur elle.*
Quels horribles moments !

ADAM, *contemplant ses deux enfants.*[198]
L'assassin est mon fils !… ce cadavre insensible,
Il est encore mon fils… te voilà, mort terrible !

---

[191] Ms : Regarde où m'a conduit
[192] *Note de l'auteur* : M. Saint-Prix, qui a joué Caïn avec tant de talent, détourne la tête en montrant à Méhala le corps sanglant d'Abel. L'idée de cette position lui appartient. Elle est sublime.
[193] Ms : [> *(À Adam et Ève qui entrent alors.)* Voyez tous. <]
[194] Ms : *Adam (2), Ève (1), Caïn (3), Méhala (4) et ses enfants.*
[195] Ms : *(À Adam et Ève qui entrent alors.)* Voyez tous.
[196] Ms : [– ÈVE] [+ ADAM]
[197] L1 : Abel dans son sang étendu.
[198] Ms : *fils.*

Mais qu'avais-tu besoin du bras d'un meurtrier ?
Était-ce à l'innocent à mourir le premier ?... (199)
Et toi, Caïn comment contre un frère si tendre...

CAÏN.

Hélas ! ainsi que vous je ne le puis comprendre...
Quelqu'esprit malfaisant, des Enfers échappé,
Aura conduit les coups dont Abel fut frappé...
Mais non, l'Enfer, c'est moi ! je suis le seul coupable...
Ah ! mon père !

ADAM.

Je vois que le remords t'accable.

CAÏN.

Il me déchire... hélas ! en tombant sous mes coups,
Abel jetait sur moi les regards les plus doux,
Il daignait me bénir d'une voix expirante ;
Il me tendait encore sa main faible et tremblante :
Il semblait pour ma grâce en secret prier Dieu,
Et son dernier soupir fut le plus tendre adieu !
Ma grâce !... non, sa mort demande mon supplice.
Quoi ! tu ne tonnes pas, éternelle justice !
Elle approche !... au milieu des vents et des éclairs,
La foudre gronde, roule, éclate dans les airs ;
Un nuage enflammé m'environne et m'atterre !

Scène VI.

Adam, Ève, Caïn, Méhala, et ses enfants, la Voix de Dieu dans un nuage qui couvre tout le théâtre.[200]

LA VOIX DE DIEU

Caïn !

---

[199] *Note de l'auteur :* Ce vers et cet autre du premier acte « *Quel crime as-tu commis dont je sois innocent ?* » sont entièrement dans une traduction en vers de deux chants de *La Mort d'Abel* par M. Gilbert. Je ne la connaissais pas quand je les fis ; et on croira sans doute aisément que travaillant sur le même original que M. Gilbert, j'ai pu me rencontrer deux fois avec lui. Cependant, quand j'ai trouvé ces deux vers dans sa traduction, j'ai essayé de les changer ; mais craignant de ne pouvoir le faire sans les gâter, j'ai pris le parti de les garder ; et j'ai mieux aimé laisser dans ma pièce deux bons vers qu'on pourra attribuer à un autre, que d'en donner deux mauvais qu'on ne pourrait attribuer qu'à moi.
[200] Ms : *Caïn, Méhala, et ses enfants, Adam, Ève, la Voix de Dieu dans un nuage qui couvre tout le théâtre et surtout masque le fond.*

CAÏN.

J'entends mon nom !

LA VOIX DE DIEU

Qu'as-tu fait de ton frère ?

CAÏN.

Tout va prendre une voix pour me le demander !
Abel ! …

LA VOIX DE DIEU

Qu'en as-tu fait ?

CAÏN.

Devais-je le garder ?

LA VOIX DE DIEU

Eh ! quel est donc ce sang qu'a versé ta furie ?

CAÏN.

Je ne sais.

LA VOIX DE DIEU

Jusqu'à moi ce sang s'élève et crie.
Caïn, entends l'arrêt du premier assassin.
Toujours tu croiras voir expirer sous ta main
Ton frère, qu'à frappé ta haine criminelle.
Tes membres frémiront d'une horreur éternelle ;
De déserts en déserts tu vas porter tes pas.
Ma malédiction ne te quittera pas.
Des traits de sang, écrits sur ton front homicide,
Diront à tous les yeux, voilà le fratricide ;
Et les mortels fuiront, à ta vue effrayés,
Loin du meurtrier maudit où poseront tes pieds.

(Le nuage remonte au bruit du tonnerre et à la lueur des éclairs.)[201]

MÉHALA.

Quel arrêt rigoureux !

CAÏN.

Il est trop légitime ;
Le supplice jamais n'égalera mon crime…[202]
Je saurai le subir… je fuis loin de ces lieux.

---

[201] Ms : [> *(Le nuage remonte au bruit du tonnerre et à la lueur des éclairs.)* <]
[202] [– [– ADAM. Nous te resterons encore lorsque le ciel t'accable / CAÏN. Non, ne le bravez point pour un tel coupable…] / [+ MÉHALA. Quel arrêt rigoureux !] [+/– CAÏN. Quel arrêt rigoureux !] [+ CAÏN. Il est trop légitime. / Le supplice jamais n'égalera mon crime…]]

Bois épais, rocs déserts, antres silencieux,
Recevez, et cachez ma tête criminelle,
Oui, je cours embrasser votre horreur qui m'appelle.
Je pars.

MÉHALA.

Je te suis.

CAÏN.

Reste.

MÉHALA.

Eh ! nos nœuds…

CAÏN.

Sont rompus.

MÉHALA.

N'es-tu pas mon époux ?

CAÏN.

Non, je ne le suis plus.
Laisse-moi seul au sort que le ciel me prépare :
De toi, du monde entier mon crime me sépare…

MÉHALA.

Tes fils, ta femme…

CAÏN.

Adieu.

MÉHALA.

Non, je m'attache à toi.

CAÏN.

Je ne suis pas puni si tu pars avec moi.

Caïn s'échappe des bras de Méhala ; Méhala le suit malgré lui avec ses enfants de monts en monts, de rochers en rochers qui les cachent et les font reparaître tour-à-tour. Adam et Ève restent immobiles auprès du corps d'Abel. Caïn, Méhala et ses enfants s'arrêtent sur le plus haut de la montagne pour jeter un regard à leurs parents.[203]

Fin.

---

[203] Ms *liasse* : Le supplice jamais n'égalera mon crime. / {– [*Bon* J'accepte mon arrêt, je saurai le remplir] [+ Je saurai le subir. Je fuis loin de ces lieux. / Bois épais, rocs déserts, rochers silencieux,] / [*Seuls vers biffés dans un premier temps* : – Je quitte ce séjour que le deuil va remplir. / Que souille mon aspect… lieux sauvages, bois sombres, / Déserts, monts escarpés, marais noirs de serpents, / Antres, cavernes, rocs d'où tombent les torrents.] / [*Bon* Recevez et cachez ma tête criminelle. / Oui, je cours embrasser votre horreur qui m'appelle. / C'est à vous désormais que tous mes jours sont dus.] / MÉHALA. [– Non, je te suis.] [+ Je te suis.] CAÏN. [+ Non,] Demeure. MÉHALA. Et nos nœuds… CAÏN. Sont rompus. / [*Bon* Ton destin n'est plus joint à celui d'un barbare. / De toi, du monde entier, mon crime me sépare.] / [– [– Je ne suis pas puni] [+ Je suis trop peu puni] si tu pars avec moi.] / MÉHALA. [– Que ferais-je en ce lieu où je vivrais sans toi ?] [+/– Nos enfants, ton épouse…] [+ Nos fils ! Ta femme ! CAÏN. Adieu.] [+/– Vivre sans toi !] [+ Non, je m'attache à toi.] / [+ CAÏN. Je ne suis pas puni si tu pars avec moi.] Fin.} ;
Ms *liasse* : Le supplice jamais n'égalera mon crime. / {– [– Non, ce sang répandu par ma haine jalouse…] [+ Non, tu dois détester un monstre qui s'abhorre.] / Ne sois que sœur d'Abel. MÉHALA. [– Ah ! je suis ton épouse] [+ Je suis ta femme encore] / [*Seuls vers biffés dans un premier temps* : CAÏN. J'ai souillé ce lien. MÉHALA. Il est toujours sacré. / CAÏN. Mais ne me crains-tu pas ? Puisque j'ai massacré / Mon frère dont pour moi l'amitié fût extrême, / Ne puis-je pas un jour t'assassiner toi-même ? / MÉHALA. On reprend sa vertu, quand on a ton remords. / Mais ton bras me dût-il un jour donner la mort, / Mon devoir n'est pas moins de t'aimer et te suivre, / Je suis ta femme, enfin où tu vis je dois vivre.] MÉHALA. Les plaisirs, les chagrins sont communs entre nous / Et ma place est aux lieux où gémit mon époux. / [*Seuls vers biffés dans un premier temps* : CAÏN. Seul j'ai porté le coup dont Abel fut victime, / Et seul je dois traîner mon supplice et mon crime. / Adieu. ÈVE. Quoi ! Malheureux ! Rien n'arrête tes pas ! / ADAM. Malgré notre âge encore…] CAÏN [– Qu'on ne me suive pas.] / Adieu. MÉHALA. Non, ne crois point qu'une épouse te quitte / Ou, si tu veux encore me dérober ta fuite, / Détache donc ces bras autour de toi liés / Repousse Méhala qui s'attache à tes pieds. *(Caïn s'échappe des bras de Méhala, et Méhala le suit malgré lui avec ses enfants de coteaux en coteaux, de rochers en rochers, qui les cachent et les font reparaître tout à tour. Adam et Ève restent prosternés auprès du corps d'Abel. Caïn, Méhala et ses enfants s'arrêtent sur le plus haut de la montagne pour jeter un dernier regard sur leurs parents. Le nuage remonte et la toile se baisse.* Fin.} ;
Ms *feuillet en papier différent ajouté, recto* : Le supplice jamais n'égalera mon crime. / {– Je saurai le subir. Je fuis loin de ces lieux. / MÉHALA. Je te suis. CAÏN. Non, demeure. MÉHALA. Et nos nœuds… CAÏN. Sont rompus. / MÉHALA. Tes fils, ta femme… CAÏN. Adieu. MÉHALA. Non, je m'attache à toi. / CAÏN. Je ne suis pas puni si tu pars avec moi. Fin.} ;
Ms *feuillet en papier différent ajouté, verso* : Le supplice jamais n'égalera mon crime. / { Je saurai le subir. Je fuis loin de ces lieux, / Bois épais, rocs déserts, rochers silencieux, / Recevez et cachez ma tête criminelle ; / Oui, je cours embrasser votre horreur qui m'appelle ; / C'est à vous désormais que tous mes jours sont dus. / MÉHALA. Je te suis. CAÏN. Non, demeure. MÉHALA. Et nos nœuds… CAÏN. Sont rompus. / Ton destin n'est plus joint à celui d'un barbare. / De toi, du monde entier mon crime me sépare. / MÉHALA. Tes fils, ta femme… CAÏN. Adieu. MÉHALA. CAÏN. Non, je m'attache à toi. / Je ne suis pas puni si tu pars avec moi. Fin.}

ANNEXE I

Réception de *La Mort d'Abel*

Affiches, Annonces, et Avis divers ou Journal Général de France

Supplément du 6 mars 1792

On trouve, dans les réflexions préliminaires qui accompagnent la *Mort d'Adam*, tragédie de Klopstock, traduite par M. l'Abbé Roman, imprimée en 1762, l'exposé suivant, qui peut se rapporter à la tragédie, qu'on donne ce soir au Théâtre de la Nation, sous le titre de la *Mort d'Abel*. « La mort du père de tous les hommes, l'exécution de l'arrêt terrible porté contre lui et contre toute sa postérité, quel sujet ! Le théâtre ancien et moderne en a-t-il jamais offert un qui réunit à tant de simplicité, tant d'importance, de grandeur et d'intérêt ? car enfin, il ne s'agit pas ici du sort d'un particulier, d'une famille, d'une Nation même ; il s'agit de la destinée du genre humain. La catastrophe est tout-à-la-fois terrible et touchante : c'est un homme coupable, frappé de mort, mais le premier de tous les hommes, destiné à l'immortalité par la main toute puissante qui l'avait formé ; c'est un père malheureux, qui entraîne dans le tombeau toute sa race avec lui, et qui est moins touché de sa propre infortune, que du malheur de sa postérité : un père qui, par ses larmes, par son repentir, par ses remords, aurait mérité le pardon de sa faiblesse, si ce pardon fut entré dans les desseins irrévocables de l'Être suprême… Il n'y a, dans la pièce, ni méprise, ni échange, ni incidents romanesques, ni événements imprévus, ni coups de théâtre, ni nœuds embrouillés, ni dénouement extraordinaire, ni catastrophe précipitée, ni descriptions pompeuses, ni sentences philosophiques, ni tous ces échafaudages de la plupart des tragédies. Cependant rien n'est si touchant que cette pièce si simple. Tel est l'empire du sentiment, de la nature et de la vérité ».

Si le sujet de la *Mort d'Adam* qui sans doute ne paraît pas aussi propre à former une action dramatique que celui de la *Mort d'Abel* peut offrir ces grandes réflexions et ce vif intérêt, à plus forte raison ce dernier ouvrage doit-il piquer la curiosité. Le contraste du caractère mâle de Caïn, avec la candeur ingénue et touchante du vertueux Abel ; un crime, le premier crime qui ait été commis ; voilà sans doute des données grandes et tragiques. La Religion, dénuée de fanatisme, et l'époque de la naissance du monde, font attendre aussi un style tout-à-la-fois simple, pastoral, imposant, et des tableaux neufs au Théâtre.

Nous ne connaissons sur ce même sujet qu'un seul ouvrage, *La Mort d'Abel*, drame en 3 actes, en vers, imité du poème allemand de Gessner, d'après la traduction que M. Huber en a donné en 1760, par M. l'Abbé *Aubert*, imprimé d'abord en 1765, et depuis dans le recueil de ses œuvres.

* * *

Affiches, Annonces, et Avis divers ou Journal Général de France

Supplément du 8 mars 1792

La Mort d'Abel, Tragédie en 3 actes, en vers, a eu, avant-hier sur ce théâtre, le succès le plus brillant et le plus mérité, et quoiqu'on y ait trouvé la marche et des imitations heureuses de Gessner, nous prouverons, par la citation suivante, que son jeune auteur n'en avait pas moins à vaincre les plus grandes difficultés. M. l'Abbé Aubert fait, dans la Préface de sa *Mort d'Abel*, des réflexions que nous adapterions à cette nouvelle tragédie : « Qu'on dise quel modèle on avait à suivre, dans notre langue, pour l'élocution poétique de cet ouvrage ? ... S'il est vrai qu'il n'y en ait point ; si l'on considère qu'on n'a pu même imiter le style du poème, qui, en cette patrie, tient plus de l'Idylle,[1] que du genre tragique, et qui, d'ailleurs, a été composé par Gessner, en prose mesurée, *genre particulier dont la langue Allemande est plus susceptible qu'une autre, genre mitoyen entre les vers et la prose commune, genre qui a presque toute l'aisance de celle-ci, mais qui n'a qu'une partie des agréments de ceux-là* ; on conviendra qu'il a fallu, en quelque sorte, adopter une versification nouvelle, laquelle, sans s'écarter de cette simplicité qui caractérise le langage des premiers hommes, eût cependant toute la noblesse et toute l'énergie du style tragique. Dialogue, comparaisons, maximes, tout devenait neuf dans une pièce où rien de ce qui forme les coloris des tragédies ordinaires, ne pouvait être mis en usage, tel que les métaphores, prises de la fable, des sciences ou des arts, les expressions sans nombre que les besoins ont fait trouver à mesure qu'ils se sont multipliés, ou dont on doit l'invention à l'établissement des sociétés, aux changements arrivés dans les mœurs, aux progrès de l'esprit humain ».

On conviendra cependant que tous ces anachronismes évités ne devaient pas empêcher que le style, ainsi que nous l'avons dit avant-hier, fût tout-à-la-fois touchant, pastoral, imposant et poétique et c'est surtout ce qui fait le mérite de cet ouvrage, simple dans sa démarche et riche dans ses détails.

Au premier acte, Adam, Ève, Abel, Thirza son épouse, Méhala, femme de Caïn, et leurs enfants, s'assemblent au lever de l'aurore, pour adresser, suivant leur coutume, des vœux à l'Éternel : Caïn, rongé de soucis, manque, pour la première fois, à cette prière solennelle : Abel gémit sur la haine que son frère lui a vouée.

---

[1] Les endroits où M. Gessner excelle (dit le Traducteur du Poème d'Abel), sont les images riantes de la nature, présentées dans son beau.

> Ô jours de notre enfance (*s'écrie-t-il*) ! ô tendresse première
> Jours plus heureux ! Caïn aimait son frère !
> Alors il unissait ses plaisirs à mes jeux,
> À raffermir nos pas nous aidions tous deux !
> …
> Je n'ai point son adresse et sa force en partage :
> Je n'ai reçu qu'un cœur, c'est mon seul avantage ;
> Mais le cœur le plus tendre, et qui n'est animé
> Que du désir si doux d'aimer et d'être aimé !

Ces vers de sentiments contrastent bien avec le monologue de Caïn au second acte, et surtout avec ce vers :

> Travailler et haïr, voilà donc mon partage !

Adam vient le chercher : il le trouve plongé dans un sombre désespoir, blasphémant contre le Ciel. Adam lui dit :

> N'as-tu pas des enfants que tu peux embrasser ?
> Quoi ! tu te plains du Ciel étant époux et père !
> Moi, rongé de remords, accablé de misère,
> Quand je vois mon épouse et l'un de mes enfants,
> Quand tu m'ouvres tes bras, je sens moins mes tourments !

Caïn semble s'attendrir : il promet d'embrasser son frère : tous les deux offrent un sacrifice au Seigneur : la flamme consume seulement les dons d'Abel. Caïn, furieux, redouble de rage. Il a fait un songe affreux, au troisième acte. Sa femme va chercher ses enfants pour le consoler. Pendant ce temps, Abel se présente, il veut embrasser son frère, *retire-toi*, lui crie celui-ci, d'une voix égarée. Abel se précipite sur son cœur. Caïn le repousse et l'assomme en le frappant avec l'instrument dont il se sert pour cultiver les champs. Abel expire : Caïn se livre à ses remords. *Qu'ai-je fait !* s'écrie-t-il ! …

> Un frère est un ami donné par la nature.
> …
> Misérable ! et, par moi, la terre épouvantée
> A bu le premier sang dont elle est humectée ;
> Et, par ce coup affreux dont j'ai rougi ma main,
> J'ai du meurtre aux mortels enseigné le chemin !…

Sa famille se présente. Caïn avoue son crime, et Adam, au désespoir, dit :

> L'assassin est mon fils… Ce cadavre insensible,
> Il est aussi mon fils !… Te voilà, mort terrible !…
> Mais qu'avais-tu besoin du bras d'un meurtrier :
> Étais-ce à l'innocent à mourir le premier !…

Enfin la Voix de Dieu se fait entendre au milieu du tonnerre : elle reproche à Caïn son crime, et lui prédit les maux sans nombre qu'il va répandre sur la terre…

Cet ouvrage plein d'intérêt, écrit d'un style pur, soigné, souvent épique, vu le genre des détails, quelquefois patriarcal, et toujours élégant et correct, doit faire le plus grand honneur à M. Legouvé, très-jeune débutant dans la carrière dramatique, et fils du célèbre avocat de ce nom. Le public, rempli d'un juste enthousiasme, l'a demandé, mais il n'a point paru : *il n'avait point osé se trouver à la représentation.*

Cette pièce est très bien jouée. Le rôle de Caïn doit ajouter singulièrement à la réputation de M. Saint-Prix : M. Dupont rend avec une sensibilité touchante celui d'Abel : Mlle Raucourt est très belle dans celui d'Ève ; et les autres rôles sont joués avec beaucoup d'âme, par M. Vanhove et Mlles Fleury et Thénard. Les costumes sont bien soignés, et en général cet excellent ouvrage est mis avec beaucoup de soin.

* * *

Chronique de Paris, 8 mars 1792

Théâtre de la Nation

Notre théâtre a commencé par des *Mystères*, farces pieuses, dans lesquels on représentait devant des hommes ignorants et superstitieux, toutes les histoires ridicules de l'ancien et du nouveau testament. Depuis que la scène s'est épurée, depuis que nos grands poètes ont rendu le Théâtre Français le premier théâtre du monde, quelques auteurs ont tenté de traiter des sujets sacrés ; deux seuls ont réussi : Racine dans *Athalie*, et Corneille dans *Polyeucte*.

Depuis longtemps ce genre était abandonné et devait l'être. Les hommes éclairés ne peuvent trouver des charmes à des ouvrages propres à entretenir un esprit de superstition et d'erreur, et tout en admirant les beaux vers de Racine, on déteste le fanatisme régicide de l'ambitieux Joad ; et malgré le tendre intérêt que Pauline inspire dans la pièce de Corneille, on ne peut éprouver le même sentiment pour Polyeucte qui, égaré par des prêtres, brise en insensé les statues des dieux qu'il croit ne pas valoir le sien, et trouble ensuite le culte d'un pays dont il doit respecter les lois. Le triomphe de Joad est inique ; le supplice de Polyeucte est juste, et l'effet de ces deux beaux ouvrages est manqué.

C'était donc une entreprise très difficile de représenter ce genre, et c'est ce qu'a tenté M. Legouvé, qui a choisi dans la mythologie des Hébreux ce qu'on raconte des premiers enfants d'Adam, la fable de la *Mort d'Abel*. On connaît le poème de Gessner, repris tant de fois ; M. Legouvé en a beaucoup profité.

Adam et Ève, bannis de l'Éden, ont quatre enfants : Caïn et Abel, Méhala et Thirza ; Méhala est l'épouse du premier, Thirza celle du second, et deux petits enfants sont nés de ces deux premiers mariages. Abel conduit les troupeaux ; Caïn est agriculteur. Depuis un temps les préférences d'Adam et celles de Dieu seulement pour Abel ont aigri son caractère ; il fuit dans les forêts, le travail pénible auquel il se livre l'irrite, la solitude dans laquelle il se plonge accroît sa mélancolie. L'heure de la prière commune arrive, et Caïn ne paraît point. Abel obtient d'Adam qu'elle ne sera pas commencée qu'il n'ait essayé de fléchir son frère, mais ses efforts sont vains. On prie donc sans lui. Adam et Ève se reprochent les maux qui menacent leur race. C'est leur faute, c'est leur chute qui les a causés, Adam veut pourtant voir Caïn ; il le trouve appuyé sur son instrument avec lequel il déchire la terre ; ses efforts pour adoucir son caractère indomptable sont impuissants : les éloges qu'il donne à Abel, son nom souvent répété excitent encore la sombre jalousie de Caïn, qui s'exclame avec une fureur concentrée, à divers intervalles : *toujours Abel !* Adam tombe, épuisé de douleur, sur le gazon, il ne peut résister à l'inflexibilité de Caïn ; et au moment où la fureur de son fils paraît au plus fort degré, il semble touché de Dieu, il abjure sa haine, il vient se réconcilier avec son frère, qui vient se jeter dans ses bras. Alors commence un sacrifice : on offre au Très-Haut les fruits de la terre ; mais sa flamme dévore les prémices offerts par Abel, ce qui est un signe qu'ils lui sont agréables. L'offrande de Caïn demeure intacte ; il ne peut résister à ce témoignage de réprobation. On me veut criminel, dit-il, hé bien, je le serai. Il accable son frère d'imprécations ; il ne veut plus de père, de fils et d'épouse, et s'enfuit dans les déserts : là il s'endort de fatigue ; un songe lui fait voir sa postérité esclave de celle d'Abel ; il se réveille plus furieux qu'avant son sommeil. Méhala qui ne peut le calmer, court chercher ses enfants. Abel arrive. En ne se sentant plus maître de lui, il le presse de se retirer. Le sensible Abel ne peut craindre son frère, et demeure : alors Caïn lui porte sur la tête un coup avec son instrument aratoire, et le tue. Bientôt la pitié succède à la furie, il déteste son crime. Adam et Ève arrivent ; il leur montre sa victime avec une horreur qui exprime ses remords ; il trouve la vengeance de Dieu trop lente, il l'appelle lui-même ; aussitôt le tonnerre gronde, et du sein des nuages l'Éternel lui dit : *Qu'as-tu fait de ton frère ?* Caïn répond, comme dans l'écriture : *Me l'aviez-vous donné en garde ?* Mais son sort est prononcé ; il doit fuir dans des lieux sauvages, toujours ayant le meurtre qu'il a commis sous les yeux, frappé de la malédiction qui en est sa suite. Caïn entend cet arrêt et se propose déjà à l'exécuter. Il veut partir. Méhala et ses enfants l'arrêtent ; il s'échappe de leurs bras et se sauve en gravissant des rochers qu'ils gravissent à sa suite sans pouvoir le joindre. Adam et Eve, éplorés auprès du corps d'Abel, les suivent des yeux, et la toile tombe.

Cette pièce a été très applaudie. Il y a dans le rôle d'Abel une sensibilité vraiment touchante. Le caractère de Caïn est fortement dessiné. On pourrait citer beaucoup de détails très heureux, des vers énergiques et bien faits. L'ouvrage annonce un talent distingué, et les défauts tiennent principalement au sujet. Le meurtre d'Abel ne saurait se justifier ; mais on ne peut disconvenir que la jalousie de Caïn est bien motivée par les tendresses de ses parents, trop inégalement partagées. La partialité de Dieu, au moment du sacrifice, qui est le sceau du raccommodement des deux frères, est évidemment injuste, qu'égarer l'esprit de Caïn par un songe qui lui fait voir dans l'avenir l'avilissement de sa race, c'est le pousser au crime pour le punir, et que faire ainsi périr le juste Abel par les mains d'un frère furieux, est une action aussi cruellement ridicule, que de damner le genre humain pour une pomme ; il est donc impossible que l'âme s'attache aux choses que la raison rejette, que l'esprit ne saurait voir, et avant d'être touché il faut être persuadé.

M. Legouvé, pour enrichir davantage son ouvrage en détails, ne s'est pas assez renfermé dans la sévérité de son sujet. On sait bien qu'il faut ou qu'Adam et ses fils soient muets, comme ils devraient l'être, ou qu'ils parlent notre langage ; mais ils ne peuvent pas employer des mots qui expriment des idées alors inconnues, telles que ceux de luxe, joyeux festins, chant, le mérite, la vertu, etc. etc. cet anachronisme grammatical est une véritable faute ; on répondra que le dictionnaire des enfants d'Adam deviendrait alors trop vide ; voilà pourquoi il ne fallait pas choisir un sujet impraticable.

Il n'en est pas moins glorieux à M. Legouvé d'avoir lutté, avec tant d'avantage, contre toutes ces difficultés. Les rôles de Caïn et d'Abel ont été très bien joués par MM. Saint-Prix et Dupont, qui ont été demandés. Les décorations sont en général agréables et bien entendues ; mais celle de Dieu le fait entendre du loin des montagnes et est trop mesquine ; quant aux costumes, Adam et sa famille devraient être vêtus de feuillages et non de peux d'animaux, et mesdemoiselles Fleury et Thénard pourraient s'épargner les frais d'un coiffeur.

* * *

Journal de Paris, 8 mars 1792

On était assez généralement prévenu contre le sujet de *La Mort d'Abel*, tragédie en trois actes, dont on a donné mardi la première représentation. On le croyait un des moins propres à la scène : mais l'auteur a su vaincre cette prévention qui peut-être n'était pas sans fondement. Son ouvrage a un mérite bien rare aujourd'hui, celui du style. À quelques endroits près, faciles à retoucher, sa versification est douce, harmonieuse et soignée : on voit qu'il s'est formé sur les bons modèles.

Pour la marche de l'action, il a suivi celle du poème de Gessner, dont il a emprunté une foule de charmants détails, ainsi que du *Paradis perdu*. Mais il nous a semblé que dans la tragédie le caractère de Caïn est plus dramatique et plus vigoureux. Cette énergie se manifeste particulièrement dans le second acte qui a été très applaudi. Dans le troisième, on a eu peine à supporter le meurtre d'Abel fait sur le théâtre, et son cadavre longtemps exposé aux yeux des spectateurs. La plupart auraient désiré que le crime se commette derrière la scène.

On a demandé l'auteur, qui est M. Legouvé, fils d'un célèbre avocat ; il est jeune ; un tel début ne peut que donner les plus flatteuses espérances.

M. de Saint-Prix produit beaucoup d'effet dans le rôle de Caïn, et M. Dupont a bien fait le caractère intéressant du malheureux Abel. Les autres rôles, moins importants, ont été fort bien remplis par M. Vanhove, Mlles Raucourt, Thénard, Fleury, etc.

* * *

Le Logographe, 9 mars 1792

Théâtres

Mardi dernier, au Théâtre de la Nation, *La Mort d'Abel*, tragédie en trois actes, a obtenu et mérité un grand succès.

Le sujet n'a pas besoin d'explication. L'auteur a suivi à-peu-près le plan du poème de Gessner, et il a très heureusement transporté dans son ouvrage les principales beautés de ce poème célèbre. Ce qu'il a ajouté ou changé annonce qu'il sera digne d'être imité à son tour, surtout s'il se défie de sa facilité. Le rôle de Caïn est tracé avec beaucoup de profondeur et d'énergie, souvent même il est intéressant : ce qui suppose une grande connaissance de l'art. Abel répondit à l'idée qu'on se fait de son caractère, et les autres personnages méritent le même éloge. La pièce, d'ailleurs, est bien conduite : le style en est pur, simple, conforme au sujet. On y trouve une foule de vers heureux et pleins de sentiments, tels que celui-ci qu'on a applaudi avec transport :

Un frère est un ami que donne la nature

Il y a quelques longueurs, mais ce défaut peut aisément disparaître. Il serait également à désirer que Caïn ne tuât pas son frère devant le spectateur. Ce spectacle froisse l'âme sans l'attendrir, et il nous semble qu'Abel, frappé dans la coulisse et venant sur la scène rendre le dernier soupir, produirait un effet aussi dramatique et bien moins horrible. Le tableau qui termine la scène est d'un genre neuf et imposant.

Cette tragédie est parfaitement jouée ; M. Saint-Prix surtout a très bien rendu le rôle de Caïn. On a demandé l'auteur. M. Vanhove a nommé M. Legouvé. C'est le fils du célèbre avocat de ce nom, qui a lui-même composé une tragédie estimable sous le titre d'Attila.

* * *

Le Patriote français, 9 mars 1792

Les comédiens français, toujours *ordinaires du roi*, se refusent avec obstination à donner des pièces patriotiques. Cependant ils prennent toujours le titre de théâtre *de la nation*. Nous ne savons de quelle nation ils parlent, si ce n'est peut-être de la nation de Coblenz. Il n'est aucun théâtre qui ne puisse prendre exclusivement le titre de *théâtre de la nation* ; et s'il en est un qui put se faire pardonner la présomption de le prendre, ce ne serait pas celui dont les acteurs font profession d'*appartenir au roi, celui dont l'unique soin* est celui de flatter la cour, celui qui semble rayer de son répertoire toutes les pièces auxquelles l'amour de la liberté peut sourire, celui, en un mot, qui est volontairement plus esclave que lorsqu'il gémissait sous les entraves d'une police inquisitoriale.

* * *

Feuille du jour, 9 mars 1792

L'auteur a vaincu toutes les difficultés de son sujet ; ses caractères sont prononcés d'après Gessner et Milton, unis avec une touche dramatique, pleine d'art et d'effet. Son style est à la fois élégant, harmonieux et fort.

M. de Saint-Prix a déployé tout le nerf de son talent, dans le rôle sombre de Caïn. M. Dupont a joué celui d'Abel, avec une aimable candeur ; et Mlle Raucourt a marqué celui d'Eve de toute la tendresse d'une mère et d'une épouse.

M. Vanhove a saisi le personnage du bon Adam, comme il doit l'être. L'auteur de cette pièce est M. Legouvé, fils d'un jurisconsulte célèbre.

* * *

Journal des Théâtres, n. XXI, 10 mars 1792

Théâtre de la Nation

Nous sommes, sans contredit, le peuple le plus frivole, le plus orgueilleux et le plus opiniâtre qu'il y ait dans toute l'étendue de ce pauvre globe terrestre où nous paraissons un instant pour souffrir et pour mourir. Cette frivolité, cet orgueil et cette opiniâtreté influent, non seulement sur nos idées politiques, mais encore sur nos plaisirs ; quand nous nous sommes mis en tête qu'un objet, que nous envisageons mal, ne saurait nous être agréable, nous nous refusons à toute évidence, et notre entêtement vaniteux va jusqu'à étouffer en nous les sentiments que nous éprouvons. Depuis trente ans, nous étions forcés d'admirer à la lecture, *la Mort d'Adam*, tragédie, traduite de l'allemand, de M. Klopstock ; mais, tout en l'admirant, nous nous obstinions à croire et à dire qu'un sujet tiré des premières années de l'existence du monde, ne réussirait pas sur nos théâtres. C'était en même temps nous rendre justice et nous calomnier. C'était nous rendre justice, parce que nous sommes en effet bien loin de la nature et des mœurs patriarcales ; c'était nous calomnier, parce que, tout dépravés que nous sommes, tous les sentiments ne sont pas encore éteints dans nos cœurs. Où les sentiments vivent encore, il y a de la ressource pour la vérité. Nous venons d'en avoir une preuve dans le succès qu'a obtenu *la Mort d'Abel*, tragédie en trois actes, par M. Legouvé, fils d'un des plus célèbres et des plus respectables avocats de ce siècle. Une heure avant la représentation, tout le monde croyait être venu au spectacle pour assister à une chute. On a été étrangement surpris quand on a vu un sujet simple se développer de la manière la plus vraie, la mieux sentie, la plus touchante, et présenter, sous le charme d'un style pur, facile et nerveux, un intérêt croissant de scène en scène. Nous ne donnerons point l'analyse de cette tragédie, dans laquelle M. Legouvé a pris pour guide le poème de Gessner, en écartant tout ce qui aurait gêné sa marche. L'ouvrage a eu le plus grand succès ; il est très bien mis, fort bien joué ; mais M. Dupont, dans le rôle d'Abel, et M. Saint-Prix, surtout, dans le rôle de Caïn, ont mérité des éloges particuliers.

Ce sujet a été traité par M. l'abbé Aubert, en 1765, aussi en imitation de Gessner ; mais l'ouvrage de M. Legouvé est bien au-dessus de celui de M. Aubert. Avant cette époque, nous ne connaissons que deux pièces où la mort d'Abel ait été pour quelque chose. La première a pour titre le Vieil Testament, en 23 mystères. C'est dans le second de ces mystères, qu'Abel est assassiné par Caïn : elle est de 1500 environ. La seconde est d'un sieur de *Villetoustain*, et a pour titre, *Tragédie de la naissance ou création du monde*, et date de 1600 à 1615.

* * *

La Gazette Nationale ou le Moniteur Universel, 16 mars 1792

La Mort d'Abel, tragédie en trois actes, a eu beaucoup de succès. Voici comment l'auteur a traité ce sujet connu. Caïn, dévoré de haine et de jalousie contre son frère Abel, fuit sa famille, et manque à la prière du matin qui se fait toujours en commun. Abel court le chercher. Après une réconciliation forcée, les deux frères font chacun une offrande au Seigneur. Le feu du ciel descend sur l'autel dressé par Abel, et le sacrifice de Caïn est reprouvé. Ce dernier fait un songe horrible : il voit sa postérité esclave de celle d'Abel ; sa rage monte au comble. C'est dans ce moment que son frère se présente à lui, et que Caïn égaré, furieux, le frappe d'un instrument de labourage qu'il tenait à la main. Toute la famille arrive, et trouve le meurtrier auprès de la victime. La Voix de Dieu se fait entendre, et lui reproche son forfait. Il fuit loin de ses parents, dont il ne peut plus soutenir la vue : sa femme et ses enfants s'exilent avec lui.

On voit que l'auteur de cette tragédie doit beaucoup au charmant poème de Gessner : l'idée heureuse du songe en est tirée : mais le poème allemand a eu soin de supposer que ce songe et le crime de Caïn viennent de Satan, de l'ennemi des hommes, qui cherche à les faire tomber avec lui ; au lieu que dans la tragédie, la haine de Caïn est toute entière de lui seul, et n'est guère motivée : cette fatalité qui l'entraîne ne peut être l'effet de la volonté de Dieu ; il faut donc qu'il soit celui des ruses du diable ; et dans un sujet où il est question de la pomme, du péché originel, etc.… une supposition de plus pouvait très bien passer. Du reste, le rôle de Caïn est tracé avec énergie, et a très bien réussi.

On a demandé l'auteur, c'est M. Legouvé, fils d'un avocat célèbre. On a aussi demandé M. Saint-Prix, qui a joué le rôle de Caïn avec beaucoup de force et de vérité, et M. Dupont qui a fait grand plaisir dans celui d'Abel. Ils ont paru, et ont été très applaudis.

* * *

Révolutions de Paris, n. 141, 17-24 mars 1792

Les comédiens ordinaires du roi, sensibles au reproche de ne point mettre leur théâtre à l'ordre du jour, et de ne rien représenter qui ait trait à la révolution, saisissent l'époque où la religion est le plus tourmentée, où les prêtres se trouvent sous l'anathème de la raison, pour offrir sur la scène l'un des sujets les plus touchants de la Bible. Le clergé, dans son désastre, a du moins pour consolateurs la cour, les princes et les histrions. Les patriotes ne cessaient de demander au théâtre français quelques représentations de Rome sauvée, de Brutus et autres pièces de ce genre ; et voilà que le théâtre français leur joue *La Mort d'Abel*, apparemment comme pour leur répondre ; Eh ! Messieurs les patriotes, pourquoi cette manie de vous occuper exclusivement de votre liberté ? La liberté est chose bonne et belle sans doute ; elle a des mouvements sublimes et des grands effets : mais souffrez qu'on vous distraie un moment des affaires publiques. Tout n'est-il pas fini ? Vos nobles sont en fuite, vos prêtres sont à terre ; vous avez rendu tout constitutionnel ; vos saintes écritures, que vous ne lisez plus, le sont plus que vous ne pensez. Venez chez nous entendre l'élégie de *La Mort d'Abel* : outre la douce harmonie des vers dont le charme adoucira vos humeurs discordantes et âcres, outre la fraîcheur des tableaux qui contrasteront avec vos ardeurs civiques, le dénouement est l'histoire même de votre révolution. Les deux personnages principaux de la pièce représenteront naturellement les deux factions qui divisent l'empire. Abel est la première tige de cette race d'hommes aimables et doux, mais indolents et paresseux, qui, jusqu'à ce moment, avaient joui de toutes les douceurs de la société, de préférence à la postérité laborieuse et rude de Caïn. Vous reconnaîtrez votre roi dans le rôle du Père Éternel, qui, à travers un nuage, maudit Caïn et tous ceux qui lui ressemblent, c'est-à-dire, le peuple qui, las de travailler, de suer pour nourrir d'agréables fainéants et d'en être méprisé, perdra un jour patience, et s'offensera de la prédilection révoltante accordée à ses aînés. Citoyens ! Vous verrez tout cela dans *La Mort d'Abel*, et surtout dans le songe de Caïn.

Sans doute, on peut y voir tout cela : mais l'application de cette moralité aux circonstances actuelles, loin de tourner à l'avantage de notre révolution, en paraîtrait la satyre la plus amère, d'après les idées reçues sur le caractère de Caïn et d'Abel ; on ne manquerait pas de dire que les révolutionnaires, les jacobins, les patriotes sont les enfants de Caïn. L'innocent Abel au contraire serait regardé comme le père des nobles et des prêtres, de tous les oisifs se nourrissant des meilleurs fruits de la terre qu'ils n'avaient que la peine de cueillir, et se croyaient quitte quand ils avaient brûlé quelques grains d'encens, et chanté quelques hymnes à leur idole.

Probablement ce n'ont pas été là les intentions de M. Legouvé, auteur de *La Mort d'Abel*. Sa pièce était reçue des comédiens ordinaires du roi avant le 14 de juillet 1789 : mais ceux-ci n'ont peut-être pas été fâchés de voir arriver le tour de cette tragédie ; elle peut faire pendant quelque temps diversion à l'esprit public. Son sujet, traité avec toutes les grâces du style dont il est susceptible, ramènera un peu l'opinion sur ces livres saints que le livre de la constitution a fait mettre de côté. Le succès de cette églogue sacrée prouvera du moins qu'on peut encore s'occuper avec fruit d'autre chose que de la révolution. Les modérés qui se disent les honnêtes gens se feront gloire d'aller à *La Mort d'Abel* : voilà, diront-ils, des pièces comme il nous en faut ; laissons les énergumènes courir à *Gracchus*, à *Brutus*, etc. Il est temps de retourner à nos anciennes habitudes qui étaient si douces, si tranquilles ; le maire de Paris ne sera pas obligé de venir mettre le holà aux représentations de *La Mort d'Abel* ; elle ne donne lieu à aucune allusion peu respectueuse pour le roi, ou sa cour, ou ses ministres : il ne faudrait que deux ou trois pièces de ce ton, précédées de l'air chéri *vive Henry IV*, pour faire rentrer la nation dans cette sécurité parfaite où elle végétait jadis à l'ombre paternelle du trône. Le meurtre de l'innocent Abel nous inspirera toute l'horreur due à ces exécutions populaires qui nous ont valu, il est vrai, la liberté, mais qui ont porté l'effroi dans l'âme de quantité de gens plus dignes d'excuses que de blâme. Car enfin, s'ils volaient la nation, c'était au profit du peuple qu'ils faisaient travailler : les gens de peine, ainsi que Caïn, en ont-ils été plus heureux d'avoir immolé leurs frères, moins amis du travail et plus riches qu'eux ?

Bientôt sans doute les comédiens ordinaires du roi vont mettre à l'étude la tragédie de *La Mort de J. C.* ébauchée jadis par un certain chevalier de Longeac, lequel tournait assez bien un vers ; mais on aura beau imaginer, dans l'ancien comme dans le nouveau testament, il n'y a pas de quoi faire une contre-révolution dans les esprits. Les canons de l'église ne prévaudront plus contre ceux de la liberté.

* * *

Journal de Paris, 7 avril 1792

Théâtre de la Nation

Que ne peuvent le travail, l'émulation et la certitude que le succès et même l'existence dépendent, en certaines conjonctures, des efforts les plus constants et les plus assidus !

Cette société, qui voyait tant de pertes l'année dernière, et sur la ruine de laquelle on semblait déjà faire des spéculations, a mis toutes ses ressources dans une continuelle activité ; et au milieu d'évènements désastreux, au milieu de toutes ces sociétés rivales qui menaçaient de s'élever sur ses débris, elle a conservé presqu'entièrement sa glorieuse prééminence. Heureusement que son pressant besoin était de continuer à plaire au public, et rien n'a été négligé pour y parvenir. Plus de congés, presque plus de doubles, plus d'absences. Voilà d'abord les moyens qu'il a fallu employer. La rentrée de M. Delarive, les progrès de Mlle Raucourt, et le travail de ceux qui les ont secondés, ont soutenu la partie tragique qui semblait péricliter davantage. *Athalie*, jouée successivement au Théâtre de la Nation et à celui des Italiens, a commencé à ramener le public en piquant sa curiosité ; et l'heureuse fraternité des artistes de ces deux théâtres a intéressé les âmes faites pour apprécier et encourager un si bel exemple. […]

Jetons maintenant un coup d'œil sur les pièces nouvelles ou remises, de tous les genres.

Quatre tragédies, 1. *Marius à Minturnes*, par M. Arnaud, ouvrage négligemment écrit, mais qui offre des beautés fortes et des effets dramatiques, 2. *Washington*, de M. De Sauvigny, pièce de circonstance, peu de succès. 3. *Virginie*, par M. Dorigni, remarquable par de très beaux détails ; l'absence d'un acteur en a interrompu les représentations ; 4. *La Mort d'Abel*, en trois actes, par M. Legouvé : c'est la tragédie de l'année qui a le plus réussi. Elle a, comme nous l'avons déjà dit, le mérite d'un excellent ton de versification, et celui d'un style approprié à la nature du sujet. […]

* * *

Mercure français, 7 avril 1792

Théâtre de la Nation

Il s'était élevé contre le sujet de la *Mort d'Abel* une prévention assez générale ; on paraissait croire qu'il était trop simple, trop peu susceptible d'événements et de péripétie pour produire l'effet qu'on attend d'une pièce de théâtre, et la manière dont il a été traité jusqu'ici par quelques auteurs achevait de confirmer cette opinion. On ne pensait pas assez que plus un sujet est simple, et plus il offre, au contraire, aux hommes d'un talent réel, de moyens de développement. Est-ce par les événements que se soutiennent et la *Bérénice* de Racine, et le *Philoctète* de M. La Harpe, et la plupart des tragédies grecques, où l'on admire surtout cette extrême simplicité ?

Quoi qu'il en soit, cette prévention défavorable a servi au succès de la tragédie de M. Legouvé, donnée le mardi 6 mars dernier. Moins le public avait attendu de cet ouvrage, et plus il a eu du succès.

Le jeune et tendre Abel déplore la perte de l'amitié de son frère Caïn, dont tous ses soins, toutes ses prévenances ne peuvent vaincre la haine. Celui-ci, dévoré de jalousie, accuse ses parents, et jusqu'à Dieu même, d'une injuste partialité. Il ne s'est pas rendu à l'heure et au lieu où toute sa famille assemblée rend chaque jour son hommage à l'Éternel. Adam s'en inquiète, et court chercher ce fils ingrat, dans l'espoir de le ramener. Le farouche Caïn reste inflexible ; le seul nom de son frère l'aigrit ; il s'emporte jusqu'à reprocher à son père sa désobéissance, qui le condamne lui et sa postérité à la nécessité de travailler. Ce reproche, malheureusement mérité, déchire le cœur d'Adam, et Caïn lui-même, qui en sent bientôt toute l'horreur, se repent d'avoir si profondément affligé son père. Ce mouvement de sensibilité semble avoir fléchi son âme atroce ; pour réparer sa faute, il offre de se réconcilier avec Abel ; et Adam, transporté de joie, bénit l'égarement de son fils, puisqu'il a pu produire en lui ce changement heureux. Cette scène a paru infiniment intéressante. Adam ordonne un sacrifice pour célébrer cette réconciliation. Abel et Caïn présentent chacun leur offrande. Le feu du Ciel dévore celle du premier, l'autre demeure intacte. Caïn, plus jaloux que jamais, reprend toute sa fureur, et s'échappe dans le désert. Abel l'y suit ; mais son frère, cruel, insensible à ses larmes, à ses prières, l'assomme d'un coup de bêche, et le fait tomber sanglant à ses pieds. Toute sa famille voit avec étonnement et douleur cette image nouvelle : c'est le *prima mors, primus luctus*. Caïn se livre aux plus affreux remords, et l'Éternel, comme dans l'Écriture, vient lui annoncer sa punition.

Ce sont les gens de lettres surtout qui ont déterminé le succès de cette pièce. Plus sensibles que d'autres aux beautés de détail, ils ont admiré et fait admirer au reste du public les richesses poétiques, répandues avec profusion dans le style, et dont l'auteur a puisé une grande partie dans Gessner et dans Milton. Une versification en général fort bien tournée, et une foule de vers de sentiments ont excité un enthousiasme que n'ont point refroidi quelques incorrections légères, faciles à faire disparaître à l'impression.

La pièce est aussi très bien jouée. M. Saint-Prix, qu'on a demandé à la fin, y a montré beaucoup de chaleur, et a mérité de grands applaudissements ; M. Dupont, dans le rôle d'Abel, a augmenté encore l'intérêt qu'inspire la sensibilité du personnage, par la manière dont il l'a rendu. C'est le premier ouvrage de M. Legouvé, fils d'un avocat célèbre, et très-jeune encore : un début si heureux donne l'espérance que dans un autre genre il méritera une égale célébrité.

* * *

L'Esprit des journaux, mai 1792, pp. 306–08

Spectacles. Paris. Théâtre de la Nation

Le mardi 6 mars, on a donné la première représentation de *la Mort d'Abel*, tragédie en trois actes, par M. Legouvé.

Nous sommes, sans contredit, le peuple le plus frivole, le plus orgueilleux et le plus opiniâtre qu'il y ait dans toute l'étendue de ce pauvre globe terrestre où nous paraissons un instant pour souffrir et pour mourir. Cette frivolité, cet orgueil et cette opiniâtreté influent, non seulement sur nos idées politiques, mais encore sur nos plaisirs ; quand nous nous sommes mis en tête qu'un objet, que nous envisageons mal, ne saurait nous être agréable, nous nous refusons à toute évidence, et notre entêtement vaniteux va jusqu'à étouffer en nous les sentiments que nous éprouvons. Depuis trente ans, nous étions forcés d'admirer à la lecture, *la Mort d'Adam*, tragédie, traduite de l'allemand, de M. Klopstock ; mais, tout en l'admirant, nous nous obstinions à croire et à dire qu'un sujet tiré des premières années de l'existence du monde, ne réussirait pas sur nos théâtres. C'était en même temps nous rendre justice et nous calomnier. C'était nous rendre justice, parce que nous sommes en effet bien loin de la nature et des mœurs patriarcales ; c'était nous calomnier, parce que, tout dépravés que nous sommes, tous les sentiments ne sont pas encore éteints dans nos cœurs. Où les sentiments vivent encore, il y a de la ressource pour la vérité. Nous venons d'en avoir une preuve dans le succès qu'a obtenu la Mort d'Abel, tragédie, par M. Legouvé, fils d'un des plus célèbres et des plus respectables avocats de ce siècle. Une heure avant la représentation, tout le monde croyait être venu au spectacle pour assister à une chute. On a été étrangement surpris quand on a vu un sujet simple se développer de la manière la plus vraie, la mieux sentie, la plus touchante, et présenter, sous le charme d'un style pur, facile et nerveux, un intérêt croissant de scène en scène. Nous ne donnerons point l'analyse de cette tragédie, dans laquelle Legouvé a pris pour guide le poème de Gessner, en écartant tout ce qui aurait gêné sa marche. L'ouvrage a eu le plus grand succès ; il est très bien mis, fort bien joué ; mais M. Dupont, dans le rôle d'Abel, et M. Saint-Prix, surtout, dans le rôle de Caïn, ont mérité des éloges particuliers.

Ce sujet a été traité par M. l'abbé Aubert, en 1765, aussi en imitation de Gessner ; mais l'ouvrage de M. Legouvé est bien au-dessus de celui de M. Aubert. L'énergie du caractère de Caïn se manifeste particulièrement dans le second acte : dans le troisième, on a eu peine à supporter le meurtre d'Abel fait sur le théâtre, et son cadavre longtemps exposé aux yeux des spectateurs, la plupart auraient désiré que le crime se commit derrière la scène. On a demandé l'auteur, qui est jeune, et dont le début ne peut que donner les plus flatteuses espérances.

* * *

Mercure français, 20 avril 1793, n. 90, pp. 351-59

La Mort d'Abel, tragédie en trois actes et en vers, par le citoyen Legouvé ; représentée pour la première fois au Théâtre de la Nation, le 6 mars 1792. Prix, avec figures, 3. livr. A Paris, chez J. G. Mérigot le jeune, libraire, quai des Augustins.

Le coup d'essai d'un jeune homme dans la carrière du théâtre, mérite l'attention des amateurs de l'art, surtout quand il a obtenu du succès et qu'il ne paraît pas dépourvu de talent. Il ne peut encore être ici question, il est vrai, d'aucune espèce d'invention dramatique ; elle est absolument nulle, puisque la pièce n'offre autre chose que les scènes toutes tracées dans le poème de Gessner, les mêmes caractères, les mêmes ressorts, et le plus souvent les mêmes détails. Il ne s'agit donc que de juger, par l'usage qu'en a fait l'auteur, du degré de connaissances et de ressources qu'il peut avoir, de son talent pour la versification en général, et pour le style tragique en particulier ; genre de poésie essentiellement distinct de tous les autres, quoique la plupart de ceux qui s'y exercent ne paraissent pas même se douter de cette différence, qui n'est bien sentie que par les grands artistes et les vrais connaisseurs.

Un ouvrage de cette nature ne semblait pas comporter une longue préface : tout devait se réduire à rendre hommage au poète allemand, à qui l'auteur français a tout emprunté ; et il convenait à un jeune homme de se féliciter d'avoir été soutenu dans ses premiers pas par un génie original. Mais ce sentiment des convenances est rarement à la portée de nos jeunes auteurs : nous parler d'eux, voilà ce qu'ils veulent avant tout. Et autant les gens sensés, qui connaissent le danger, répugnent à occuper d'eux le public, même quand ils y sont obligés, autant les commerçants du théâtre et de la littérature sont empressés de nous communiquer tout ce qu'ils croient avoir fait et tout ce qu'ils croient savoir. Ainsi le citoyen Legouvé *croit devoir nous rendre compte d'un système d'exécution qu'il a embrassé. Ce système d'exécution c'était* 1. *de semer dans la tragédie des détails religieux.* Il est impossible de voir là rien qui ressemble le moins du monde à un *système* quelconque. Le sujet est essentiellement *religieux* ; les détails *religieux* s'y présentent en foule : le poème de Gessner en est plein, et s'il a un défaut, c'est la longueur, la multitude des prières. L'imitateur français n'a eu qu'à les abréger ; et quant aux ressorts de l'action, le principal et le plus heureux est celui que lui a fourni Gessner, l'idée qu'un sacrifice offert concurremment par Abel et par Caïn, après leur réconciliation, et dont l'issue différente rallume la fureur de Caïn et amène le meurtre d'Abel. Quel *système* y-a-t-il dans tout cela ?

2. C'est de *développer les caractères et de donner de l'extension aux scènes*. Mais les *développements* de tout genre sont beaucoup plus *étendus* dans le poème que dans la tragédie ; les chagrins jaloux de Caïn, ses remords, la douleur d'Adam et d'Ève, de Thirza, de Méhala, y tiennent beaucoup plus de place, et l'on ne peut nier que la prolixité ne soit un des défauts de Gessner, qui s'est beaucoup plus rapproché de l'abondance d'Homère que de la sage précision de Virgile. Je sais fort bon gré au citoyen Legouvé d'avoir tout réduit à la juste mesure du théâtre : c'est un de ses mérites ; mais je ne puis comprendre son *système de développement*. Il y fait entrer en troisième lieu les *expressions familières qu'il a jetées* dans sa pièce. Mais il y en a cent fois moins que dans les pièces de Racine et de Voltaire, et c'est au goût à voir dans cette partie ce que la passion et la vérité peuvent ordonner ou permettre. Nul *système* encore là-dedans.

L'auteur s'applaudit beaucoup de *n'avoir employé ni les métaphores prises des sciences, ni les images relatives aux arts, ni les mots qu'ont créés la civilisation et les institutions sociales, etc.*, et il en conclut que *l'on sentira tout ce que la Mort d'Abel a dû lui couter à écrire*. En vérité, il y a dans tout cet exposé beaucoup trop de complaisance pour soi-même, et l'on ne voit pas qu'il y ait tant de quoi se vanter, ni qu'il ait été plus difficile d'écrire la *Mort d'Abel* que toute autre tragédie. Il y a toujours un ordre d'idées qui sortent naturellement du sujet, et ce sont celles-là qui se présentent d'abord avec les expressions analogues : celles dont parle l'auteur, celles qui tiennent *aux sciences, aux arts*, aux institutions *sociales*, etc., sont si loin de la *Mort d'Abel*, qu'il devait *en coûter* bien plus pour les chercher ou les rencontrer que pour se les défendre et pour les éviter.

On permet aux grands écrivains (et encore avec peine) de marquer les difficultés qu'ils ont vaincues dans un sujet considéré suivant les principes de l'art, et si on leur pardonne ce témoignage de satisfaction intérieure, c'est qu'il en résulte des leçons utiles pour les artistes. Mais que penser d'un débutant qui commence par une énumération chimérique d'avantages et de difficultés que personne ne voit, excepté lui ? Il en résulte seulement qu'il a plus de prétentions que de lumières, et que l'amour - propre intervertit l'ordre établi par le bon sens : le bon sens étudie l'art avant d'en parler : l'amour - propre en parle avant de l'avoir étudié.

« J'ai pensé que les spectateurs jusqu'aujourd'hui transportés par la tragédie dans le séjour des vainqueurs du monde et dans la cour des souverains, me suivraient avec plaisir dans une sphère nouvelle. » Avec plaisir, oui : des mœurs nouvelles au théâtre sont toujours un mérite, et c'en est un dans cette pièce. Mais pourquoi ajouter « qu'il se verraient *avec plus d'intérêt* auprès du berceau du genre humain ? ». C'est trop présumer : l'auteur est-il bien sûr qu'il y ait plus d'*intérêt* dans la *Mort d'Abel* que dans les tragédies grecques et romaines ? *La liberté*, dont il s'appuie dans son opinion, est faite au contraire pour leur donner un nouveau prix. Il pense qu'on *préférera le spectacle des détails agrestes à l'appareil de la puissance romaine, la vie de nos premiers parents à l'élégance des mœurs polies, au langage brillant de l'héroïsme, aux élans fastueux d'une nature de convention, etc.* Il fallait rayer ce dernier membre de phrase, et se souvenir que dans nos bonnes tragédies, les seules sans doute dont il faille parler, il y a bien un langage *de convention*, puisque la poésie en est un mais nullement *une nature de convention*, qui serait mauvaise partout. Otez les vers qui sont une donnée de l'art et qui le rendent sublime ; *la nature*, dans Sophocle et Euripide, dans Racine et Voltaire, est parfaitement vraie. Enfin, ou ce passage de la préface n'a point de sens, ou il signifie qu'on *préférera* la *Mort d'Abel* à toutes les tragédies qui l'ont précédée. Encore une fois, c'est prétendre beaucoup et ne douter de rien. Mais nos jeunes auteurs doutent-ils de quelque chose ?

Le reste de cette longue préface, qu'il eût bien mieux valu ne pas faire, est employé à réfuter deux objections qu'on a faites contre la pièce. J'avoue qu'elles me paraissent fondées et les réponses très-mauvaises. La première regarde le meurtre d'Abel commis sur la scène. On a trouvé cette atrocité révoltante : c'est mon avis. L'auteur assure que si l'on tuait Abel dans la coulisse, il en résulterait un défaut *beaucoup plus grand*. D'abord c'est avouer expressément qu'il y en a un, et tout-à-l'heure il va soutenir que ce meurtre, mis sous les yeux du spectateur, est une beauté et non pas un défaut : c'est une contradiction. Ensuite l'auteur paraît ne voir d'autre moyen à substituer que de faire poursuivre Abel par Caïn jusque dans la coulisse ; il réprouve ce moyen, et il a raison, surtout parce que cela ressemblerait beaucoup trop au meurtre de Camille, tuée par son frère en fuyant devant lui. Mais si j'osais, sans rien affirmer, hasarder une idée devant le citoyen Légouvé, qui affirme toujours, il y aurait, ce me semble, une manière très-simple et (si je ne me trompe) assez heureuse, de sauver l'odieux de ce meurtre. Ce n'est pas Abel qui doit s'enfuir devant Caïn ; c'est Caïn qui, craignant sa propre violence, s'éloignerait d'Abel ; et ce serait Abel, qui ne pouvant rien craindre de son frère, s'obstinerait à le suivre en lui tendant les bras, au moment où Méhala entrerait, pour ne pas laisser la scène vide. Deux vers de Méhala suffiraient pour donner le temps de frapper le coup, et Caïn rentrerait, sans rien changer d'ailleurs à la scène (qui est fort belle) ; rien n'empêcherait d'entendre les dernières paroles d'Abel, qui sont touchantes ; Caïn pourrait dire les mêmes choses, parce que le cadavre sanglant est supposé près de lui. Si le citoyen Legouvé ne m'en croit pas (comme de raison), qu'il consulte ceux qui ont quelque habitude de théâtre ; et comme sa pièce me parait devoir y rester, j'ose croire qu'elle gagnerait à ce changement qui est si facile.

Il est tout simple qu'on se défende contre les critiques : heureusement pour nous, les maîtres l'ont fait quelquefois, et nous ont instruits ; mais il est dangereux d'entreprendre cette tâche, lorsqu'on n'est pas sûr d'avoir raison. Que ne fait pas dire l'obstination à nier une faute ? Le citoyen Legouvé en est la preuve. Écoutons sa doctrine ; elle est curieuse. « *Cela est trop fort*, dit-on : eh ! Ce sont précisément *ces situations violentes qui constituent la tragédie...* : Orosmane poignarde Zaïre sur le théâtre : cette scène ne passe-t-elle pas *pour le comble du pathétique ?* Cependant ce meurtre *n'est pas plus*[2] *horrible* que celui d'Abel ; et assurément un frère qui tue son frère *n'est pas plus révoltant* qu'un amant qui poignarde sa maîtresse. ». Que de confiance ! mais aussi que d'erreurs ! l'un ne va guère sans l'autre. Quand il ne serait pas déjà reconnu, que pour couper en actes et mettre en dialogue les scènes du poëme de Gessner, il fallait très-peu de connaissance de la théorie dramatique, toute cette préface, et particulièrement ce passage, achèverait de le démontrer. Comment peut-on ignorer que *le comble du pathétique* n'est point dans *le meurtre* de Zaïre, ni dans un *meurtre* quelconque, mais dans les circonstances, les motifs et les résultats ? Il ne faut donc point comparer un *meurtre* à un *meurtre*, ni justifier l'un par l'autre ; il faut considérer les situations et les passions. Or, se peut-il qu'un auteur dramatique voie la moindre parité entre Orosmane poignardant Zaïre et Caïn tuant Abel ? Comment n'a-t-il pas senti que s'il y a au monde une situation déchirante, c'est celle du cinquième acte de Zaïre ? Orosmane aime autant qu'il est possible d'aimer, il a toutes les raisons possibles de se croire trahi, et horriblement trahi, et le spectateur sait qu'il ne l'est pas ; et son désespoir est si cruel, sa fureur est si naturelle, sa vengeance si légitime, que parmi les spectateurs il n'y en a pas un (à moins qu'il n'ait jamais aimé) qui au moment où Orosmane va frapper, ne sente qu'il

---

[2] Je suppose qu'il y a ici une faute d'impression, et qu'il faut *moins* au lieu de *plus* : sans cela, la phrase n'aurait pas de sens.

frapperait comme lui ; et Zaïre est innocente ! Et tout-à-l'heure Orosmane va en être sûr ! Combien de combinaisons effrayantes pour amener ce *comble de pathétique* ! Il ne s'agit donc pas seulement d'*un amant qui tue sa maîtresse ;* car il y aurait vingt manières de mettre un pareil *meurtre* sur le théâtre, sans produire, à beaucoup près, un effet semblable, ou même en ne produisant qu'un très-mauvais effet ; témoin (sans aller plus loin) la manière dont Othello tue Desdémona : il s'agit des passions que le spectateur partage : c'est là qu'est *le pathétique*, et non dans le *meurtre ;* il importe encore bien moins que ce *meurtre* soit ou ne soit pas sous les yeux du spectateur. Le citoyen Legouvé aurait-il insisté là-dessus, s'il eût su (ce qu'il devait savoir) que ce n'est que peu d'années avant la mort de Lekain que Zaïre fut poignardée sur la scène, qu'auparavant et originairement, et dans l'intention de l'auteur, elle l'étais dans la coulisse, et que la scène n'en faisait pas moins d'impression ?

Maintenant quel rapport entre ce *meurtre*, si éminemment tragique, et celui d'Abel ? Caïn le tue, au moment où il est à ses pieds, et le tue parce qu'il est jaloux de la préférence que ses parents semblent donner à son frère, et parce que le ciel même confirme cette préférence en acceptant le sacrifice d'Abel, et rejetant celui de Caïn : pour que cette jalousie le porte à un crime si affreux, il faut qu'il soit d'un naturel féroce, et dès-lors tout ce qu'on peut faire c'est de le supporter, c'est de l'excuser, et il y a une grande distance entre les passions que l'on plaint et celles qu'on partage ; c'est là le grand secret de l'intérêt tragique ; c'est là ce qui fait que les sujets sont plus ou moins heureux. Que le citoyen Legouvé se persuade donc bien que les *meurtres* ne sont en eux-mêmes ni bons ni mauvais, que ceux d'une mère, d'un père, d'une sœur, d'un frère, d'une maîtresse, d'un amant, ne sont plus ou moins *horribles*, plus ou moins dramatiques, plus ou moins déchirants qu'en raison des passions diverses qui le font commettre, et que *l'énergie de la scène* ne tient point à ce qu'on les voie ou à ce qu'on ne le voie pas. Quant à celui de Caïn, pour le renvoyer derrière la scène, il suffit de songer qu'une espèce de sauvage, qui par une jalousie aveugle et forcenée, assomme avec une bêche son frère qui embrasse ses genoux, est un spectacle dégoûtant : si on l'a supporté, c'est parce qu'une tradition consacrée dans les idées de l'enfance a familiarisé d'avance l'imagination avec cette atrocité ; mais il n'y a aucune raison pour qu'elle se passe sous nos yeux.

La seconde objection que l'on combat dans cette préface porte sur la *partialité* que Dieu même montre en faveur d'Abel contre Caïn. Le journaliste qui avait fait cette remarque et à qui répond le citoyen Legouvé, en concluait que le sujet était vicieux et sans intérêt. Je crois que sa remarque est juste, mais que la conclusion ne l'est pas. Le vice n'est pas dans le sujet ; il est dans l'exécution ; de plus il ne détruit pas l'intérêt puisque la pièce, même dans l'état où elle est, a réussi et un drame dépourvu d'intérêt ne réussit pas. Le citoyen Legouvé soutient que l'intervention de Dieu devait se faire sentir dans toute la pièce : cela est vrai, en cela il a raison ; dans tout le reste, je pense qu'il a tort. C'est une erreur de sa part d'assimiler cette intervention de l'Être suprême à celle des Dieux de la fable, à l'ancienne fatalité admise dans la mythologie : il n'y a nulle parité. Nous prenons les Dieux des anciens, dans la poésie, tels qu'on nous les a donnés, c'est-à-dire très-imparfaits ; nous croyons à la puissance du Destin, supérieur aux Dieux mêmes, parce que ces peuples y croyaient, et qu'en voyant une tragédie, il est juste d'admettre les opinions religieuses des pays où se passe l'action. Mais l'Être premier, le Tout-Puissant, le Créateur du monde ne se présente à nous que comme l'Être souverainement juste. Si le christianisme y a joint des mystères, ceux mêmes qui les respectent dans la croyance, les admettraient avec peine au théâtre. Racine qui, dans *Athalie*, a fait intervenir le Dieu de la Bible, a eu soin de ne choquer en rien la justice naturelle. Joas intéresse parce qu'il est opprimé ; Athalie est punie, parce que c'est une usurpatrice sanguinaire. Il fallait de même que dans la *Mort d'Abel* le crime de Caïn ne pût absolument être attribué qu'à la perversité de son caractère, qu'à son orgueil jaloux et féroce ; il ne fallait pas que Dieu parût y être pour rien.

Il y avait ici entre le poème et la tragédie une différence essentielle, à laquelle l'auteur n'a pas fait assez d'attention. Il n'a pu se servir des machines purement épiques, du personnage d'Anamalech, par exemple ; car il n'y a encore que les Espagnols qui mettent le Diable dans une tragédie ; nous n'en sommes pas encore là ; peut-être y viendrons-nous quelque jour. Or cet Anamalech est l'esprit tentateur, l'ennemi de l'homme ; c'est lui qui envoie à Caïn le songe fatal qui achève de le pousser au crime. Le citoyen Legouvé a fait usage du songe ; mais il s'est bien gardé de dire d'où il vient, si c'est Dieu ou Diable ; et comme, de son aveu, tout doit être conduit dans cette pièce par Dieu même, le spectateur a droit de croire que ce songe est envoyé d'en haut. C'est un défaut : il fallait ôter le songe ou constater bien formellement que Dieu n'a pu annoncer à Caïn une distinction si injuste entre sa race et celle de son frère ; que ce songe n'est que le produit des noires vapeurs qui l'assiègent, etc. L'auteur pouvait placer ces détails importants dans le rôle de Méhala.

Il n'est pas moins vrai que la *partialité divine* est très marquée dans le refus du sacrifice de Caïn ; car sa réconciliation avec Abel paraît sincère, et les spectateurs doivent le croire de bonne foi ; rien n'indique le contraire. C'est une très-mauvaise raison que celle qu'allègue l'auteur, que ces deux vers prononcés par Caïn, après que son sacrifice a été rejeté,

> Si dans ce lieu j'ai dit que je t'aimais,
> Traître, je t'ai trompé : je ne t'aimai jamais.

suffisent pour justifier Dieu. Non, assurément ; car ces deux vers peuvent très-bien n'être que le cri de la fureur, dans un moment où Caïn n'a pas tort d'être ulcéré d'une espèce de réprobation que ce qu'il vient de faire ne paraît pas mériter. Que devait donc faire l'auteur ? Montrer bien décidément la haine toujours enracinée dans le cœur de Caïn, passé le premier moment où il est touché de la douleur de son père ; lui faire dire que s'il consent à embrasser Abel, c'est uniquement par déférence pour ses parents, pour sa femme, pour n'être plus fatigué de leurs reproches ; mais qu'au fond il regarde avec mépris ces tendresses efféminées, ces vains embrassements, etc. Le germe de tout cela est dans Gessner : alors la réprobation paraîtrait légitime.

On voit que le seul travail important que le citoyen Legouvé eût à faire pour la contexture de sa pièce, consistait à bien discerner les changements qu'exigeait la différence de l'épopée à la tragédie ; et c'est précisément ce qu'il n'a pas fait. Mais si jamais les fautes sont excusables, c'est surtout dans un premier ouvrage, et celles-là peuvent se corriger. Elles sont assez graves ; mais si elles n'ont pas empêché que la pièce ne fût accueillie, c'est qu'il y a dans le sujet des avantages que l'auteur a su conserver, et dont il a tiré parti : un mélange de simplicité et de majesté, l'une qui tient aux mœurs de l'enfance du monde ; l'autre à ce commerce continuel de la première famille des humains avec le Créateur ; la nouveauté du costume, le contraste de la douceur et de la bonté d'Abel avec la violence farouche et la sombre dureté de Caïn. Ce dernier personnage qui est le chef-d'œuvre du poème de Gessner, est tracé dans la pièce avec beaucoup d'énergie ; mais peut-être désirerait-on qu'il fût caractérisé avec plus de précision. Le fond de ce caractère est l'envie, ce vice si malheureusement attaché à la nature humaine. On aurait pu, dans le dialogue, le faire sentir davantage ; Caïn même pouvait en rougir quelquefois, et n'en être que plus furieux ; c'est le propre de cette exécrable passion, et la morale de la pièce pouvait être ce vers :

> Et le premier forfait est commis par l'envie.

Il reste à parler du style. L'auteur en cette partie annonce du talent. En général, il y de la tournure dans ses vers, quelquefois de l'élégance. Il y en a quelques-uns d'heureux ; quelques traits de force ; le dialogue est bien entendu : peu d'emphase et de déclamation ; mais aussi la versification est bien souvent vicieuse et de bien des manières ; de la gêne dans les constructions, de l'impropriété ou de la recherche dans les expressions ; beaucoup de vers durs ou prosaïques, etc. Il serait trop long de détailler toutes ces fautes : je me bornerai à quelques exemples.

> Caïn, mon cher Abel, depuis *longtemps t'a fui* ...
> Et loin que *ton refus par tes remords* s'expie ...
> *L'aigrissant sur ton sort et t'entourant d'ennui*...
> Mais non ; je crois entendre *enfin son cri sacré*...

Ces vers et beaucoup d'autres pareils sont d'une dureté choquante. En voici qui pèchent par des constructions pénibles, désagréables, forcées, etc.

> *Est-ce que tu me rends, Caïn, responsable ?* ...
> Ne t'a-t-il pas donné *tout ce dont la nature*
> *Charme*, etc.
> Qu'avec dédain *par lui je me suis vu prié* !
> Sentez mes pleurs couler : *j'en baigne* votre main.

Ils baignent votre main, était bien facile à trouver : *j'en baigne* est malheureux à rencontrer : c'est à l'oreille à sentir ces différences qu'il suffit ici d'indiquer. Expressions impropres :

> Et vers cet holocauste avance *revêtu*
> *De ce repentir* vrai, etc.

Cette métaphore est absolument fausse : il est impossible de se figurer quelqu'un *revêtu de repentir*.

> Je dois toujours *former* cette funeste *crainte*.

On ne *forme* point une *crainte*. L'errata indique *avoir*, au lieu de *former*. Mais alors le vers devient extrêmement plat. Le mot propre était *sentir*.

L'auteur affectionne certaines expressions figurées, mais qui ne sont plus que parasites, tant on les a souvent employées ; et dans ce cas, il ne faut s'en servir que d'une manière neuve. Il est à remarquer que ceux qui recherchent le plus les métaphores, les figures de diction, ne sont pas délicats sur le choix ; ils rebattent à tout moment ce qu'il y a de plus trivial en ce genre, et prennent cette bigarrure pour *du coloris*. Dorat entr'autres n'y manquait pas : ses vers ressemblaient à des habits d'arlequin. L'auteur d'Abel ne donne pas dans cet excès. Mais on doit l'avertir pourtant qu'il cherche trop dans ses vers les petits agréments poétiques qui conviennent rarement à la sévérité du style tragique. Le goût des figures le fait tomber dans de cruelles fautes : il faut lui en donner une preuve frappante. Abel transporté du retour et des embrassements de son frère, lui en témoigne toute sa joie ; c'est un de ces moments où l'expression doit sortir toute entière d'un cœur trop plein et qui déborde pour ainsi dire : un de ces moments où la moindre affectation est mortelle. Que penser de ces deux vers ?

> Je te satisferai ; mais qu'aussi moins farouche,
> Le pardon sans délai *descende de ta bouche*.

Descende de ta bouche ! Voilà qui est pire que tous les solécismes et tous les barbarismes imaginables ; les solécismes et les barbarismes n'offensent que la langue, mais une métaphore comme *ce pardon qui descend de la bouche*, donne un démenti à la nature, à la situation. Il est absolument impossible qu'un homme vraiment pénétré s'exprime avec cette ridicule recherche. Sur un pareil vers, un lecteur sensible serait tenté de jeter le livre, s'il ne se souvenait, par réflexion, combien la jeunesse est facile à égarer par le mauvais exemple et les mauvaises doctrines. Il est clair que l'auteur persuadé que le premier de tous les mérites est dans les figures, a eu le malheur de s'en occuper au milieu même d'un morceau d'épanchement où son âme devait seule dicter ses expressions. Il savait que le mot *descendre* avait été plus d'une fois employé figurément, et avec succès. Il s'en est servi sept ou huit fois dans ses trois actes, et a voulu encore le remettre ici, et il faut bien le dire, de la manière la plus déplorable ; on dirait bien (je suppose) que le pardon descend des cieux sur la terre ; la figure est claire et juste ; mais le faire *descendre de la bouche* ! ... Je souhaite que le citoyen Legouvré suive désormais de meilleurs guides et de meilleurs principes, et qu'il prenne en bonne part des conseils qui ne peuvent avoir d'autre motif que l'intérêt qu'il est naturel de prendre à un talent qui donne quelques espérances ; s'il les prenait en mauvaise part, j'en serais fâché, mais pour lui.

[La Harpe]

* * *

L'Almanach des muses, 1793, p. 221

Théâtre de la nation.

La Mort d'Abel, tragédie en trois actes, en vers, par Legouvé (6 mars 1793), Mérigot le jeune.

Essai dramatique, dans un genre qui ne semblait pas fait pour la scène moderne.

Heureux contraste des deux principaux caractères. Celui du frère aîné, farouche, plein d'énergie, peut-être même trop intéressant. Caïn est prêt à se réconcilier avec Abel ; tous deux présentent leurs offrandes dans le même instant : ses dons sont rejetés. On le plaint, parce qu'on le voit coupable à-peu-près malgré lui ; on n'est pas même convaincu de la justice de cette proscription : au lieu de suivre le crime, elle le précède et l'occasionne, ainsi que le songe qui trouble le sommeil du malheureux Caïn.

Grande simplicité dans l'action ; beaucoup d'intérêt dans le développement ; des imitations de Gessner, de Milton etc. Vers bien tournés, à quelques négligences près.

* * *

Guillaume Charles Étienne et Alphonse de Martainville, *Histoire du théâtre français, depuis le commencement de la révolution jusqu'à la réunion générale*, Paris, Barba, 1802, t. II, pp. 202–06

Le début brillant d'un jeune auteur dans la carrière dramatique vint heureusement affaiblir l'impression douloureuse que la mort de Bret avait fait éprouver à tous les amis des belles lettres ; nous voulons parler de Legouvé, dont le premier ouvrage est *La Mort d'Abel*, tragédie en trois actes et en vers, jouée pour la première fois, le 6 mars 1792, sur le Théâtre de la Nation.

Adam et Ève, bannis de l'Éden, ont quatre enfants, Caïn et Abel, Méhala et Thirza. Abel conduit les troupeaux ; Caïn est agriculteur. Depuis longtemps les préférences d'Adam et de Dieu même pour Abel ont aigri son caractère : il fuit dans les forêts, et il murmure en secret des travaux pénibles auxquels l'ont condamné les fautes de ses parents. L'heure de la prière commune arrive, et Caïn ne paraît pas : après l'avoir vainement attendu, elle se fait sans lui. Cependant, son père veut le voir ; il le trouve appuyé sur l'instrument avec lequel il déchire la terre : mais c'est en vain qu'il cherche à adoucir son caractère indomptable : les éloges qu'il donne à Abel, son nom souvent répété, excitent encore plus sa fureur jalouse. Adam tombe épuisé de douleur, et ce spectacle d'un père souffrant semble attendrir Caïn, qui, abjurant sa haine, vient se réconcilier avec son frère, et se jeter dans ses bras. Alors commence un sacrifice : on offre au très haut les fruits de la terre ; mais sa flamme dévorant les prémices offertes par Abel, et ceux de Caïn demeurant intacts, il ne peut souffrir ce signe de réprobation ; il accable son frère de reproches, et s'endort épuisé de fatigue et de fureur.

Un songe pénible le tourmente et lui fait voir sa postérité esclave de celle d'Abel ; il se réveille plus furieux qu'avant son sommeil, et le sensible Abel venant s'offrir à sa vue, il lui porte sur la tête un coup de son instrument aratoire, et l'étend mort à ses pieds. Adam et Ève arrivent ; il leur montre sa victime avec une horreur qui exprime ses remords. Le tonnerre gronde, et, du sein des nuages, l'Éternel lui dit : Caïn, qu'as-tu fait de ton frère ? À ces terribles mots, il s'enfuit à travers les rochers, et s'arrache des bras de sa femme et de ses enfants, qui font de vains efforts pour le retenir.

Ce sujet présentait de grandes difficultés, et l'auteur les a surmontées avec beaucoup de talent. Son style, à quelques négligences près, est toujours harmonieux, et la couleur en est vraiment tragique.

Le caractère âpre et sauvage de Caïn forme la plus heureuse opposition avec la simplicité naïve et touchante d'Abel : enfin, cet ouvrage annonce un littérateur distingué, et on peut dire avec justice que le coup d'essai de Legouvé était un véritable coup de maître.

Cependant, certains critiques ont fait à sa tragédie un reproche que nous croyons fondé ; c'est la prévention trop forte que Dieu marque pour Abel, et qui ne s'accorde point avec l'idée que nous avons d'un Dieu infiniment juste : en effet, lorsque Caïn, touché de repentir, vient de se précipiter dans les bras de son frère, lorsqu'il abjure toute haine et toute animosité, lorsqu'enfin il offre au ciel un sacrifice en signe de réconciliation, l'Éternel le rejette avec mépris, pour recevoir celui d'Abel, et semble vouloir ranimer les fureurs du malheureux Caïn, en lui montrant dans un songe sa postérité esclave de celle de son frère.

Nous croyons ces réflexions d'autant plus justes, qu'à la représentation de l'ouvrage, le spectateur ne peut se défendre de l'intérêt de la pitié qu'inspire un infortuné abreuvé de douleur, écrasé sous le poids du travail, et qu'une main invisible semble pousser vers le crime, lors même qu'il fait les plus grands efforts pour s'en éloigner.

Saint-Prix a créé le rôle de Caïn, et il est impossible de montrer plus de force et d'énergie. Dupont, dans le personnage d'Abel, enleva tous les suffrages ; et en effet, il le rendit avec une candeur, une naïveté dignes des plus grands éloges. Cette tragédie a été souvent reprise, et on la revoit toujours avec un nouveau plaisir.

* * *

*Annales dramatiques ou dictionnaire général des théâtres :
par une société de gens de lettres*, Paris, Brabault, 1810, pp. 387-89

MORT D'ABEL (LA), tragédie en trois actes, en vers, avec cette épigraphe : *Primi parentes, prima mors, primus luctus.*

Ce sujet, imité de Gessner, comme on vient de le voir, fut traité par l'Abbé Aubert en 1765, mais l'ouvrage de M. Legouvé est bien au-dessus du sien. Son sujet se développe de la manière la plus vraie, la mieux sentie, la plus touchante, et présente un intérêt toujours croissant de scène en scène.

On ne trouve point dans cette tragédie l'appareil de grandeur, qu'on est accoutumé à rencontrer dans cette sorte d'ouvrages. Point de luxe, point de soldats ; tout y est simple comme les premiers hommes, et toutefois ce sujet est traité d'une manière éminemment tragique. La vérité des tableaux et l'harmonie de la versification, répandent sur toute cette pièce un charme inconnu jusqu'alors à la scène française. Nous ne dirons pas que *La Mort d'Abel* est le meilleur ouvrage de M. Legouvé ; mais c'est assurément le plus original qui soit sorti de sa plume, et le plus parfait qu'il ait produit sous le rapport du style. Nous pourrions citer une foule de vers dignes des plus grands maîtres ; mais les bornes de cet ouvrage nous permettent rarement ces sortes de citations ; nous devons nous attacher à l'ensemble plus qu'aux détails, et nous y sommes forcés par le peu d'étendue qu'ont ordinairement nos articles.

Ce n'est point la terreur qui fait l'âme de cette pièce, mais c'est la pitié la plus douce et la plus touchante à la fois ; l'intérêt ne sort pas de la multiplicité des situations, et de la variété des révolutions, elle naît de la variété des caractères, et de celle des couleurs, sous laquelle l'auteur a su présenter ses personnages. Il est inutile sans doute d'analyser un ouvrage, dont le sujet est connu dans toutes les écoles, et qui tient autant à l'histoire qu'à la religion. Cette publicité qui a dû diminuer les difficultés qu'offre ordinairement l'invention, a dû augmenter celles de l'exécution, et le grand talent de l'auteur est celui de les avoir vaincues.

Le caractère d'Abel est d'un intérêt touchant, qui rend sa mort plus cruelle aux yeux des spectateurs, et Caïn plus odieux, sans que, toutefois, son caractère inspire une horreur profonde, parce qu'on sait qu'il est entraîné à l'assassinat de son frère par une fatalité irrésistible, et par une haine fondée sur la préférence que lui accordent ses parents, et surtout l'Éternel qui rejette ses offrandes, pour agréer celles de son frère. En adoucissant ainsi l'horreur que devaient inspirer et le crime et le caractère de Caïn, M. Legouvé s'est conduit en grand maître ; car, de toute autre manière, le dénouement de la pièce eut été révoltant et pénible. Ces considérations, dont personne ne contestera la justesse, prouvent évidemment que M. Legouvé a tiré de son sujet tout le parti possible, et que, dès son début dans la carrière dramatique, il a fait preuve d'un talent supérieur.

* * *

Marie-Joseph Chénier, *Tableau historique de l'état et des progrès de la littérature française, depuis 1789*, Paris, Maradan 1819, p. 195

Peu de temps après le *Marius* de M. Arnault, parut la tragédie de la *Mort d'Abel*, composée par M. Legouvé. Cette heureuse imitation de Gessner ne pouvait manquer d'obtenir un grand succès. On y remarque à la fois la couleur sombre et tragique du rôle de Caïn, l'extrême simplicité du plan, l'élégante pureté de la diction, beaucoup de beautés et peu de défauts.

* * *

Jean-Louis Geoffroy, *Cours de littérature dramatique*,
Paris, Blanchard, 1819-1820, t. IV, pp. 143-48

Théâtre Français

Legouvé, *La Mort d'Abel*

Le théâtre s'accommode des idées religieuses, aussi bien que l'épopée. Le législateur de notre Parnasse a dit un peu légèrement :

> De la foi des chrétiens les mystères terribles,
> D'ornements égayés ne sont point susceptibles.

Qu'entend-il par *des ornements égayés* ? sans doute qu'ils n'ont point ce charme voluptueux de l'ancienne mythologie ; ils n'offrent point ces tableaux riants, ces scènes comiques que fournit à Homère la chronique scandaleuse de ses dieux ; mais la gaieté de ces ornements convient-elle à la gravité du poème épique, à l'austérité de la tragédie ? Mars et Vénus pris comme des oiseaux dans un filet, Vulcain clopinant qui fait étouffer de rire tout l'Olympe, Jupiter qui gronde sa femme Junon qui trompe son mari, voilà des *ornements égayés*, dont l'épopée peut absolument se passer ; mais le Tasse, mais Milton, mais Gessner et plusieurs fameux poètes allemands ont prouvé que la religion chrétienne était une source de sublime et de pathétique ; et pourquoi chercher des preuves chez les étrangers ? les chefs-d'œuvres de nos grands poètes, *Polyeucte*, *Athalie*, *Zaïre* ne confirment-ils pas assez cette assertion ?

> L'évangile, à l'esprit, n'offre de tous côtés
> Que pénitence à faire et tourments mérités.

Et que nous offre donc la fatalité des païens, sinon l'homme triste jouet de la divinité, l'innocent entraîné malgré lui dans le crime, le crime involontaire suivi des plus terribles châtiments ? Qu'y a-t-il de plus désespérant ? Et c'est cela même qui est tragique ; voilà ce qui inspire la terreur.

> Et de vos fictions le mélange coupable,
> Même à la vérité, donne l'air de la fable.

Sans doute c'est une faute grossière contre le bon sens et le goût de mêler aux vérités de la religion chrétienne, les fables du paganisme ; mais de ce qu'il faut éviter ce mélange coupable, il ne résulte pas que le christianisme ne soit pas favorable à la poésie ; Boileau ne peut se dissimuler davantage ce qu'en a tiré le Tasse ; l'enthousiasme religieux des croisades est un sujet plus intéressant pour les modernes que la colère d'Achille ; la conquête de Jérusalem a plus d'attraits pour des chrétiens que la prise de Troie.

> Et quel objet enfin à présenter aux yeux,
> Que le diable toujours hurlant contre les cieux,
> Qui de votre héros veut rabaisser la gloire,
> Et souvent contre Dieu balance la victoire ?

Cela n'empêche pas que le diable de Milton ne soit sublime, que le Satan de Tasse ne soit plein de chaleur et d'énergie, et ce qui va plus au fait, que les dieux du paganisme, pour l'intérêt et l'effet dramatique, ne soient fort au dessous de ce diable-là. Le paganisme abonde en images gracieuses, mais les grands traits, les tableaux touchants, les scènes déchirantes, c'est dans le christianisme qu'il faut les chercher, il y a plus de vrai sublime dans *Esther* et dans *Athalie* que dans Homère.

Quand Legouvé, en 1792, choisit *La Mort d'Abel* pour son coup d'essai, les philosophes qui triomphaient alors de la religion, regardèrent le jeune amateur comme un bigot fanatique qui cherchait à ramener les ténèbres de la superstition et de l'ignorance ; ils firent d'excellentes plaisanteries renouvelées de quelques chansons libertines sur la pomme qui damna le premier homme ; leur théologie osa même interroger les décrets éternels ; ils décidèrent que l'Être suprême était coupable d'une injuste particularité envers Abel, que son frère, par conséquent, avait bien fait de le tuer ; ces casuistes sévères donnèrent l'absolution à Caïn et la refusèrent à Dieu. J'en suis fâché pour la philosophie, mais ces profonds penseurs, ces Aristarques de la divinité, n'étaient que les échos d'Escobar et de Molina. Qu'ils demandent raison aux jansénistes de cette partialité de Dieu, le P. Quesnel leur répondra avec Saint Paul : *Ô altitude !* Ô abime des jugements de Dieu ! mais des littérateurs ne sont ni des casuistes, ni des théologiens ; le Dieu maître de ses bienfaits, qui choisit et réprouve à son gré sans consulter les mérites, fait trembler la faiblesse humaine, et inspire la terreur à tous les mortels ; cela est bon pour l'auteur tragique ; que la doctrine de la prédestination soit désolante, qu'importe ; elle est terrible ; cela prête aux grands effets, et les poètes doivent être jansénistes.

Legouvé fit très prudemment d'étayer sa jeunesse du génie de Gessner. Le poème de *La Mort d'Abel* est un excellent répertoire de beautés tragiques : les caractères d'Abel et de Caïn, les situations, les sentiments, les images ; le poète suisse a presque tout fourni au poète français : ce n'est point un reproche pour Legouvé ; il a fait un bon usage et même un bon choix des richesses étalées sous ses yeux ; il les a disposées dans un ordre convenable ; il en a formé un tout dramatique, aussi régulier qu'intéressant ; il a même ajouté des traits de force au caractère de Caïn, qui achevèrent de rendre ce personnage l'un des plus tragiques qu'il y ait au théâtre ; mais la versification, mais le style, cette partie si essentielle, je ne dis pas au succès théâtral, mais à la véritable gloire de l'auteur, est étrangement négligée dans ce drame ; il semble cependant que lorsqu'on est presqu'entièrement débarrassé du soin de penser, on a bien le loisir de s'occuper des paroles. Cette tragédie est écrite d'une manière sèche et dure, souvent lâche et incorrecte. Il est difficile d'appeler de cette espèce de critique dont on peut produire les preuves : il n'est pas ici question d'une opinion arbitraire ; de mauvais vers sont un fait, sur lequel il ne peut y avoir deux avis.

> Et *ces champs*, à mes yeux, semblent *désenchantés*.

Champs désenchantés, quel outrage à l'harmonie !

> Je craignais que *de Dieu sur sa tête lancée*,
> La foudre n'exauçât sa demande insensée.

Inversion dure, construction barbare.

> Pareils aux hurlements des animaux sauvages
> Qui, du *creux des rochers infestent les ombrages*.
> ....
> Il tomba évanoui sur un rocher sauvage,
> Où, *si son excès même y soutient des esprits*.

Son excès : il semble que ce soit *l'excès du rocher* ; c'est l'excès de la rage dont il est question dans les vers précédents ; cet arrangement de mots est obscur et pénible ; il sera bon, pour exercer la prononciation de ceux dont la langue est épaisse et embarrassante, de leur faire réciter ce vers qui n'est qu'un sifflement continuel ; *si, son, sou, ses*. Voici un autre vers non moins favorable au même exercice :

> Je vous entends assez, mes *soupçons* sont trop vrais.

Soupçons sont est horrible pour une oreille poétique.

> Mais d'un secret effroi *sur sa suite* frappé.

Frappé d'effroi sur sa suite : ce n'est là ni de la poésie, ni même du français.

> Il perd l'appui du ciel, *et faible, seul en butte*
> *Aux pièges renaissants* de l'esprit suborneur,
> Pourra-t-il, *si pour guide*, il n'a plus le Seigneur, etc.

Marche lourde, embarrassée et traînante *en butte* à la fin du vers, et *aux pièges renaissants*, rejeté au vers suivant, est une facture bien faible et bien plate. Je laisse aux grammairiens de l'Institut le soin d'examiner s'il faut écrire en *butte* ou en *but* ; mon principe est d'être soumis aux autorités constituées, et je redoute l'ennui des questions grammaticales.

Des monosyllabes tels que *a fui, a plu*, souvent placés à la fin du vers, sont dans le style de véritable gravier. L'emploi trop fréquent des pronoms *dont, en, le, la*, répandent sur l'élocution un air de lâcheté et de négligence. Quels vers, par exemple, que celui-ci :

> Cher Caïn, *rends-nous-la, rends-nous-la* pour jamais.
> ....

Cet autre moins ridicule en apparence, est en effet plus vicieux encore :

> Encore envers leurs fruits ils sentent la nature.

Les *animaux qui sentent la nature envers leurs fruits*. Quel jargon ! Et quand on a sous les yeux tant de modèles excellents, est-il encore permis d'écrire ainsi ?

Je suis surpris que l'auteur nous présente Adam qui flotte entre le néant et l'immortalité, et qui dit comme un philosophe sceptique :

> Si de l'âme après nous luit encore le flambeau.

Je ne suis pas moins scandalisé du blasphème d'Abel, qui déclare que le plaisir d'aimer son frère vaut mieux que toutes les joies du paradis :

> Quels que soient de tes dieux les plaisirs ravissants,
> Non, ils n'égalent pas ceux que je ressens.

C'est pousser un peu loin l'amour fraternel.

En général, cette pastorale tragique a été bien jouée et bien accueillie : elle est à tous égards fort supérieure à ces monstres dramatiques, remplis d'atrocités absurdes et de merveilles extravagantes, où l'auteur, pour attacher et pour émouvoir, semble avoir tout mis en œuvre, excepté la nature et le sens commun.

(9 thermidor an 9)

* * *

Jean-Louis Boucharlat, *Cours de littérature faisant suite au Lycée de La Harpe*, Paris, Brunot-Labbe, 1826, t. I, pp. 215–25

Théâtre de Legouvé

La Mort d'Abel

Dans l'examen de *Calas*, nous avons vu que, malgré toute la force des situations, cette pièce ne pouvait être regardée comme une véritable tragédie, à cause du rang peu élevé des personnages ; en effet, les circonstances où ils se trouvent placés, tendent trop à se rapprocher de la comédie, et par conséquent à confondre les genres.

Cet inconvénient est moins grave lorsqu'on choisit ses héros dans une classe d'hommes dont les mœurs diffèrent beaucoup des nôtres ; c'est sans doute d'après cette considération que Voltaire, ouvrant un nouveau champ à la tragédie, mit sur la scène des nations qui jamais n'y avaient figuré.

Legouvé, à son tour, se hasarda d'y placer nos premiers patriarches en traitant le sujet de *La Mort d'Abel*, qui, malgré la simplicité de la vie pastorale, offre un dénouement éminemment tragique.

Ce dénouement étant la première donnée de la pièce, nous allons examiner quelle sorte d'action peut s'y rattacher.

Commençons par faire abstraction du rang des personnages, et supposons un instant que le sujet se réduise à celui-ci ; un frère tué par un frère. Sous ce point de vue général, on sent qu'il est beaucoup de passions qui peuvent amener ce dénouement, et que le nœud peut se modifier suivant celle de ces passions qui sera adoptée pour ressort de la pièce.

Or, si ce nœud n'a pas assez de consistance pour correspondre à une catastrophe aussi terrible, le poète sera forcé d'avoir recours à un second nœud, et même à plusieurs ; d'où il suit que l'unité d'action sera nécessairement rompue.

C'est précisément ce qui a lieu dans la pièce de Legouvé, où une seule des offenses que Caïn croit avoir reçues d'Abel, n'étant pas assez forte pour amener le dénouement, il en résulte que l'action doit se composer de plusieurs nœuds, et que, par conséquent, le poète est forcé de violer le principe de l'unité d'action.

Malgré cet inconvénient, on ne peut que louer Legouvé du parti qu'il a tiré de son sujet et du talent avec lequel il l'a traité.

Il commence, comme Gessner, par placer sous nos yeux Abel et sa jeune épouse Thirza ; mais, au lieu de nous peindre leurs amours naïfs, et leur touchante piété, il s'est vu contraint de sacrifier ce début à l'exposition du sujet. Ce n'est pas que Gessner néglige ces moyens préparatoires. La nature de son ouvrage lui fournit même en cette circonstance un second avantage sur le poète tragique, c'est de pouvoir établir tous les ressorts de son action dans une scène de famille fort courte.

Cette scène est celle où Abel et ses jeunes sœurs réunis à Adam et à Ève, sous un berceau de fleurs, aperçoivent de loin Caïn qui, en passant, lance sur eux des malédictions. Méhala s'évanouit, la tendresse maternelle d'Ève et les sentiments d'Abel se manifestent ; et dans un seul moment l'auteur nous fait connaître à la fois les noms, et les caractères de tous ses personnages.

Legouvé, privé de cet avantage, a été forcé, pour y suppléer, de recourir à la forme du récit. C'est de cette manière que Thirza trace ce portrait de Caïn :

Ne crois jamais d'un frère obtenir la tendresse :

> Ne le connais-tu pas, Abel ? Plein de rudesse,
> Altier, sombre, jaloux, soupçonneux, emporté,
> N'estimant que la force et que l'austérité,
> La douceur à ses yeux n'est rien que la mollesse ;
> Une larme, un sourire lui semble une faiblesse !
> Il fuit l'aspect des siens autant que le repos :
> On ne le voit jamais errer sur ces coteaux,
> Dans ces vallons fleuris, sous ces riants ombrages ;

> Il court au fond des bois, près des antres sauvages,
> Aux lieux où la nature, austère comme lui,
> Semble être de moitié dans son secret ennui,
> Où l'horreur des aspects, jointe a la solitude,
> Nourrit de ses chagrins la noire inquiétude.

À l'égard du rôle d'Abel, l'auteur en a très bien saisi la nuance, en donnant, d'après Gessner, toute l'expansion de l'amour fraternel à ce jeune pasteur ; ce qui établit un contraste frappant avec la sombre fureur de Caïn. Legouvé a aussi ajouté quelquefois de nouveaux effets aux tableaux du poète Suisse. Ainsi, lorsque Thirza représente à son époux que, pour être heureux, il lui suffit d'un beau site et de l'amitié de ses parents, Abel lui répond :

> Non, il me faut encore l'amitié de mon frère !

À cette scène d'exposition succède celle où Méhala vient se plaindre de Caïn, et en trace de nouveau le portrait ; c'est une imitation d'un brillant passage de Gessner ; mais cette répétition ne fait pas moins languir l'action.

L'auteur suit davantage ses propres idées dans la scène suivante, où Adam rassemble ses enfants pour la prière.

C'est là que se forme le premier nœud de la pièce par l'absence de Caïn qui jette l'alarme dans la famille. Abel, qui n'a pu réussir à ramener son frère vers ses parents, augmente leur consternation en leur racontant que Caïn, la fureur dans les yeux, s'est dérobé à ses embrassements. C'est ainsi que, par un simple incident, Legouvé a l'art de mettre tous ses personnages en action.

Jusque-là tout repose sur Caïn, sans qu'il paraisse sur scène. Cela prépare l'effet du monologue qui ouvre le second acte et qui commence par ce vers expressif :

> Travailler et haïr, voilà donc mon partage !

Ce monologue, dans lequel Caïn laisse exhaler la jalousie qui le dévore, prépare à son tour la scène d'explication qu'il a avec Adam, et qui se termine par leur réconciliation. Voici un passage de cette scène, qui donnera une idée de la manière dont Legouvé fait parler ces deux personnages.

> CAÏN
> Mon père, je vous aime... et ne hais point mon frère ;
> Mais vous le savez bien ; mon âpre caractère
> Vers les plus forts travaux m'a toujours emporté ;
> J'ai des sillons ingrats vaincu l'aridité,
> Et, déchirant son sein d'une main obstinée,
> Arraché ses trésors à la terre étonnée.
> Pour garantir nos corps, que Dieu n'a pas couverts,
> Des chaleurs des étés, et du froid des hivers,
> J'ai dans le fond des bois, que remplît l'épouvante,
> Du lion terrassé ravi la peau sanglante :
> Mais en le combattant j'ai pris sa dureté,

De mes rudes travaux j'ai gardé l'âpreté,
Je dois tous mes défauts a mes vertus peut-être ;
De mes transports fougueux puis-je me rendre maître,
Et montrer, vers la force en tout temps entraîné,
Les tendres mouvements d'un cœur efféminé ?
D'ailleurs vous connaissez ma triste destinée :
Le chagrin, qui flétrit mon âme empoisonnée,
Me rend tout importun, et me fait détester
Le fardeau de mes jours qui me pèse à porter.
Aujourd'hui ma tristesse est encore plus pénible ;
Je frémis en secret d'une horreur invincible ;
De lugubres pensées me remplissent d'effroi,
Et je ne fus jamais si fatigué de moi.
Voilà pourquoi Caïn, avec quelque rudesse,
De vos soins, quelquefois, repousse la tendresse ;
Mais du ciel qui m'a fait accuser la rigueur,
Le tort est à Dieu seul, et non pas à mon cœur.

ADAM
Tu te trompes, Caïn, et toi seul es coupable.
Ta farouche âpreté, ton humeur intraitable,
Tes vices, qui par toi ne sont point combattus,
Détournant tous tes pas du sentier des vertus,
T'apportent cet ennui qui suit toujours le crime ;
Ce sont tes passions qui te font leur victime.
Tu souffres aujourd'hui ! n'es-tu pas criminel ?
N'as-tu pas repoussé ton frère ?

Il y a peut-être une teinte trop vague dans ce dialogue. Caïn y développe trop longuement cette idée, que sa tristesse est conforme à ses rudes travaux, ce qui nuit un peu à son caractère sombre et taciturne. À l'égard d'Adam, il ne parle à son fils, dans Gessner, ni de ses vices, ni encore moins de crime. Ces teintes trop fortes s'écartent de la couleur locale ; d'ailleurs la scène entière est assez bien imitée, et a de l'effet dramatique.

La réconciliation de Caïn avec Adam et Abel est, dans le fond, un vrai dénouement ; mais nous avons vu que c'était un défaut inhérent à cette tragédie. Legouvé l'a atténué, autant qu'il était possible, en liant cette première action à une seconde, par l'annonce d'un holocauste, gage de la réconciliation. On entrevoit une nouvelle rupture, et cela suffit pour soutenir l'intérêt.

Legouvé n'a peut-être pas autant de force que Gessner dans le morceau où Caïn, voyant son offrande rejeté par le ciel, se livre au désespoir.

Mais il me paraît le surpasser dans le dialogue coupé, où il place des mets du plus grand effet.

Par exemple, le caractère de Caïn est supérieurement dessiné dans le passage suivant :

ADAM

Quoi ! mon fils…

CAÏN

Laissez-moi.

MÉHALA

Cher époux que ma foi…

CAÏN

Laissez-moi.

ÈVE

Mon cher fils, dans mes bras…

CAÏN

Laissez-moi.
À tous les sentiments Dieu m'a rendu contraire ;
Je ne suis plus pour vous ni fils, ni frère ;
Je suis Caïn.

ABEL

Du coup qui t'accable aujourd'hui
Est-ce que tu me rends, Caïn, responsable ?

CAÏN

Oui.

ABEL

Je ne mérite pas ces injustes reproches ;
Mais j'implore à tes pieds mon pardon…

CAÏN

Tu m'approches,
Traître !…

Cette exclamation, *je suis Caïn*, est surtout d'une expression remarquable. La répétition de ces mots : *Laissez-moi*, est encore d'un savant effet.

Un trait de ce genre se rencontre encore lorsqu'Adam voulant parler à Caïn, ce dernier s'écrie, en l'interrompant : *Encore Abel !… toujours Abel !*

Il y a aussi beaucoup d'énergie dans le vers suivant :

Oui, c'était un besoin pour moi de t'abhorrer.

Celui-ci n'est pas moins remarquable :

Traître ! je t'ai trompé. Je ne t'aimai jamais.

Ce mot terrible n'est pas un démenti donné à la réconciliation, mais est arraché à Caïn par la haine concentrée dans son cœur.

Je ferai encore une réflexion sur ce personnage, c'est que Gessner en a très bien conçu le rôle, lorsqu'il nous l'a représenté plutôt comme un esprit chagrin que comme un homme vicieux : par-là il s'est mis dans le cas de pouvoir augmenter les effets de la passion.

Après cette scène de sacrifice, qu'on doit regarder comme un second nœud, Caïn redouble de fureur, lorsque, dans un songe, il croit voir ses descendants réduits en esclavage par ceux d'Abel. Legouvé a encore ici imité Gessner ; mais, favorisé par la forme dramatique, il donne plus d'effet à l'action en faisant parler Caïn dans ce rêve, qu'il raconte ensuite à Méhala.

La scène du meurtre étant ainsi préparée, Abel aborde Caïn, et veut l'embrasser ; celui-ci, qui ne peut déjà plus maîtriser sa fureur, éprouve à l'aspect d'Abel un combat intérieur qui se manifeste par cette exclamation : *Va-t-en ! va-t-en !* L'expression est un peu triviale, mais n'est pas moins le cri de l'âme. C'est un trait de pinceau qui manquait à Gessner.

Abel redouble d'empressement : le même cri est encore répété, et c'est lorsque le malheureux Abel rappelle à Caïn l'amitié sacrée qui vient d'être jurée, c'est lorsqu'il lui tend les bras, que Caïn, le frappant avec sa massue, s'écrie :

> Serpent, dans tes replis tu veux m'envelopper !
> C'est pour m'assassiner que ta haine m'embrasse !

Ce dernier vers n'est pas dans Gessner, et je crois que l'auteur eût bien fait de le supprimer ; car, outre qu'il est sans harmonie, et renferme une expression hasardée, on sent que Caïn ne peut se croire l'objet de la haine d'Abel. Cette idée n'est donc pas très juste.

Les deux poètes ont l'un sur l'autre des avantages qu'ils tirent des genres dans lesquels ils ont écrit. Ainsi le réveil terrible de Caïn est remplacé dans Legouvé par ce mot sentimental et expressif : *Où sont mes enfants !*

La description ne pouvait ici convenir, tandis que dans un poème elle était naturellement placée : aussi Gessner a-t-il en cet endroit quelque avantage sur le poète français, mais celui-ci en est bientôt dédommagé. En effet, après la scène du meurtre, Legouvé ne laisse pas, comme Gessner, Caïn seul livré au désespoir ; plus habile dans la partie dramatique, il fait rejoindre cet infortuné par Méhala, à qui il adresse ce reproche expressif :

CAÏN

Pourquoi m'as tu quitté ?

MÉHALA

Un moment...

CAÏN

Un moment est assez pour un crime.

Les deux auteurs, sur la fin de leurs ouvrages, nous présentent Méhala avec des couleurs bien touchantes ; et, à l'exception de la scène où Thirza pleure sur le tombeaux de son époux, rien n'est si attendrissant dans Gessner, que la scène où Caïn vient se jeter aux pieds de Méhala pour lui faire ses derniers adieux.

On ne doit pas moins louer le dialogue coupé de Legouvé dans cette scène. Néanmoins on la trouvera peut-être un peu précipitée ; mais l'auteur ne pouvait agir autrement, parce que les règles de l'art le forçaient d'éviter toute longueur après la catastrophe.

Cette pièce, sous le rapport du style, n'est pas exempte de reproches. On y trouve quelques consonances, quelques vers durs, et même des expressions négligées ou trop recherchées, mais le plan en est sagement conçu ; et, dès ce coup d'essai, Legouvé se place bien au-dessus de Chénier et de la Harpe, dans l'art de conduire une intrigue et de faire agir les passions.

* * *

Gustave Merlet, *Tableau de la littérature française, 1800-1815*,
Paris, Didier, 1878, pp. 273-74

Legouvé […], dont le nom doublement célèbre est encore cher aux lettrés d'aujourd'hui, comme il le fut à ceux d'autrefois. Il représenta les grâces de l'esprit inspiré par les délicatesses du sentiment, et souvent avec un à propos qui eut ses heures brillantes ou courageuses. Il le prouva dès son début. *La Mort d'Abel*, qui date de 1793, n'avait-elle pas une opportunité qui parut aussi ingénieuse que pathétique aux témoins de la Terreur ? En transportant les imaginations aux premiers jours du monde naissant, cette sombre pastorale s'associait à la pitié comme à l'indignation suscitée par les fureurs d'une tyrannie fratricide. Oui, c'était ouvrir des furtives échappés à la révolte de toutes les âmes ; et l'accueil qui saluait le poète devint le cri de la conscience publique, protestant contre les forcenés qui versaient à flots le sang de la France. Ce fut donc un indirect mais pressant appel à cette Fraternité qu'affichaient en vain les menteuses formules d'une dictature hypocrite.

* * *

Saint Marc Girardin, *Cours de Littérature dramatique ou de l'usage
des passions dans le drame*, Paris, Charpentier, 1890, t. II, chapitre XXVII,
« De la haine fraternelle », pp. 162-71

Dans la Bible, Caïn hait et tue son frère, parce que Dieu a accueilli l'offrande d'Abel et répudié la sienne. Voilà la cause de sa jalousie et de son crime. Mais pourquoi son offrande a-t-elle été répudiée ? Est-ce parce que déjà il haïssait son frère ? Est-ce parce que le sacrifice était irrégulier, ou que la foi y manquait ? Il y a là un mystère que je ne veux pas sonder. Il est curieux cependant de sonder comment le personnage de Caïn, qui représente la haine fraternelle, est plus ou moins vivement exprimé, selon que les poètes et les prédicateurs ont été plus ou moins frappés du mystère de sa destinée.

Il en est qui, comme Gessner et Legouvé, réduisant le récit sacré aux proportions d'un récit humain, ont fait de Caïn un homme flottant entre ses bons et ses mauvais penchants. Les mauvais l'emportent ; mais, le crime à peine accompli, le repentir commence, et ce repentir, sincère et douloureux, finit par nous attendrir. Ainsi traité, le sujet n'a plus rien de mystérieux et de terrible ; la réprobation que Dieu fait du sacrifice de Caïn n'est plus qu'un incident secondaire ; la malédiction divine, qui suit le meurtre, perd quelque chose aussi de sa solennité, devancée et désarmée qu'elle est par les remords de Caïn. Dieu et l'histoire sainte disparaissent ; l'homme et le drame dominent. [...] le Caïn de Gessner et de Legouvé, qui se repent du mal comme quelqu'un qui n'était pas né pour le faire [...]. Il y a donc trois manières différentes de représenter Abel et Caïn : on peut les représenter, selon l'esprit de la Bible, comme le premier mystère de l'histoire sainte ; on peut le représenter, selon l'esprit de la littérature, comme le premier drame de l'humanité ; on peut enfin le représenter, selon l'esprit de curiosité mécontente qui est propre à certains siècles, comme un des plus grands problèmes qui tourmentent la raison humaine. Nous examinerons tour à tour ces trois manières de traiter le sujet : celle de la littérature dans Gessner et dans Legouvé, celle de l'histoire sainte dans les pères de l'Eglise, celle de l'esprit de doute dans lord Byron.

Voyons d'abord le récit littéraire, c'est-à-dire *La Mort d'Abel* de Gessner et de Legouvé. [...] J'ai insisté sur les défauts du poème de Gessner, parce qu'au dix-huitième siècle ce poème a eu beaucoup de succès. Cela arrive souvent aux ouvrages dont les défauts ont le bonheur de se rencontrer avec les défauts du siècle. Je préfère, quant à moi, au poème de Gessner la tragédie de *La Mort d'Abel*, par Legouvé, quoique Legouvé n'ait fait qu'imiter Gessner. Ce sont les mêmes défauts ; mais il y a dans Legouvé des qualités que je ne trouve pas dans Gessner.

Le Caïn de Legouvé n'a pas encore la sombre curiosité du Caïn de Byron : il n'est qu'envieux et jaloux comme le Caïn de Gessner ; mais il l'est avec plus d'énergie. Ses passions sont profondes et ardentes ; il déteste son frère, et pour exprimer cette haine, il trouve ces paroles de fiel et de colère que l'envie sait inspirer. Seul, la bêche à la main, labourant la terre sous un soleil dévorant, écoutez quel est son premier cri de haine et de révolte :

> Travailler et haïr, voilà donc mon partage !
> Courbé dès le matin sur ce pénible ouvrage,
> De mes seules sueurs dont il est inondé,
> Ce stérile sillon semble être fécondé.
> Le poids de la chaleur m'accable et me dévore.
> Que fait en ce moment cet Abel qu'on adore ?
> Tranquille, il goûte à l'ombre un indolent repos,
> Ou fredonne des airs auprès de ses troupeaux.
> ....
> Je viens de le revoir cet exécrable frère
> Dont on vante toujours les vertus et le cœur :
> Quel air efféminé que l'on nomme douceur !
> Quel ton plein de mollesse où l'on trouve des charmes !
> Il ne sait que chanter et répandre des larmes !

> Qu'avec dédain, par lui, je me suis vu prié !
> Qu'il me paraissait faible !… il me faisait pitié !
> Il est heureux pourtant, et rien ne le chagrine !
> L'amour de sa famille et la faveur divine,
> Sa faiblesse elle-même et ses goûts nonchalants
> Tout conspire au bonheur de ses jours indolents !
> Et moi, mortel créé dans un jour de colère,
> Haï de Dieu, haï de ma famille entière,
> Malheureux de l'amour à mon frère accordé,
> Toujours de noirs pensées et d'ennuis obsédé,
> Regrettant le néant, maudissant ma naissance,
> Fatigué du fardeau de ma triste existence,
> N'obtenant qu'avec peine un sommeil douloureux,
> ....
> Voilà, trop faible Adam, ton ouvrage funeste !
> Si tu n'avais trahi la volonté céleste,
> Tous tes enfants vivraient, sous un ciel enchanté,
> Dans la paix, l'innocence et la félicité ;
> Je n'aurais pas, du moins, à plaindre ma misère…
> Mais je crois que toujours j'abhorrerais mon frère.

Ce dernier vers me semble admirable. Ainsi, même si Caïn eût vécu avec son frère dans le paradis terrestre, Caïn eût encore détesté son frère, tant cette haine est profonde dans son cœur, tant elle lui semble naturelle ! non, elle ne dépend pas de la chute de l'homme, elle n'est pas une suite du péché d'Adam : elle est l'âme même et la vie de Caïn. Que peuvent contre cette antipathie fraternelle les sermons maladroits d'Adam ? Ils irritent Caïn, loin de l'apaiser. Pourquoi d'ailleurs lui reprocher la dureté de son caractère ? Dieu a voulu qu'il en fut ainsi ; Dieu lui a réservé les travaux et les périls, les sueurs à verser sur le sillon, la terre à fertiliser, les bêtes féroces à vaincre dans les forêts ; et vous voulez qu'il aime son frère, qu'il bénisse Dieu à qui ce frère semble plus cher ! Non : il rompt avec colère les liens qui l'attachent à sa famille. Laissez-moi, dit-il à Adam, à Eve, à Méhala sa femme, qui cherchent en vain à l'apaiser.

> Laissez-moi.
> À tous les sentiments Dieu m'a rendu contraire ;
> Je ne suis plus pour vous ni fils, ni frère ;
> Je suis Caïn.

Mot terrible, tant ce nom est plein pour nous du crime qui va s'accomplir ! Cependant ce n'est pas dans ce moment de colère et de haine que Caïn tue Abel : il ne le tue, comme dans Gessner, qu'égaré par un songe funeste, et il s'en repent aussitôt, car l'accomplissement a révélé l'horreur. L'amour fraternel se réveille en son âme et devient son remords :

> Oui le titre de frère est un nœud si sacré
> Qu'en osant le briser au ciel on fait injure,
> Un frère est un ami donné par la nature…

[...] Dans cette scène, [*d'Adamus* de Langeweld], le personnage d'Abel n'est ni fade ni insignifiant, comme il l'est dans Gessner et dans Legouvé. Ces deux poètes ont exprimé d'une manière plus ou moins vive le caractère de Caïn ; mais ils ont échoué à représenter le caractère d'Abel. L'innocence qu'ils lui ont donné ennuie plutôt qu'elle n'édifie.

* * *

Réception de la nouvelle *Mort d'Abel* de Chevalier

Chronique de Paris, 30 mars 1792

Spectacles, théâtre de Mlle Montansier

En établissant que la *Mort d'Abel* n'était pas un sujet fort heureux, nous avons remarqué qu'il était impossible de lutter contre le vice du sujet avec plus d'art et d'intelligence que ne l'a fait M. Legouvé. Son rival ne nous paraît pas avoir autant réussi. La marche de sa pièce n'annonce pas une tête bien dramatique, et le style une plume exercée dans l'art si difficile d'écrire en vers. Il a peu souvent l'expression propre, et dit rarement ce qu'il veut dire. Son caractère de Caïn est faible et bien éloigné de la fierté avec laquelle M. Legouvé a dessiné le sien. Il y a pourtant quelques moments d'intérêt. Les principaux rôles ont été rendus par MM. Grammont et la Cave, et mesdames Vaseille et Bourgneuf, qui ont tous joué avec chaleur et intelligence. Le rôle d'Abel a été rendu avec une sensibilité qui donne des espérances pour le jeune acteur qui s'en était chargé. On a demandé l'auteur.

* * *

Le Logographe, 31 mars 1792

Théâtres

Il y a, en effet, beaucoup de ressemblances entre *La Mort d'Abel* qu'on a donné au Théâtre de la Nation et la *Mort d'Abel* qu'on a jouée avant-hier, pour la première fois, au Théâtre de Mlle Montansier. Même division, même plan, mêmes situations, mêmes costumes, mêmes décorations. Le nouvel auteur a publiquement accusé de plagiat M. Legouvé. Nous n'examinerons point si ce reproche est fondé ou non ; ce qu'il y a de certain, c'est que, si M. Legouvé avait réellement le tort qu'on lui impute, il aurait poussé la perfidie bien loin. Indépendamment du plan et de la conduite, il aurait enlevé à son rival tout ce qui fait le mérite du style, élégance, énergie, pureté. La nouvelle pièce n'a presque rien offert de ces qualités ; aussi, à l'exception de quelques vers au premier acte, et d'un très beau mouvement au troisième, qui ont été vivement et justement applaudis, n'a-t-elle eu qu'un faible succès. Du reste, l'auteur est très jeune ; et ce que son ouvrage a d'estimable, annonce d'heureuses dispositions pour l'art dramatique.

* * *

Feuille du jour, 31 mars 1792

Théâtre de Mlle Montansier

Première représentation, le jeudi 29 mars, de la *Mort d'Abel*.
Cette pièce n'est pas bonne.

* * *

Affiches, Annonces, et Avis divers ou Journal Général de France,
supplément du 31 mars 1792

Théâtre de Mlle Montansier

Il était difficile de traiter *La Mort d'Abel* d'une autre manière que M. Legouvé, sans sortir de la nature, de la vérité, et sans devenir long, froid et ennuyeux. Tel est le résultat du jugement que le public *éclairé* a porté avant-hier sur la nouvelle tragédie de *Caïn, ou la Mort d'Abel*, en trois actes et en vers, donnée sur ce théâtre, sans un succès décidé ni mérité. La rivalité qu'on a voulu établir entre les deux ouvrages, exige absolument que nous examinions le dernier avec cette sévérité, nécessaire pour le progrès de l'art, de la littérature, et qui, seule, peut dédommager les gens de lettres estimables du découragement auquel ces sortes de tentatives pourraient les abandonner ; car il est une portion du public qui semble prendre à tâche de narguer un homme à talent en applaudissant avec ivresse jusqu'aux plus mauvais vers du rival qui lutte avec lui. Quel est le but de ces enthousiastes ! est-ce ainsi qu'on honore l'art et l'artiste ! est-ce ainsi qu'on prouve du discernement, du goût, et qu'on se rend digne de juger les grands hommes et les chefs-d'œuvres !…

D'abord le plan du nouvel *Abel* est tout à fait dissemblable de l'autre. Caïn paraît le premier.

> Mes cheveux hérisses se redressent d'effroi,

dit-il ; puis il entre avec Méhala sa femme, dans les détails de la haine qu'il a vouée à son frère, et d'un songe qu'il a eu. Le premier et le second acte se passent en reproches de la part d'Adam et d'Ève, en sollicitations de la part d'Abel, et se terminent par la réconciliation des deux frères, réconciliation longue et froide, et qui ne peut inspirer d'intérêt, attendu qu'elle n'est point motivée dans le caractère de Caïn. Au troisième acte les deux frères portent leurs offrandes sur des autels qui sont placés sur le sommet des montagnes. Ils se mettent en prière, le tonnerre gronde ; le feu du ciel descend, consume seulement les dons d'Abel : Caïn, furieux, renverse l'autel de son frère, poursuit ce dernier jusques dans les coulisses, et à son retour, il est censé l'avoir immolé à sa haine. Cette pantomime présente un très beau tableau ; mais la scène qui la suit, et qui, sans contredit, est la meilleure de la pièce, offre plus d'intérêt et de vérité. Abel se traîne, expirant, sur le devant du théâtre ; il pardonne à son frère, dont les remords le touchent, meurt, et ses parents viennent considérer avec effroi l'effet de la mort, dont ils ont le premier exemple. Le tonnerre gronde encore, Caïn s'éloigne avec sa femme et son fils ; Adam et Ève se livrent à leurs regrets, et le rideau tombe.

Si la conduite de l'ouvrage de M. Legouvé est bien, sans doute le style et les détails lui font encore plus d'honneur. Ici la conduite est vicieuse, et le style et les détails sont souvent plus que négligés. Il nous suffira d'en citer quelques vers que nous avons retenus. Caïn dit à Adam :

> Souffre au moins que d'un fils la timide innocence
> *Suspende* de tes maux la *pesanteur immense* !
> ....
> Ah ! si vous vous *doutiez* de l'horreur que j'endure,
> Vos pleurs, *en me plaignant,* laveraient ma blessure.
> …. De mes sens révoltés,
> L'aiguillon douloureux me conduit à ses pieds.
> ....
> Que n'est-ce là, *grand* Dieu, ma plus *grande* terreur !
> … Rejeté de la nature entière,
> Je ne puis *délivrer* mon âme *prisonnière*.

On y trouve des idées obscures ou fausses :

> La pitié flétrit l'âme, et décèle un coupable,

D'autres un peu *gaies*. Caïn reproche à Adam sa désobéissance à l'Éternel, et le péché qui l'a fait naître :

> *Le plaisir s'est montré,* tu n'as pas combattu.

Adam dit sérieusement à Ève :

> Sait-tu bien qu'à l'instant il maudissait son père,
> Abjurait les saints nœuds de *l'Hymen* de sa mère.

L'Hymen n'est point une expression connue d'Adam, non plus que la suivante :

> Sous un *sceptre de fer* pliant mes volontés, etc.

Caïn, qui prononce ces mots, pouvait-il connaître et un *sceptre* et du *fer* ? … Il fallait éviter d'employer les expressions qui sont nées depuis l'invention des gouvernements et la découverte des sciences et des arts ; mais tout cela ne serait encore rien, si l'auteur n'avait pas laissé échapper quelquefois des fautes de langue :

> … Tu vois mes profondes douleurs,
> Et tu ne *voudrais* pas que *je* verse des pleurs !…

Quoi qu'il en soit, cet ouvrage, d'un autre côté, n'est pas sans quelques beautés : il a souvent du trait, de la chaleur et de l'énergie : l'auteur a prouvé qu'il n'est pas sans talents, et sans la rivalité qu'il a cherché à établir, le public n'aurait point relevé tous ces défauts qui peuvent disparaître avec l'étude et le travail. On l'a demandé : M. Grammont est venu nommer M. Chevalier, qui, a-t-il dit, *avait fait cet ouvrage à l'âge de dix-sept ans*. Le public demandait toujours qu'il parût, M. Chevalier s'est présenté. Nous reviendrons quelques jours sur cette malignité de demander l'auteur, quand on n'a cessé de murmurer tout bas sur son ouvrage.

* * *

Journal de Paris, 4 avril 1792, Supplément au n. 41

Théâtre de Mlle Montansier

La *Mort d'Abel* présentait à l'art dramatique des difficultés et des beautés d'un genre neuf.

Les sujets de tragédie, choisis dans les fastes d'un grand peuple, offrent d'abord les contrastes de la Nation, des climats, des mœurs et des caractères.

En mettant sur la scène la première famille du monde, le Poète ne peut entourer l'action principale d'aucun accessoire étranger ; il se trouve borné dans le cercle des sentiments, des idées et des images primitives ; il ne peut même user de toutes les ressources d'une langue perfectionnée ; il doit s'interdire l'usage de mots métaphysiques, qui étaient ignorés d'une société naissante, et il ne trouve point de modèle et de guide dans l'Antiquité ; car les siècles d'Homère et d'Hésiode que nous nommons antiques étaient modernes, auprès de la naissance du monde. L'auteur de la *Mort d'Abel* doit se transporter avant les temps connus, et son style doit être vierge comme son sujet. Mais aussi, quel tableau sublime et touchant que celui de la mère et du père de tous les hommes, punis de leur désobéissance par le crime de l'aîné et par le trépas du second de leurs fils ; *la première mort, le premier deuil, les premiers parents*. Quelles couleurs offre à la Poésie la Nature attristée presqu'aussitôt que naissante, et qui en conservant une partie de sa richesse perd sa beauté virginale, au moment où ses premiers habitants ont perdu leur innocence !

On donne depuis un mois à la Comédie Françoise une *Mort d'Abel* qui a mérité un grand succès. Elle est de M. Legouvé, fils d'un avocat très estimé, et le souvenir de la considération du père ajoute un nouvel intérêt à la gloire que doit obtenir le fils.

L'auteur de la nouvelle tragédie qui porte le même titre a paru croire que son manuscrit avait été confié il y a sept mois. M. Legouvé a prouvé que sa pièce était reçue à la Comédie-Française depuis un an ; à cette époque, nous avons eu entre les mains le manuscrit de M. Legouvé, et le public a jugé que les deux auteurs n'avaient travaillé ni d'après les mêmes principes, ni avec le même talent.

La nouvelle tragédie de la *Mort d'Abel* est mise avec beaucoup de soin, et l'on a souvent donné de justes applaudissements à Mme Varel et à MM. Gramont et Damas. L'auteur, que l'on a demandé, est M. Chevalier.

* * *

ANNEXE I

Journal des théâtres, 7 avril 1792, n. XXV

Quittons cette matière [la polémique sur l'opportunité de la fermeture des salles pour Pâques] sur laquelle nous pourrions nous étendre davantage et disons quelque chose d'une nouveauté qui a paru, il y a quelques temps, au théâtre de Mademoiselle Montansier. C'est une tragédie intitulée *La Mort d'Abel*. Elle est, comme celle de Legouvé, dont nous avons rendu compte dans notre numéro XXII, imitée du poème de Gessner ; mais il y a une grande distance entre les deux imitations. Autant celle de M. Legouvé est attachante par la belle distribution et par l'heureuse opposition des caractères, autant elle a de noblesse par le sentiment et le style, autant l'autre est vague dans sa démarche, faible d'idées et d'expression. Il faut pourtant en convenir ; on y aperçoit quelquefois des éclairs de talent, et l'on est fâché de les y apercevoir beaucoup trop rarement. On assure, au reste, que l'auteur, encore jeune, a fait cet ouvrage il y a quelques années. Ce ne serait pas tout à fait une excuse pour l'avoir donné, sans l'avoir sévèrement revu ; mais c'en est une au moins pour certains défauts d'intelligence dramatique et pour certaines formes de style, qui nous ont paru bien singulières. Que l'auteur profite donc de l'expérience qu'il vient d'acquérir, et qu'il s'en serve pour mériter autre chose que des suffrages d'encouragement.

* * *

Réception de *Cahin Caha*, parodie de *La Mort d'Abel*

Journal des théâtres, 26 mai 1792, n. XXXII

Théâtre de Molière

Il faut que nous fassions ici une observation qui aurait dû être faite plutôt. Le titre de ce théâtre impose des obligations dont les entrepreneurs ne semblent pas s'occuper suffisamment. Sous le nom de Molière, de ce restaurateur, de ce créateur même de la bonne comédie en France, on ne devrait présenter que des comédiens d'un talent distingué, que des ouvrages choisis avec une très-délicate sévérité. Le cours des circonstances rend ce devoir difficile à remplir ; voilà ce qu'on peut nous répondre : oui, mais lorsque nous voyons le nom de Molière sur une affiche, ce nom nous rend exigeants et les circonstances disparaissent. Il est possible que cette exigence semble folle à certaines gens ; mais chacun a son idole, et Molière est la nôtre. Quelle chute ! nous allons parler de *Cahin Caha*.

Cahin Caha est une parodie de la *Mort d'Abel*, tragédie de M. Legouvé dont nous avons rendu compte avec les éloges qui lui sont dus. Parodie ? Non ; c'est un calque en caricature du drame tragique. On y retrouve les scènes, les idées, les situations, l'ombre des caractères tracés par M. Legouvé, à l'exception qu'au dénouement, Abel feint d'être mort, mais qu'il ne l'est pas, et qu'il se mêle au reste de sa famille, pour chanter un couplet de vaudeville qui termine la pièce. La critique de cette parodie est douce, modérée ; c'est une suite de plaisanteries aimables dans la conversation familière, mais extrêmement faibles sur le théâtre, parce qu'elles y prennent de la prétention et qu'elles ne peuvent pas la soutenir. On y a remarqué des couplets bien tournés, et principalement ceux qui ont rapport à la chute d'Adam, notre premier père. Ils ont le mérite de réunir de la décence et du trait, à une gaieté fort originale.

ANNEXE II

Dossier iconographique sur *La Mort d'Abel*

Gravure de Carlo Antonio Porporati, *Prima mors, primi parentes, primus luctus*, 1776, d'après la toile de Adriaen van der Werff (1699).

Louis Simon Boizot, gravure de la troisième édition de *La Mort d'Abel* (L3).
Collection particulière.

Louis Simon Boizot, gravure de la troisième édition de *La Mort d'Abel* (L3).
Collection particulière.

Louis Simon Boizot, gravure de la troisième édition de *La Mort d'Abel* (L3). Collection particulière.

BIBLIOGRAPHIE SÉLECTIVE

Sources manuscrites

Archives de la Bibliothèque-Musée de la Comédie-Française :

Dossier « Moreau ».
Legouvé, Gabriel, *La Mort d'Abel*, Ms 392 ou Mf 609
Registre Costumes et accessoires R1552
Registre des feux 130.22
Registre des lectures 145[1]
Registre des pièces nouvelles 121[1]
Registre des recettes et des dépenses journalières 122[33]

Textes littéraires

ALFIERI, VITTORIO, *Tragedie postume*, Raffaele de Bello (éd.), *Abele e frammenti di tramelogedie* (Asti : Casa d'Alfieri, 1978), t. II
AUBERT, JEAN-LOUIS, *La Mort d'Abel* (Paris : Duchesne, 1765)
Chefs d'œuvres tragiques (Paris : Didot, 1845), t. II, '*Chefs d'œuvres tragiques de Ducis, Chénier, Legouvé, Luce de Lancival, Lemercier*'
GESSNER, SALOMON, *La Mort d'Abel*, traduit par Michel Huber (Montargis : Prévost, 1784)
LAYA, JEAN-LOUIS, *L'Ami des lois*, Mark Darlow et Yann Robert (éds) (London : MHRA, « Phoenix », 2011)
LEGOUVÉ, GABRIEL, *La Mort d'Abel* (Paris, Mérigot le jeune, 1793), les trois éditions.
——, *Quintus Fabius, ou la Discipline romaine* (Paris : Huet, 1795)
——, *Épicharis et Néron, ou Conspiration pour la liberté* (Paris : Maradan, 1795)
——, *Le Mérite des femmes* (Paris : Renouard, 1803)
——, *Œuvres choisies*, Ernest Legouvé (éd.) (Paris : Laisné, 1854)
——, *Œuvres complètes*, Nicolas Bouilly (éd.) (Paris : Janet, 1826-1827)
LEGOUVÉ, GABRIEL, *La Muerte de Abel*, traduit par Antonio Saviñon (Madrid: Imprimiría de la Administración del real arbitrio de beneficiencia, 1803)
LEPEINTRE DESROCHES, PIERRE-MARIE, *Suite du Répertoire du Théâtre français avec un choix des pièces de plusieurs autres théâtres...* (Paris : Dabo, 1822-1823), t. V, pp. 319-87.
MONVEL, JACQUES-MARIE BOUTET DE, *Les Victimes cloîtrées*, Sophie Marchand (éd.) (London : MHRA, « Phoenix », 2011)
NEUFCHÂTEAU, FRANÇOIS DE, *Paméla, ou la Vertu récompensée*, Martial Poirson (éd.) (Oxford : Voltaire Foundation, 2007)
PETITOT, CLAUDE-BERNARD (éd.), *Répertoire du Théâtre français ou recueil des comédies et tragédies restées au théâtre depuis Rotrou* (Paris : Foucault, 1817-1818), t. VI (tragédies), pp. 363-424.

Périodiques du XVIIIᵉ et XIXᵉ siècles

Affiches, Annonces et Avis divers, ou Journal général de France
Almanach des Muses
Chronique de Paris
Feuille du jour
Gazette Nationale ou le Moniteur Universel
Journal de Paris
Journal des spectacles
Journal des théâtres
Logographe
Mercure français
Patriote français
Révolutions de Paris dédiées à la Nation

Bibliographie secondaire

ALBOUY, PIERRE, *Mythes et mythologie dans la littérature française* (Paris : Colin, 1998)

BARBOLANI, CRISTINA, *Virtuosa guerra di verità. Primi studi su Alfieri in Spagna* (Modena : Mucchi, 2003)

Annales dramatiques ou dictionnaire général des théâtres ; par une société de gens de lettres (Paris : Barbault, 1810)

BORGHETTO, MICHEL, *La Devise « Liberté, Égalité, Fraternité »* (Paris : P.U.F., 1997)

BOUCHARLAT, JEAN-LOUIS, *Cours de littérature faisant suite au 'Lycée' de La Harpe* (Paris : Brunot-Labbe, 1826), t. I

BOULET, JEAN PASCAL, 'Gabriel Legouvé traducteur de Lucrèce', dans *Cahiers Roucher-André Chénier*, 29 (2010), 275-99.

BOURDIN, PHILIPPE et GÉRARD LOUBINOUX (éds), *La Scène bâtarde : entre Lumières et Romantisme* (Clermont-Ferrand : Presses Universitaires Blaise Pascal, 2004)

——, *Les Arts de la scène et la Révolution française* (Clermont-Ferrand : Presses Universitaires Blaise Pascal, 2005)

CAMPAGNOLI, RUGGERO, 'La Rivoluzione di Caino : *La Mort d'Abel* di Legouvé', dans Mario Richter (éd.), *Atti del Convegno di studi sul teatro e la Rivoluzione francese* (Vicenza : Accademia Olimpica, 1991), pp. 107-21

CARLSON, MARVIN, *Le Théâtre de la Révolution française*, traduit par Jules et Louise Bréant (Paris : Gallimard, 1970)

CHÉNIER, MARIE-JOSEPH, *Tableau historique de l'état et des progrès de la littérature française, depuis 1789* (Paris : Maradan, 1819)

DANIELS, BARRY et JACQUELINE RAZGONNIKOFF, *Le Décor de théâtre à l'époque romantique ; catalogue raisonné des décors de la Comédie-Française (1799-1848), d'après les documents conservés dans les collections et la Bibliothèque Nationale de France* (Paris : Bibliothèque Nationale de France, 2003)

DAVID, MARCEL, *Fraternité et Révolution française. 1789-1799* (Paris : Aubier, 1987)

DELON, MICHEL, 'La littérature dans la Révolution. La Révolution et le passage des belles-lettres à la littérature', *Revue d'Histoire Littéraire de la France*, 4-5 (1990), 573-88

DE ROUGEMONT, MARTINE, 'Bible et théâtre', dans Yvon Belaval et Dominique Bourel (éds), *Le Siècle des Lumières et la Bible* (Paris : Beauchesne, 1986), pp. 269-87

DI BENEDETTO, ARNALDO, 'Un mito alfieriano : Caino', dans Arnaldo di Benedetto, *Tra Sette e Ottocento: poesia, letteratura e politica* (Alessandria : Dell'Orso, 1991), pp. 53-66

DIDIER, BÉATRICE, *La Littérature de la Révolution française* (Paris : P.U.F., 1988)

DUVERGIER, JEAN-BAPTISTE, *Collection complète des lois, décrets, ordonnances, règlements, avis du conseil d'État* (Paris : Guyot et Scribe, 1834), t. VI

ERCOLE, ANNA, 'Caino nella letteratura drammatica italiana. Contributo ad uno studio sulla leggenda di Caino', *Giornale storico della letteratura italiana*, Supplemento 17 (1920)

ÉTIENNE, CHARLES GUILLAUME et ALPHONSE DE MARTAINVILLE, *Histoire du théâtre français, depuis le commencement de la Révolution jusqu'à la réunion générale* (Paris : Barba, 1802), t. II

FAZIO, MARA, *François-Joseph Talma. Le théâtre et l'histoire de la Révolution à la Restauration* (Paris : CNRS Éditions, 2011)

FRANTZ, PIERRE, PERAZZOLO, PAOLA et PIVA, FRANCO (éds), 'La Révolution sur scène', *Studi Francesi*, 169, LVII, I (gennaio-aprile 2013), 3-135

FRANTZ, PIERRE, 'Le Héros, la fraternité et la mort. La poétique des tragédies néoclassiques de Chénier', dans Didier Masseau, *Le XVIIIe siècle. Histoire, mémoire et rêve. Mélanges offerts à Jean Goulemot* (Paris : Champion, 2006), pp. 203-17

——, 'Les Tréteaux de la Révolution (1789-1815)', dans Jacqueline de Jomaron (éd.), *Le Théâtre en France du Moyen Âge à nos jours* (Paris : Colin, 1992), pp. 505-32

——, *L'Esthétique du tableau dans le théâtre du XVIIIe siècle* (Paris : P.U.F., 1998)

FURET, FRANÇOIS et MONA OZOUF, 'Fraternité', dans *Dictionnaire critique de la Révolution française* (Paris : Flammarion, 1988), pp. 731-41

GEOFFROY, JULIEN-LOUIS, *Cours de littérature dramatique* (Paris : Blanchard, 1819-1820), t. IV

GODECHOT, JEAN, *La Prise de la Bastille. 14 juillet 1789* (Paris : Gallimard, 1965)

GUIBERT, NOËLLE et JACQUELINE RAZGONNIKOFF, *Le Journal de la Comédie-Française ; La Comédie aux trois couleurs. 1787-1799* (Paris : SIDES, 1989)

HAQUETTE, JEAN-LOUIS, 'L'Enfer selon Milton. Quelques aspects de la réception du "pandémonium" en France des Lumières au Romantisme', dans Liana Nissim et Alessandra Preda (éds), *Les Lieux de l'Enfer dans les lettres françaises* (Milano : Ledonline, 2014), pp. 127-40, http://www.ledonline.it/ledonline/683-preda-lieux/683-preda-lieux.pdf.

HOFFMANN, WERNER, *Une Époque en rupture. 1750-1830* (Paris : Gallimard, 1995)

HUSSHERR, CÉCILE, *L'Ange et la bête. Caïn et Abel dans la littérature* (Paris : Éditions du Cerf, 2005)

JACOB, FRANÇOIS, 'La belle mort de Legouvé', dans François Jacob et Pierre Nobel (éds), *Entre Dieu et diable : littérature et spiritualité* (Paris : L'Harmattan, 2003), pp. 71-99

JAUFFRET, EUGÈNE, *Le Théâtre révolutionnaire (1788-1799)* (Paris : Furne, Jouvet et Cie, 1869 ; réimpr. Genève : Slatkine Reprints, 1970)

JOANNIDÈS, ALEXANDRE, *La Comédie-Française de 1680 à 1900. Dictionnaire général des pièces et des auteurs* (Paris : Plon-Nourrit et Cie, 1901 ; réimpr. Genève : Slatkine Reprints, 1970)

JOY MANNUCCI, ERICA, *Il Patriota e il Vaudeville. Teatro, pubblico e potere nella Parigi della Rivoluzione* (Napoli : Vivarium, 1998)

KENNEDY, EDMOND et MARIE-LAURENCE NETTER, et al. (éds) *Theatre, Opera, and Audiences in Revolutionary Paris. Analysis and Repertory* (Westport : Greenwood Press, 1996)

KROMSIGT, ANNE, *Le Théâtre biblique à la veille du romantisme (1789-1830)* (Zutphen : Nauta, 1931)
LANCASTER CARRINGTON, HENRY, *French Tragedy in the Reign of Louis XVI and the early Years of the French Revolution* (Baltimore : John Hopkins, 1953)
LEBÈGUE, ERNEST, *Boursault malherbe, comédien, conventionnel, spéculateur. 1752-1842* (Paris : Alcan, 1935)
MARANGON, GIORGIA, 'La Sépulture de Gabriel Legouvé y *I sepolcri* de Ugo Foscolo. ¿ Traducciò o imitaciòn ? Anàlisis filològico-tematicò y comparativo de los textos de los autores', *Revista de Filologia Romànica*, 25 (2008), 212-22
MIGLIORATI, MASSIMO, 'Caïno e Abele nella poesia italiana del Novecento. Ungaretti, Caproni, Luzi', dans Raffaella Bertazzoli e Silvia Longhi (éds), *La Bibbia nella letteratura italiana* (Brescia : Morcelliana, 2011), *Antico Testamento*, t. III, pp. 91-109
MONGREDIEN, JEAN, 'Deux livrets d'opéras français d'après Klopstock et Gessner : *La Mort d'Adam* et *La Mort d'Abel*', dans Wolfgang Birtel et Helmut-Cristoph Malhing (éds), *Aufklärungen. Studien zur deutsche-französischen Musikgeschikte in 18 Jahrhundert* (Heidelberg : Carl Winter, 1986), pp. 144-49.
OZOUF, MONA, *L'Homme régénéré. Essais sur la Révolution française* (Paris : Gallimard, 1989)
PERCHELLET, JEAN-PIERRE, *L'Héritage classique. La tragédie entre 1680 et 1814* (Paris : Champion, 2004)
POIRSON, MARTIAL (éd.), *Le Théâtre sous la Révolution. Politique du répertoire (1789-1799)* (Paris : Desjonquères, 2008)
SAINT MARC GIRARDIN, *Cours de Littérature dramatique ou de l'usage des passions dans le drame* (Paris : Charpentier, 1890), t. II
TARIN, RENÉ, *Le Théâtre de la Constituante ou l'école du peuple* (Paris : Champion, 2000)
TISSIER, ANDRÉ, *Les Spectacles à Paris pendant la Révolution ; Répertoire analytique, chronologique et bibliographique. De la réunion des États généraux à la chute de la royauté (1789-1792)* (Genève : Droz, 1992), t. I
——, *Les Spectacles à Paris pendant la Révolution ; Répertoire analytique, chronologique et bibliographique. De la proclamation de la République à la fin de la Convention nationale (1792-1795)* (Genève : Droz, 2002) t. II
TRISOLINI, GIOVANNA, *Rivoluzione e scena. La dura realtà (1789-1799)* (Roma : Bulzoni, 1988)
WELSCHINGER, HENRI, *Le Théâtre de la Révolution. 1789-1799* (Paris : Charavay Frères, 1880 ; réimpr. Genève : Slatkine Reprints, 1968)

Sitographie

http://www.academie-francaise.fr/discours-de-reception-dalexandre-vincent-pineux-duval

http://www.cesar.org.uk/cesar2/titles/titles.php?fct=edit&script_UOID=128464

MHRA Critical Texts

This series aims to provide affordable critical editions of lesser-known literary texts that are not in print or are difficult to obtain. The texts will be taken from the following languages: English, French, German, Italian, Portuguese, Russian, and Spanish. Titles will be selected by members of the distinguished Editorial Board and edited by leading academics. The aim is to produce scholarly editions rather than teaching texts, but the potential for crossover to undergraduate reading lists is recognized. The books will appeal both to academic libraries and individual scholars.

Malcolm Cook
Chairman, Editorial Board

Editorial Board

Professor Malcolm Cook (French) (Chairman)
Professor Guido Bonsaver (Italian)
Dr Tyler Fisher (Spanish)
Professor David Gillespie (Slavonic)
Professor Justin Edwards (English)
Dr Stephen Parkinson (Portuguese)
Professor Ritchie Robertson (Germanic)

www.criticaltexts.mhra.org.uk

Lightning Source UK Ltd.
Milton Keynes UK
UKHW021820260522
403577UK00005B/745